*Personas comunes
y corrientes,
extraordinario
valor*

Un
HÉROE
entre
nosotros

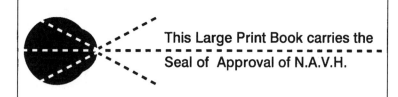
This Large Print Book carries the
Seal of Approval of N.A.V.H.

Un HÉROE entre nosotros

LISA BEAMER

VIUDA DEL HÉROE DEL 11 DE SEPTIEMBRE TODD BEAMER

con Ken Abraham

Thorndike Press • Waterville, Maine

Originalmente publicado en inglés con el título: *Let's Roll! Finding Hope in the Midst of Crisis*

Published in 2003 by arrangement with Editorial Unilit, a division of Spanish House, Inc.
Publicado en 2003 en cooperación con Editorial Unilit, a division of Spanish House, Inc.

Thorndike Press Large Print Spanish Series.
Thorndike Press La Impresión grande la Serie española.

The tree indicium is a trademark of Thorndike Press.
El símbolo del árbol es una marca registrada de Thorndike Press.

The text of this Large Print edition is unabridged.
El texto de ésta edición de La Impresión Grande está inabreviado.

Other aspects of the book may vary from the original edition.
Otros aspectros de éste libro podrían variar de la edición original.

Set in 16 pt. Plantin.
Impreso en 16 pt. Plantin.

Printed in the United States on permanent paper.
Impreso en los Estados Unidos en papel permanente.

Library of Congress Cataloging-in-Publication Data

Beamer, Lisa.
    [Let's roll! Spanish]
    Un héroe entre nosotros : personas comunes y corrientes, extraordinario valor / Lisa Beamer [y Ken Abraham].
      p. cm.
    English ed. published as: Let's roll!
    ISBN 0-7862-5051-8 (lg. print : hc : alk. paper)
    1. Beamer, Lisa.   2. Beamer, Todd Morgan, 1968–2001.
3. United Airlines Flight 93 Hijacking Incident, 2001.
4. September 11 Terrorist Attacks, 2001.   5. Victims of terrorism — United States — Biography.   6. Terrorism victims' families — United States.   I. Abraham, Ken.   II. Title.
HV6430.B4318 2003
973.931′092—dc21   2002044838
  [B]

Dedicatoria

A Todd, mi esposo,
mi héroe de todos los días.

Gracias por amar a Dios,
amarnos a nosotros
y siempre jugar mucho.

Gracias por enseñarme la paciencia
y la misericordia.

Te amo y prometo terminar bien
nuestro viaje.

Hasta luego…

CONTENIDO

1

UN DÍA QUE NUNCA OLVIDAREMOS

EL TIMBRE DEL DESPERTADOR me sacó a duras penas de un profundo sueño aquel martes 11 de septiembre a las cinco y cuarenta y cinco de la madrugada. Mi esposo, Todd, se dio la vuelta y puso fin al molesto ruido. Medio dormida, salí lo suficiente de debajo de la colcha para notar que todavía todo estaba oscuro afuera. Aunque no estaba preparada para levantarme aún, sabía que pronto el nítido sol de la mañana brillaría a raudales a través de la ventana de nuestra alcoba que daba a la bahía. Tapándome la cabeza con la colcha, intenté conciliar de nuevo el sueño.

Precisamente la tarde del día anterior habíamos llegado de Roma, Italia, de modo que entre el retraso del jet y la tensión de mi embarazo de cinco meses, unos minutos más de sueño me parecieron una idea buena. Sabía que me esperaba un día muy ajetreado. Aparte de controlar a nuestros dos activos niños, David de tres años y medio de edad y Drew de diecinueve meses, tenía muchas cosas que hacer. Tenía que lavar un montón de ropa. Además, necesitaba ir al banco y después al mercado para llenar el refrigerador que dejamos limpio antes de irnos de viaje. Después de eso tenía que hacer muchas más diligencias. Al día siguiente David comenzaría el preescolar, así que deseaba hablarle acerca de la transición que la «escuela» traería a nuestras vidas. Incluso, mientras dormitaba, la lista de mis tareas crecía cada vez más a medida que recordaba todas las cosas que tenía que resolver por haber estado fuera de la casa por una semana. Las vacaciones terminaron; la vida volvía a la normalidad. Suspiré para mis adentros.

Todd salió con cuidado del lecho, haciendo lo posible por no molestarme y se dirigió a la ducha. Como uno de los nuevos representantes de ventas de la inmensa empresa Oracle, él viajaba muchísimo, tanto por cuestiones de negocios como por placer.

A menudo su trabajo exigía que hiciera viajes relámpago, así que para él ese vuelo tan temprano era solo otro día de trabajo: un corto viaje a San Francisco para algunas entrevistas importantes con clientes. Esa misma noche tomaría un vuelo para regresar al hogar.

«Puedo hacerlo. No es gran cosa», dijo cuando me informó sus planes de viajar en cuanto regresáramos de Europa. «Estaré de vuelta antes de que te des cuenta».

Estaba entre dormida y despierta cuando, aquel martes por la mañana, escuché correr el agua de la ducha. Poco después, vagamente, sentí que Todd se inclinaba sobre mí y me daba un beso de despedida, como hacía siempre antes de irse a trabajar. A veces, estaba tan tapada que tenía que besarme en la cabeza. Eso fue lo que debió haber hecho esa mañana porque no hablamos nada o, si lo hicimos, no lo recuerdo.

Escuché los pasos de Todd a medida que bajaba los escalones de madera y sonreí para mis adentros al imaginármelo tratando de caminar sin hacer ruido. Cuando poco más de un año antes construimos nuestro nuevo hogar, ¡no quise alfombrar los escalones porque no quería pasarles la aspiradora! Sin embargo, el precio que pagué por esa decisión fue escuchar los pesados pasos de

Todd cada vez que se iba para sus viajes de madrugada.

Me acurruqué un poco más, acomodándome debajo del cobertor. Pronto amanecería y los niños se levantarían enseguida. *Mientras tanto es mejor que aproveche y duerma hasta el último minuto.*

Ya a las seis y cuarenta y cinco la luz del sol penetró brillantemente a través de la ventana del cuarto, así que salté de la cama. Era una espléndida mañana con un cielo azul, no se veía ni una nube, y más cálida que de costumbre para el mes de septiembre en Nueva Jersey. *¡Qué día tan hermoso!*, pensé. *Quizá más tarde los niños y yo tengamos algún tiempo para jugar afuera.*

Como una hacedora de listas empedernida, comencé a añadir a mi lista de compras los artículos que necesitaba y traté de organizarlos antes de que los muchachos se levantaran. Solo había comenzado a doblar alguna ropa, cuando escuché las pisadas de los pies descalzos de un pequeño que bajaba la escalera principal.

«¡Buenos días, David!», lo abracé vestido con su pijama. Drew se contoneaba detrás de David de una forma tan delatora que cada madre de un párvulo conoce muy bien. «Ven, Drew. Vamos a cambiarte el pañal antes de desayunar».

Era una ajetreada pero normal vida de una familia con niños pequeños.

Los muchachos se sentaron al mesón de la cocina para desayunar y les di algunos cereales para que comieran. Luego de comer y vestirlos, se pusieron a ver el programa *Plaza Sésamo* en la televisión, mientras yo subía para darme una ducha rápida. Unos minutos después de las nueve, cuando ya me iba para el mercado, el teléfono sonó. No lo tuve en cuenta, pues ya estaba en la puerta. Sin embargo, nuestro contestador automático recibió la llamada y escuché la conocida voz de mi amiga Elaine Mumau. Parecía alterada.

—Hola, Lisa. Sé que Todd iba a viajar hoy... y solo te llamaba para saber de él. ¿Pusiste la televisión? ¿Sabes lo que pasa?

Tomé el teléfono.

—Elaine, ¿de qué estás hablando?

—¿No está volando Todd hoy?

—Sí, ¿por qué?

—¿Sabes su número de vuelo?

—No, Elaine, ¿por qué? ¿Qué está pasando?

—Pon el televisor —me pidió Elaine—. Se estrelló un avión en el Centro Mundial de Comercio.

Enciendo el televisor y veo las Torres Gemelas envueltas en una inmensa nube de humo. Un segundo avión se hace pedazos en una de las torres, abriendo un boquete en el edificio que provocó que se incendiara. Los comentaristas describieron la escena en estado de choque como si estuvieran soñando. Estaba como hipnotizada parada delante del televisor ante el terrible espectáculo. Al poco rato los reporteros informaron que dos aviones, uno de American Airlines y otro de United Airlines, habían desaparecido y quizá fueran los que se estrellaron contra las torres. Los locutores especulaban sobre la posible participación de terroristas en las agresiones.

No tenía ninguna idea del vuelo que tomó Todd; incluso, no sabía a qué hora volaba esa mañana. Viajaba tanto que hacía tiempo que había dejado de presionarlo para que me diera los itinerarios de viajes. La mayoría de los representantes de ventas de su compañía hacían las reservaciones para sus viajes por la Internet, así que ni siquiera sabía a qué agencia de viajes llamar para pedir información. Sin embargo, sabía que Todd iba para San Francisco. Y puesto que a menudo volaba en la aerolínea Continental en esa ruta, respiré con cierto alivio.

No obstante, como me quedé mirando sin dar crédito a los sucesos que se desarrollaban en directo en la televisión, mi corazón comenzó a palpitar con más rapidez. *Ah, ¡esa pobre gente!*, pensé. *¿Cómo puede estar pasando esto?*

A pesar de que no estaba segura del paradero de Todd, realmente no estaba demasiado preocupada por su seguridad. Mi esposo era un viajero experimentado y con los años aprendió la manera de lidiar con casi cualquier situación que a menudo hay que enfrentarse en los viajes aéreos: vuelos retrasados, perdidos, cancelados, problemas mecánicos, huelgas en las aerolíneas, cualquiera que fuera, tenía que evitarlos. Ya en esa época teníamos más de siete de años de matrimonio. Cuando éramos recién casados, a veces me inquietaba demasiado cuando Todd llegaba tarde a casa, o cuando me enteraba de un incidente aéreo o un accidente en la autopista por donde él viajaba. Me imaginaba enseguida horribles escenas. Sin embargo, Todd siempre llegaba bien y después de un tiempo dejé de preocuparme tanto por él. Ninguno de los dos teníamos temor de volar; es más, a menudo bromeábamos que lo más peligroso del viaje era el trayecto en la autopista de peaje de Nueva Jersey entre nuestro hogar en Cranbury, cerca de Princeton, y el aeropuerto de Newark.

Además, Todd era tan fanático de los

aparatos que llevaba siempre dos teléfonos celulares: uno en el automóvil y otro con él. Cuando salíamos de vacaciones, a duras penas le quitaba de las manos esos teléfonos. Si Todd se demoraba o tenía algún problema, llamaba.

A pesar de eso, estaba preocupada. Marqué el número del teléfono de la aerolínea Continental y, asombrosamente, me comuniqué enseguida con el representante del servicio al cliente. Estuve entre los afortunados. Ese día se cortaron muchas llamadas, en parte debido a las líneas sobrecargadas con tanta gente que quería comunicarse, aunque también porque casi todos los sistemas de comunicaciones en la zona de los tres estados estaban localizados sobre las torres del Centro Mundial de Comercio. De ahí que las llamadas por celulares fueran mejores que las demás.

El representante de la aerolínea se negó a decirme si Todd abordó uno de sus aviones, pero me informó que el vuelo de las siete de la mañana partió de Newark sin problemas. El segundo vuelo aún no había partido porque la Administración Federal de Aviación ordenó que no saliera ningún vuelo hasta nuevas noticias.

Sabía que si el vuelo de Todd no hubiera salido, él me habría llamado, así que di por sentado que estaba seguro a bordo del primer vuelo. *Perfecto, no hay por qué preocuparse,* me dije para darme ánimos al colgar el teléfono. *Es probable que ahora Todd se encuentre a medio camino.*

Unos minutos más tarde me di cuenta de que Todd no salió de la casa hasta alrededor de las seis y quince. Incluso en un día en que el tránsito está bien, el viaje de la casa al Aeropuerto Internacional de Newark es de treinta minutos, sin contar las demoras debido a las perpetuas construcciones del viejo aeropuerto. Sin duda, esto no le dio mucho tiempo a Todd si había reservado para el primer vuelo de Continental. Mi estómago se agitó cuando recordé que en ocasiones Todd volaba en United a San Francisco. *Es mejor que los llame, solo para verificar,* dije para consolarme.

Realizar una llamada telefónica era más que imposible. Me paseaba de acá para allá mientras estaba a la espera en medio de las señales de ocupado y de discusiones en aquella situación tan difícil, con la esperanza de encontrar un ser humano. Me desilusionaron. Todos los representantes de United estaban para «ayudar a otros clientes». Pronto descubrí el porqué.

Cada vez más frustrada en mis intentos de conseguir cualquier información sobre

17

mi esposo, me ponía más ansiosa por minuto. Por último, llamé de nuevo a Elaine.

Su esposo, Brian, estaba trabajando en la casa y contestó el teléfono. Le conté de mis frustrados esfuerzos y le pedí:

—¿Me podrías averiguar en qué vuelo va Todd? En verdad, no podría hacerlo en este instante.

Sin duda, Brian notó mi inquietud.

—Por supuesto, Lisa. Déjame ver qué puedo resolver. Enseguida me pongo en acción.

—Gracias, Brian.

—¿Lisa? Ah, Elaine va para allá.

Colgué el teléfono, me alejé del televisor y regresé a la lavadora, donde a pesar de mis mejores esfuerzos de mantener la compostura, rompí a llorar. Cuando David entró y me vio llorando, preguntó:

—¿Pasa algo malo, mamá?

—Todo está bien —le contesté—. Lo que pasa es que no sé dónde está papá ahora, pero no te preocupes. Lo encontraremos. Estoy segura de que está bien; lo que no sé es por dónde va.

David volvió a sus juguetes y yo levanté el auricular de nuevo. Marqué el número del teléfono celular de la empresa de Todd y escuché su mensaje grabado que decía: «Usted ha llamado a Todd Beamer de la

Corporación Oracle. Por favor, deje un mensaje».

DEJÉ UN MENSAJE. «Todd, sé que estás bien. Pero, por favor, cuando aterrices, llámame enseguida. No sé dónde estás y necesito saber de ti».

■ ■ ■ ■

Unos minutos más tarde mi teléfono sonó. Con la esperanza de que Todd estuviera en la línea, corrí a la cocina para contestar: «¡Hola!»

No hubo respuesta. La línea quedó muerta. Di un vistazo al reloj digital que tenía en la cocina. Eran las diez de la mañana.

Tomé el teléfono y regresé al cuarto de lavado. Unos segundos después el teléfono sonó de nuevo. Rápidamente levanté el auricular, pero ya el teléfono había dejado de sonar.

«¡Hola! ¡Hola», casi estaba gritando en el teléfono. ¡Desconectada otra vez!

¡Todd!, ¿dónde estás?

En mis ideas más descabelladas, o en mis peores pesadillas, no era capaz de soñar lo que Todd, en realidad, estaba experimentando en ese preciso momento.

■ ■ ■ ■

Poco después llegaron Elaine y sus tres niños. Las dos nos fuimos a la sala familiar y nos sentamos en el sofá frente al televisor mientras los niños se encaminaban al cuarto de jugar. En ese momento la estación cambió desde Nueva York a Washington, D. C., y las escenas del Pentágono aparecieron en la pantalla. Otro avión de pasajeros se había estrellado en uno de los costados de la sede del Estado Mayor Central del Departamento de Defensa de nuestra nación alrededor de las nueve y cuarenta y tres de la mañana, y la horrible nube de humo espeso y negro se levantaba en lo que antes fuera el claro cielo de la ciudad.

Y entonces pasó lo inimaginable. Mientras los trabajadores de rescate intentaban febrilmente de sacar a la gente del Centro Mundial de Comercio y sus alrededores, la torre sur se vino abajo. Sus vigas de acero, sobrecalentadas por el feroz fuego del combustible del jet, prácticamente se derritieron y la torre se desplomó por completo en un montón de ruinas. Menos de media hora después la torre norte se desplomó, liberando una horrenda nube de humo, ceniza, escombros y polvo. Escenas surrealistas de personas cubiertas de cenizas que corrían a través de las calles llenaban la pantalla del televisor.

Ahora, como la mayoría de los estadounidenses, me devanaba los sesos tratando de comprender la realidad de lo que había visto y la enormidad de la destrucción y la pérdida de vidas. No me atrevía a preguntar en voz alta lo que corría por mi mente. *¿Habrá sobrevivientes? ¿Vendrán más ataques? ¿Qué otros aviones tendrán terroristas a bordo?* Sentí un dolor en mi corazón por el desconocido número de víctimas y aumentó la preocupación por mi esposo. *¿Dónde está Todd?*, me preguntaba agobiada para mis adentros.

Primero Elaine y yo nos sentamos en el sofá con los ojos fijos en el televisor y los oídos atentos. Aunque estremecida por los ataques sobre nuestra nación y profundamente afligida por las pérdidas de vidas, permanecí bastante tranquila hasta que las cadenas de televisión mostraron el derribo de otro avión de pasajeros. Este se había estrellado en un campo de Pensilvania. Sabía que era posible que el vuelo de Todd fuera en esa dirección. Unos estremecimientos escalofriantes me recorrieron el cuerpo y sentí un nudo en el estómago a medida que contemplaba con horror el lugar del accidente. El humo todavía revoloteaba en el aire e incluso a lo lejos se podía ver la tierra calcinada. Era obvio que había destrozado el avión. Nadie sobreviviría a ese tipo de impacto.

La voz apagada del reportero informó que el avión derribado era de un vuelo de la aerolínea United con destino a Chicago.

¿Chicago? ¡Ah! Una vez más sentí enseguida una compasión por esas personas a bordo del avión y sus familias, pero respiré aliviada por nuestra familia. De nuevo nos libramos de esa. Todd tenía una reunión esa tarde en San Francisco; no tendría tiempo para hacer escalas. Tenía la seguridad que habría reservado un vuelo directo.

Nerviosa, me levanté y me paré detrás del sofá, todavía con los ojos fijos en el televisor, cuando el reportero comentó: «Tenemos los datos sobre el avión que se estrelló en Pensilvania. Este no iba rumbo a Chicago como se informó al principio; en realidad, era un vuelo de Newark con destino a San Francisco».

«¡No!», grite con impotencia al televisor.

Sin una chispa de sólida evidencia, supe instintivamente que Todd iba en ese vuelo. De repente, sentí como si mi cuerpo pesara un millón de kilos; me parecía que el corazón me iba a explotar. Caí de manos y rodillas y sin aliento de nuevo:

—¡No!

En un instante, Elaine se me unió en el piso, rodeándome con sus brazos.

—A lo mejor ese no era su vuelo, Lisa. Es probable que esté bien. No sabemos lo que pasa. No te preocupes. Todd está bien.

—No, Elaine... ese era su avión —dije tratando de controlar las lágrimas.

—No sabemos que...

Ya había visto lo suficiente. Lo supe en mi corazón. No pude ver nada más.

—Voy a subir ahora... Por favor, vigila a los niños mientras tanto.

Elaine me aseguró que lo haría. Caminé hacia mi habitación y me senté en el borde de la cama, clavé los ojos en la ventana en un estado casi catatónico. No me movía; no hablaba. Era como si el tiempo se hubiera detenido de repente y hubiera dejado de existir. Con desesperación, en un intento inútil de darle sentido a todo, mi corazón y mi mente se paralizaron temporalmente. Estaba aletargada. No veía ni oía, a pesar de que aún seguía con la mirada fija.

Sin duda, esto no pudo pasar, pensé. *Es solo una pesadilla. ¡Todd no se fue! Quizá haya algún error.*

Sin embargo, la cruda realidad aguijoneó cualquier idealismo o esperanza de un milagro que habría abrazado de momento. *¿Qué pasará ahora? ¿Qué voy a hacer?* Pensé en nuestros niños, David y Drew, que amaban a su papá tan entrañablemente y que estaban en las edades que retozaban y jugaban con él como un trío de niños Beamer. A Todd le encantaba jugar con sus hijos. Toqué mi abultado vientre y pensé en la nueva vida que llevaba dentro: el tercer hijo de Todd y mío debía llegar a mediados de enero. *Ay, Dios, ¿qué voy a hacer ahora?*, me atormentaba en secreto. Nuestra vida era muy buena; teníamos muchísimos planes. *Necesitaba* a Todd. Siempre hacía todas las cosas bien.

En ese tenebroso momento, mi alma clamó a Dios y él comenzó a darme un sentido de paz y una seguridad de que los niños y yo estaríamos bien. Aun así, el consuelo no se llevó el dolor ni el terrible sentido de pérdida que sentía. Ni dio respuesta a la pregunta que sin cesar se debatía en mi corazón: *¿Cómo voy a vivir sin Todd?*

En mis momentos de más valor, me atrevía a reflexionar en lo que Todd tal vez experimentara a bordo del avión antes de que cayera. Me preguntaba si se había hecho daño... o si quizá había matado a los terroristas. Sentía firmemente que sus últimos pensamientos y expresiones serían de su fe en Dios y su amor por su familia. Y sabía en mi corazón que, si hubo alguna posibilidad, no los habrían derribado sin una lucha.

Incluso antes de conocernos como estudiantes universitarios, Todd era un chico de acción, la persona de quien todos esperaban que hiciera posibles las cosas. Y, por lo general, ¡lo hacía! Todd Beamer siempre cumplió sus obligaciones en el grupo. Ese era el tipo de persona que era...

2

PERSONAS QUE SON «SAL DE LA TIERRA»

POR NATURALEZA, TODD LOGRABA que las cosas dieran resultados. Sabía que a fin de disfrutar el éxito en cualquier campo: deportivo, negocios o relaciones, tenía que trabajar mucho, crear estrategias sabias y ser un jugador en equipo. Sin duda, gran parte de esa disciplina la adquirió observando a su papá, David Beamer, quien aprendió esas mismas lecciones mucho antes de que naciera Todd.

De familia alemana-inglesa, David creció en una granja lechera a la afueras de Homeworth, Ohio, un pueblecito de aproximadamente quinientas personas. Los padres de David, John y Wanda Beamer, eran piadosos, personas que eran «sal de la tierra»: obreros esforzados que trabajaban desde el amanecer hasta mucho después de la caída del sol. David y su hermana menor, Bonnie, adoptaron ese mismo sistema de trabajo ético, levantándose antes de la escuela para ordeñar las vacas y hacer otras tareas.

Cuando estaba en la secundaria, David conoció a Peggy Jackson, una atractiva joven de Pensilvania de descendencia holandesa. Ella creció en Sebring, Ohio, un pueblecito de alfareros entre Canton y Youngstown, cerca de la autopista de peaje de Ohio. Su padre era dueño y operaba un taller de reparaciones eléctricas, donde trabajaba con generadores, motores de arranque, sistemas eléctricos de los autos y desde un tractor con remolque para reparar camiones con problemas de motores que encontraba mientras viajaba por la autopista de peaje. Su nombre era George Edward Jackson, pero todos, incluyendo su esposa, Evelyn, lo llamaban «Judd». Nadie sabe por qué se le quedó ese nombre, ni siquiera ninguno recuerda que al papá de Peggy lo llamaran de otro modo que no fuera Judd Jackson.

Los tres hermanos menores, incluyendo su hermano Ed, y su hermana Dorothy Jean (Fawley), eran de suave hablar. A pesar de eso, la sonrisa contagiosa y cálida de Peggy y su amable personalidad atraían a otros.

Peggy y David se conocieron en su primer año de secundaria. Peggy llevaba la batuta en la banda y David tocaba el tambor. «Ella me silbaba y me decía lo que tenía que hacer», recordaba David. Un compañero de la banda que era casamentero, le sugirió: «Ustedes dos necesitan ser pareja».

David y Peggy estuvieron de acuerdo. Fueron novios durante el tiempo de escuela secundaria y luego se casaron cuando David estaba en la mitad de sus estudios de ingeniería eléctrica en la universidad estatal de Ohio. Él tenía veintiún años y Peggy era un año más joven. «Hicimos un trato», recuerda David. «Ella trabajaría para ayudarme a terminar los estudios y cuando me graduara, ¡se podría quedar en casa y yo tendría un verdadero trabajo!» El trato dio resultados.

David obtuvo su licenciatura en comercio y, al final, Peggy se convirtió en una mamá del hogar.

Tres años después de su boda, la pareja se mudó a la Florida, donde el primer trabajo de David fue con la NASA, el programa espacial estadounidense, en Cabo Cañaveral. «Fui parte del programa que le aseguraba a Estados Unidos no quedarse muy lejos

de la Unión Soviética en la carrera espacial»,
dijo David, solo medio en broma.

Melissa, la primera hija de la pareja, nació en 1966 en el hospital de Cabo Cañaveral. Cuando Peggy quedó embarazada de
nuevo, a principios de 1968, David consideró que podría sostener mejor a la familia si
se mudaba para Flint, Michigan, donde fue
a trabajar para la IBM. La familia se estableció en el pequeño pueblo de Flushing,
justo al noroeste de Flint. Aquí fue donde
nació Todd Morgan Beamer el 24 de noviembre de 1968. Todd era simplemente un
nombre que le gustaba a David y Peggy, y
Morgan el nombre del abuelo de Peggy. Michele, la menor de los Beamer, llegó en
1974.

La familia vivió seis años en la zona de
Flint y participaban activamente en la Iglesia Bautista el Calvario. Esos fueron años de
mucha actividad, empleando mucho tiempo
en la administración del hogar, en los niños
pequeños y en el desarrollo de la carrera de
David. La iglesia brindaba un importante
compañerismo, así como también sólidas
enseñanzas de la Biblia sobre los valores y
las prioridades. Aun así, para los Beamer,
Dios era más que para los domingos. David
y Peggy llevaban a Dios a su hogar, no solamente alentaban a los niños que *leyeran* la

Biblia, sino también que *aplicaran* lo que ella enseñaba a la vida diaria. Y David y Peggy les enseñaron a sus hijos que podían hablar con Dios por medio de la oración en *cada momento*.

Cuando era niño, a Todd le encantaba orar antes de acostarse, no porque fuera demasiado espiritual, sino porque descubrió que cuanto más oraba, ¡David y Peggy le permitían estar despierto más tiempo! Arrodillado al lado de su cama, Todd podía mirar alrededor de su cuarto y luego echar un vistazo más allá de él. Le daba gracias a Dios por cada cosa del cuarto que podía ver: las cortinas, las camas, las paredes, la bañera, la alfombra, etc., etc. «Después de un rato, ¡abría mis ojos y me daba cuenta de que hacía un inventario de toda la casa!», recuerda Peggy.

Incluso, desde pequeño, Todd creía en el poder de la oración para impactar en hechos y circunstancias. En cierta ocasión, él y su amigo Keith Simpson, de cinco años de edad, se encontraron un sapo y se pusieron a jugar con él. De algún modo, el sapo se les escapó y los muchachos buscaron en vano por todas partes su salobre y verde amigo. A la hora de la cena estuvieron de acuerdo en orar para que Dios los ayudara a encontrar el sapo. Keith se fue a su cuarto a orar y

Todd se dirigió a casa. Todd no había dado un paso hacia la puerta cuando la mamá de Keith telefoneó. Contó que después que Keith oró, caminó hacia la puerta del fondo y encontró el sapo. Para Todd, ¡esto fue un milagro que clasificó al mismo nivel de la sanidad de un ciego o la resurrección de Lázaro de los muertos!

Cada mañana antes de la escuela, mientras los niños desayunaban, Peggy les leía un capítulo del libro de Proverbios. De este libro los niños aprendieron los principios bíblicos de ética y moralidad, y muchos consejos prácticos.

Peggy y David criaron a Todd y a las niñas con un sólido sistema de valores bíblicos y trabajo ético. «El trabajo arduo da beneficios. Los hará mejor y les dará el éxito; aférrense a la fe y les irá bien», les enseñaban a sus hijos. Junto a esto, los padres de Todd fueron modelos de respeto para ellos mismos y para otros, enseñaron la importancia de los límites y asumieron la responsabilidad dando muestras de corazones compasivos. Pusieron también en claro la disciplina en la casa de la familia Beamer.

Puesto que David viajaba mucho por su trabajo, Peggy a menudo era la que tomaba las medidas disciplinarias. Desde temprana edad, a los chicos Beamer se les enseñó que:

«¡no, significa no!». Peggy no les decía: «Esperen a que papá llegue a casa». Siempre que los niños necesitaban disciplina y corrección, ella se las daba.

Una vez, por ejemplo, cuando Todd tenía tres o cuatro años de edad, le contestó mal a su mamá. Peggy le lavó la boca con jabón. Por lo visto, sin embargo, el jabón moderno no tenía el sabor tan repugnante como el tipo que usaba la madre de Peggy con ella. Todd levantó la vista hacia su mamá y, después que le enjuagó la boca, dijo: «Humm, ¡sabe parecido a la sopa!»

Incluso siendo muchacho, Todd tenía pocos gustos comunes cuando se trataba de alimentos. Peggy tenía una tradición de hacer cualquier comida que los niños quisieran en su cumpleaños. Él podía pedir costillas de primera clase, langosta u otras exquisiteces. Sin embargo, Todd siempre pedía col en encurtidos y perros calientes. «Cualquier cosa, menos judías», decía.

A Todd y Melissa les encantaba el chocolate y la abuelita Beamer mostraba sus dotes culinarias al hacerles bizcochos de chocolate y nueces. También hacía una especie de torta de chocolate cubierta de azúcar moreno que sabía a caramelo. Un día, cuando Todd tenía cinco años y Melissa siete, su tía Bonnie fue de visita, así que la abuelita Beamer hizo una de sus famosas tortas. Con cuidado, la abuelita le puso la cubierta especial de azúcar y luego le brindó a Melissa, Bonnie y Todd el mejor regalo que cualquier amante del chocolate se imaginara. «Aquí tienen tres cucharitas», dijo, indicando con la cabeza el resto de la golosina que le quedaba en el recipiente.

De inmediato, Todd y Melissa comenzaron a discutir sobre quién iba a comer primero el chocolate, así que la tía Bonnie decidió darles una lección acerca de compartir. Con la habilidad de una experimentada profesional, tía Bonnie agarró su cuchara, hizo un montón de los residuos, se los metió en la boca y se los comió de un tirón.

Durante un rato, Todd y Melissa clavaron sus ojos en ella sin dar crédito y como si dijeran: *¡Tía Bonnie! ¿Cómo hiciste tal cosa?*

Entonces, de repente, Todd comenzó a reír. Se reía y se reía... y no pasó mucho tiempo para que Melissa lo hiciera también. Luego la misma Bonnie se moría de la risa. Después que todo se calmó, Bonnie chasqueó los labios y Todd comenzó de nuevo. Su risa contagiosa hizo que todos se desternillaran de nuevo. Este fue un clásico momento «Todd».

Aunque Todd competía con su hermana mayor, Melissa, era más que un estimulador de su hermana menor, Michele. Buscó con la mirada a Todd desde el mismo día que nació, siempre compitiendo por la atención de su hermano. Un día, cuando solo era un bebé, Michele gateó hasta Todd cuando él estaba acostado en el piso mirando la televisión con Melissa. Todd se quitó del camino, pero enseguida gateó de nuevo frente a él, impidiéndole que viera la pantalla. Si Todd se movía ligeramente hacia la izquierda, ella también se movía frente a él. A pesar de que era tan pequeñita, Michele le dijo: *¡Oye, hermano grande! No tienes que mirar el televisor; ¡mírame a mí!*

Todd lo hizo también. Seis años mayor que Michele, le encantaba prestarle atención y se alegraba de escuchar sus preguntas y darle sugerencias. Incluso después que los hermanos se hicieron adultos, Michele lo llamaba a menudo por consejo y aliento. Ella respetaba su opinión y comprensión más que de cualquier otro, y él siempre estaba dispuesto a dárselos.

Entretanto, el padre de Todd, David, continuó distinguiéndose como representante de ventas, de modo que lo ascendieron y transfirieron a Poughkeepsie, Nueva York. Dos años más tarde aceptó un trabajo en Chicago con la Corporación Amdahl, otra compañía de tecnología de computadoras, y la familia comenzó a hacer las maletas de nuevo.

Encontraron una casa en Glen Ellyn, un suburbio al oeste de Chicago. Era la que estaban buscando: un pueblo con un montón de familias... y muchos campos de béisbol. La nueva casa estaba cerca de la Primera Iglesia Cristiana y solo a un kilómetro y medio de la escuela primaria cristiana de Wheaton, que era privada. También estaba cerca la Universidad de Wheaton, una escuela cristiana en profesiones liberales mejor conocida por ex alumnos como Billy Graham, el misionero mártir Jim Elliot y el actual presidente de la Cámara de Representantes de Estados Unidos, Dennis Hastert. Esta fue la escuela donde más tarde Todd obtendría su licenciatura.

Wheaton fue un gran lugar para Todd Beamer, pues aquí aprendió muchas lecciones que repercutirían por el resto de su vida... y en toda la nación.

3

EL PROTOTIPO
DE LA «ACCIÓN»

EN UN LIBRO DE memorias, que Todd creó mientras estudiaba en la escuela primaria cristiana de Wheaton, escribió: «Como gimnasta el mejor y como músico el peor». Esa parte de su personalidad nunca cambió. Todd disfrutaba la buena música, pero su ejecución no era en verdad su fuerte. En su libro de memorias anotó que su canción favorita era una de Elvis Presley: «(You Ain't Nothin' but a) Hound Dog». En cierta ocasión, un maestro de música le pidió que dirigiera el coro, agitando los brazos enfrente de toda la clase. «¡Nunca podría entender si el maestro lo puso en esa posición para que dirigiera o solo para evitar que cantara!», dijo sarcásticamente Peggy, su mamá.

Durante la escuela primaria, Todd tomó lecciones de música y aprendió los principios básicos de piano, percusión y trompeta. Sin embargo, estaba claro que la práctica de la música no era su primer amor. Un día, Peggy oyó que Todd daba golpes para tocar su lección de piano y se dio cuenta de que la canción no sonaba muy bien. Se asomó al salón de práctica y allí estaba él, acostado de espaldas, ¡tocando la melodía dando golpes con los pies en las teclas del piano! Ese fue el final de sus lecciones de música. Como su hermana menor, Michele, desarrolló un amor por la actuación musical, Todd la alentaba, contento de que algún otro le diera buen uso al piano.

Todd prefería mucho más que *su* actuación fuera en el campo de los deportes. David y Peggy alentaron a que Todd hiciera uso de sus habilidades naturales, a que estuviera dispuesto a que le entrenaran y a practicar mucho sin importar el deporte que jugara. Sus deportes favoritos eran el béisbol, el baloncesto y el fútbol. A los nueve años de edad, entró a formar parte de las Ligas Menores, jugando en el campo corto, en el jardín central y como lanzador. Melissa, su hermana mayor, jugaba baloncesto y *softball* y era casi tan fanática del deporte como Todd.

Cuando no podían acostarse tarde para ver las Series Mundiales, a la mañana siguiente le preguntaban a Peggy las carreras que anotaron los equipos. Todd era un fanático apasionado de los Toros de Chicago, llevando el número 23 aun antes que Michael Jordan lo hiciera famoso. También era un fanático de los Osos de Chicago, pero los Cachorros tenían en su corazón un lugar especial. Para Todd y Melissa fue una invitación excepcional cuando la familia asistió a un juego de los Cachorros de Chicago en Wrigley Field.

A Todd le encantaba ver ganar a los equipos de Chicago. Asegurándose de que sus propios equipos ganaran también, así que tomaba muy en serio la victoria. Incluso, a los doce años de edad, Todd era el tipo de gente que se consideraba parte del grupo. Una vez en un juego de las Ligas Menores, el entrenador utilizó a Todd para que fuera el lanzador de relevo en la última entrada, con dos eliminados y las bases llenas. Todd avanzó con fuerza, esperando salvar el juego. Sin embargo, dio una base por bolas y entró la carrera de la victoria para el otro equipo.

Todd estaba devastado. Salió cabizbajo y con los hombros caídos. Sintió que le había fallado a su equipo cuando ellos dependían de él. Como se marchó del campo de béisbol, su papá le dio alcance. «Tú no puedes ganar todos los juegos», lo consoló David, poniéndole un brazo alrededor de los hombros a su hijo. «Solo puedes dar lo mejor de ti. Nadie gana todo el tiempo. Tenemos que seguir adelante».

Como la actitud de Todd cambió ligeramente, David continuó. «Estabas en una posición muy incómoda, pero si nunca has estado en una situación difícil, es probable que se deba a que nadie cree que puedes resolverla. Tu entrenador creyó en ti. Confió en que harías lo mejor y lo hiciste. Eso es todo lo que cualquiera puede pedir». Eso era exactamente lo que Todd necesitaba oír. Por consiguiente, estaba preparado para correr de nuevo el riesgo de la victoria o la derrota.

El 4 de julio, la familia Beamer casi siempre se podía encontrar en uno de los juegos de béisbol de Todd. El juego de las estrellas de las Ligas Menores y otros torneos comenzaban el Día de la Independencia, y Todd, por lo general, participaba en múltiples juegos antes de que eliminaran a su equipo de la competencia nacional. Como casi todos en las Ligas Menores, el sueño de Todd era llegar a Williamsport, Pensilvania, para jugar en la Serie Mundial de las Ligas Menores.

Aun cuando nunca llegó a las Series Mundiales, Todd estaba feliz. Disfrutaba muchísimo del éxito que tenía en su vida.

Uno de sus amigos de la escuela primaria, Brian Funck, recuerda a Todd como un chico con un buen estado físico. «Secretamente deseaba ser igual que Todd. Era más alto que yo y le caía bien a todos, en especial a las chicas. En verdad, tenía mucha coordinación y parecía ser bueno en cada deporte. Todo el mundo lo escogía para que fuera el primero en formar parte de su equipo».

Todd podía jugar bien el baloncesto y, como es debido, las chicas de la secundaria estaban muy impresionadas. Un día, mientras practicaba baloncesto en el gimnasio con una amiga, trató de deslumbrarla y se rompió el tobillo. ¡Lo tuvieron que enyesar y no pudo jugar béisbol durante seis semanas! A partir de ese incidente evitó a todas las chicas... aunque no por mucho tiempo.

Aparte de sus talentos deportivos, a Todd lo conocían por muchas otras cosas, incluso por su habilidad de dormirse casi en cualquier parte... y dormía profundamente. Siempre que tenía la oportunidad, dormía sus siestas. Durante el invierno del séptimo grado de Todd, David y Peggy planearon llevar a su hija mayor, Melissa, a un viaje especial con ellos. Antes de salir, embarcaron a Todd y Michele en un avión rumbo a Youngstown, Ohio, con un vuelo que conectaba con el aeropuerto Akron-Canton.

Allí Todd y Michele iban a pasar unos días con los padres de Peggy. El tiempo era frío y helado cuando Todd y Michele abordaron el vuelo, pero Todd no se preocupó. En cuanto se sentó en el avión, recostó la cabeza para dormir. El avión se inclinaba y levantaba por el mal tiempo y Michele se sujetaba con fuerza por su preciosa vida, pero para Todd apenas se movía.

Finalmente el avión aterrizó en Youngstown y empezó a deslizarse por la pista... y se deslizaba... y se deslizaba. En realidad, ¡se deslizaba fuera por completo de la pista de aterrizaje! Toda la gente a bordo del avión gritaba histéricamente alrededor de Todd y Michele, quien tenía un espanto de muerte. Sin embargo, ¡Todd durmió todo el tiempo! Michele tuvo que pincharlo con un lápiz para despertarlo.

■ ■ ■ ■

David y Peggy deseaban que sus hijos disfrutaran la diversión y los juegos, pero que también aprendieran la importancia de un sólido trabajo ético y cómo administrar el tiempo y el dinero. De modo que los alentaban a solicitar trabajos de verano y ganarse su propio dinero para gastos.

Durante el verano siguiente al final del

séptimo grado, Todd y Brian Funck trabajaron para el señor Greiff, el jefe de mantenimiento de la escuela primaria Wheaton Christian. Sus responsabilidades incluían limpiar, encerar y pulir los pisos, manejar la inmensa cortadora de césped, pintar, poner baldosas y hacer otros trabajos menores de mantenimiento. Para comenzar, el pago era de tres dólares la hora y a los muchachos les parecía una fortuna los ciento veinte dólares a la semana. Aunque Todd, quien comenzó a trabajar a principios de verano, tenía más antigüedad que Brian, este le seguía llamando por el apodo de «Toddler» [*niño pequeño* o *párvulo*, en inglés].

El jefe del equipo de los niños era John Brabenec, quien había comenzado a salir con la hermana mayor de Todd, Melissa. Para evitar cualquier muestra de favoritismo, John discutía sin cesar con Todd y Brian con amabilidad, especialmente acerca de su chifladura por Mary Lou Retton, la ganadora de medalla de oro en gimnasia olímpica y a quien *Sports Illustrated*'s la nombró «Deportista del Año» en 1984. Los muchachos pegaron fotos de la vivaz Retton por toda la escuela vacía mientras hacían su trabajo de custodia, «para una inspiración adicional», e incluso idearon un plan para viajar a West Virginia con la esperanza de conocer a Mary Lou. Su plan de conocer a la chica en el palco de las Wheaties se vino abajo cuando los muchachos consultaron un mapa y descubrieron lo lejos que estaba West Virginia de Chicago. Puesto que ninguno de ellos todavía no manejaba, ¡ese era un largo viaje en bicicleta!

Siempre que Brian y Todd hacían un buen trabajo, el señor Greiff pasaba por alto las fotos de Mary Lou que aparecían de repente por toda la escuela. Incluso, les permitía a los muchachos que escogieran sus propios horarios, esperando que le dijeran: «Oh, trabajemos de diez a tres». Siempre que podía, como era natural, a Todd le encantaba dormir. Sin embargo, le gustaba aun más jugar baloncesto. Así que Brian y él sacaron esta conclusión: *Si nos levantamos a las seis y media de la mañana y hacemos el trabajo temprano, ¡podemos jugar baloncesto el resto de la tarde!* En muchas tardes se les unió el señor Greiff, como lo hizo el entrenador de baloncesto de la escuela, Steve Clum.

El entrenador Clum se interesaba personalmente en todos sus jugadores y su influencia en Todd fue tremenda. En la siguiente temporada del octavo grado, el entrenador Clum le escribió a Todd un informe sobre su progreso personal:

Amas el juego. Dios te ha dado una tremenda habilidad para jugar baloncesto. Juega para el Señor y continuarás experimentando éxito. ¡Eres uno de los mejores deportistas que he entrenado en nueve años!

Conoces bien la cancha. Eres un jugador rápido, agresivo y abnegado. Trabaja la mano izquierda porque quizá juegues de escolta en la escuela de segunda enseñanza.

No te rindas cuando las cosas no te vayan bien. Eres demasiado bueno para que dejes que pase eso.

Brian y Todd también jugaron juntos en el equipo de fútbol. Sin embargo, un día durante la temporada en el octavo grado, de camino a la casa de Todd, Brian salió despedido por encima de su bicicleta, cayó al suelo con dureza y se fracturó la mandíbula. Quedó fuera durante la temporada y lo relegaron a ser una estadística más del equipo. Todd, como leal amigo, logró que su mejor amigo formara parte de la emoción del juego. Brian recuerda: «Todd estaba conmigo en la línea de banda cuando no se iba a marcar dos o tres goles por juego, lo cual hizo a menudo. Me hizo sentir que seguía siendo parte del equipo».

Todd era un jugador estrella del fútbol, siempre en acción. En uno de los últimos juegos de la temporada del fútbol del octavo grado, él y un contrincante se encontraron en el centro del campo. El jugador contrario intentó dar un «cabezazo», pero se le escapó la pelota. Su cabeza golpeó ruidosamente la mandíbula de Todd, le hundió literalmente dos de los dientes anteriores en la boca. ¡Todd se repuso, se haló los dientes hundidos y continuó! El juego solo se suspendió cuando se dio cuenta de que tenía la mandíbula fracturada.

Para facilitar el proceso curativo, el doctor le alambró la mandíbula cerrada. Apenas podía hablar y solo comía alimentos licuados. Sin embargo, a pesar de la dieta líquida, el apetito de Todd siguió bueno. Comía puré de papas con salsa de carne... ¡*realmente* puré de papas! Comía carne y lasaña, e incluso pizza, con una pajilla. ¡La mandíbula de Todd permaneció alambrada por seis semanas y no perdió ni medio kilo!

■ ■ ■ ■

Todd y Brian continuaron en la escuela secundaria Wheaton Christian (ahora conocida como Academia Wheaton). Allí añadieron a Keith Franz a su círculo de amigos.

46

Keith jugaba para el equipo rival en la escuela primaria, y Todd y Brian lo recordaban como un valioso adversario en el baloncesto y en el fútbol. Ahora estaban felices de contar con él como un compañero de equipo. El trío forjó una amistad que se le conocería como «los tres amigos» durante la secundaria. Aunque Keith era el muchacho nuevo del grupo, recuerda: «Era fantástico porque paseábamos por ahí con Todd».

En la secundaria, Keith habló de ser un candidato a la presidencia de la clase. «Yo no haré esto a menos que uno de ustedes se postule conmigo», dijo Keith a Brian y Todd.

«Muy bien, socio», contestó Todd. «Tú te postulas para presidente de la clase y yo para vicepresidente». Era una fórmula ganadora y la boleta Franz-Beamer ganó las elecciones por una gran mayoría. Sin embargo, ninguno sabía en lo que se estaba metiendo. Pensando que tener una oficina sería divertido, Todd y Keith descubrieron rápidamente que los eligieron para servir antes que para ser servidos.

Una de sus primeras responsabilidades era organizar el local de preferencia para los juegos de fútbol. Una noche, después de la práctica de fútbol, Todd y Keith fueron a limpiar el lugar a fin de prepararlo para la temporada. Al abrir la puerta, no podían dar crédito a lo que veían. Al parecer, unos desalmados cometieron actos de vandalismo dentro del local en el verano y rociaron por todas partes el contenido de los extintores de fuego, incluyendo en las neveras y las máquinas de perros calientes, sodas y palomitas de maíz. ¡Entraron las ratas y empeoraron aun más las cosas! Los roedores muertos estaban esparcidos por toda la pequeña habitación y el quiosco de los alimentos despedía un fuerte mal olor. ¡El lugar era un lío! Todd echó un vistazo, recorrió con la vista por encima de Keith, levantó las cejas, y dijo: «Gracias, Franz. ¡Ser parte de la directiva de la clase es una verdadera carga de dinamita!»

Además de todas sus actividades extracurriculares, Todd también era un buen estudiante que siempre lograba terminar su trabajo antes de lo previsto. Bien organizado y extremadamente disciplinado, no les permitió aun a sus amigos íntimos que le disuadieran en cuanto a sus estudios. Después de las clases, Keith a menudo pasaba por la taquilla de Todd y encontraba a su amigo cargado de libros y tareas.

—¿Qué estás haciendo? ¿Te llevas toda la taquilla para la casa?

—Ah, es que voy a estudiar —decía Todd.

—Deja eso, vamos a divertirnos un poco —decía Keith persuasivo.

—No, amigo, tengo que estudiar —afirmaba Todd con énfasis.

¡Y lo hizo! La mayoría de sus notas en toda la segunda enseñanza fue de A y B y no tuvo problemas para que lo aceptaran en la universidad.

Al final del curso escolar en la secundaria, los Beamer se mudaron a Los Gatos, California, puesto que a David lo transferían a la posición de vicepresidente de Amdahl en la oficina central. Era una gran oportunidad para David, pero Todd tuvo que dejar a sus amigos de Wheaton y pasar sus últimos años en California. Todd deseaba desesperadamente quedarse en Wheaton y urdió planes para vivir con sus amigos, pero sus padres consideraban que era importante mantener a la familia unida. De modo que Todd decidió sacar el mayor provecho de su mudada a California y entrar de lleno en la escuela y los deportes. Lo pusieron a prueba en el equipo de baloncesto y, a nadie sorprendió, no solamente formó parte del equipo, sino que pronto se convirtió en el chico de acción en la escuela secundaria Los Gatos.

Una de las razones del éxito de Todd en los deportes era su habilidad natural. No obstante, quizá tan importante como esto, Todd era un deportista que «pensaba». Mantenía la cabeza en el juego, sin importar lo grande de la presión. Permanecía en calma y raras veces se ponía nervioso. A menudo estaba dispuesto a correr el riesgo de hacer algo poco común si esto significaba obtener una victoria.

Por ejemplo, en un partido se enfrentó a un equipo doble, todo el mundo presionando mientras él trataba de obtener el balón a través del centro de la cancha. En una carta a su amigo Keith, que estaba en Wheaton, le describió la situación: «Franz», escribió Todd, «nos atacaban con la presión de una cancha llena. Yo estaba driblando y dos tipos vinieron a cerrarme el paso. Miré a través de la línea y me di cuenta de que estaba acorralado. No había para dónde ir. Solo tenía una opción, así que me fui por esa. ¡Driblé derecho a las piernas de los defensas! ¡Fue impresionante!»

Así era Todd. Siempre se mantuvo sereno.

Después de graduarse de la escuela de segunda enseñanza, se matriculó en el Estado de Fresno en la especialidad de fisioterapia. Una noche, durante su primer semestre, él y unos amigos fueron manejando a pasar el fin de semana en la casa. Estaban a punto de entrar a la autopista frente a San José cuando un auto rugió detrás de ellos y le golpeó la esquina del auto. El conductor del vehículo en el que iba Todd perdió el control. El auto se viró de lado fuera de la carretera, se volteó y frenó en una zanja. Todd y sus amigos quedaron atrapados dentro del vehículo. Mientras tanto, el conductor que provocó el accidente ni siquiera hizo el intento de parar. (Después Todd y sus amigos se enteraron que el conductor que se dio a la fuga iba en un auto robado y que se escapó.)

Por fortuna, alguien en otro auto escuchó el llamado de Todd por ayuda. Un equipo de rescate llegó enseguida y pronto los sacó del despedazado auto. Todos en el auto sobrevivieron al choque, aunque uno de los amigos de Todd sufrió una fractura en la espalda y necesitó una larga recuperación. Para Todd, el accidente fue una señal. Aunque solo tuvo daños menores, sus contusiones fueron suficientes para impedirle que jugara mejor durante la temporada de béisbol. Después que Todd falló en anotar en la primera división de béisbol, en una jugada sencilla, Fresno perdió su atracción. Ya había hablado con Keith y Brian acerca de su traslado a la Universidad de Wheaton y el accidente quizá fue lo que le dio el punto final.

Poco después de eso, Todd decidió volver a Wheaton para el resto de su educación.

Comenzó la universidad con la expectativa de una carrera en fisioterapia. Luego escogió la especialidad de premédico, pensando en convertirse en doctor. Todd hablaba a menudo con Rick Young, el esposo de la tía Bonnie, acerca de los pros y los contras de una carrera en medicina. Al fin y al cabo, el tío Rick era un radiólogo de mucho éxito que amaba su trabajo. Como Rick, Todd deseaba hacer algo para ayudar a la gente. Sin embargo, Rick le advirtió a Todd sobre las largas horas, las molestias de estar al tanto de las llamadas y el enorme gasto que implicaba obtener su educación. «La medicina está cambiando», le dijo Rick. «En la mayoría de los casos eres incapaz de desarrollar relaciones con los pacientes y el estilo de vida puede ser costoso para tu familia».

Todd sopesó cada factor detenidamente. «Sí, creo que tienes razón», respondió con lentitud. «Mi corazón no está en realidad en la medicina». Entonces decidió cambiar a la especialidad de comercio en la Universidad de Wheaton.

Todd quería que su vida contara; deseaba vivir la vida cristiana, no solo hablar de esta. Mientras que muchos de sus compañeros de clase entraron en las profesiones ministeriales, Todd sentía que para servir a Dios no tenía la necesidad de ser un predicador «profesional». También podría servir a Dios en los negocios, y quizá hasta influiría más en el mundo que si hablara detrás de un púlpito. Aunque sus amigos íntimos y familiares no comprendieron en ese tiempo todo lo que Todd quería dar a entender, un día lo harían... y de una manera que el mismo prototipo de la acción nunca se habría imaginado.

4

NUESTROS CAMINOS
SE CRUZAN...

CUANDO TODD SE MUDÓ de nuevo a
Wheaton, Illinois, desde California, transfi-
rió sus créditos desde el Estado de Fresno a
la Universidad Wheaton. Primero vivió en
el cuarto piso del dormitorio Traber con su
antiguo compañero Keith Franz. Otros dos
viejos amigos, Stan Ueland y John Schla-
mann, estaban en el cuarto de al lado, y
Brian Funck, su compañero desde quinto
grado, estaba apenas más adelante en el pasillo. Los chicos se referían grandiosamente
a ellos mismos como «Los Hombres del
Traber 4».

En años posteriores en la universidad,
Todd se mudó a un apartamento para cua-

tro hombres en el campus junto con Keith y otros dos compañeros: Dan Gunn y Rob Keyes durante el primer curso; y Dave Rockness y Todd Galde en el último curso. Una vez más, el amigo Stan Ueland vivía en al apartamento de al lado.

En la universidad de Wheaton conocían a Todd por ser travieso, pero nunca de manera maliciosa. Por ejemplo, tenía un extraño hábito de merendar sardinas. Un día, después de engullirse una lata que despedía un desagradable olor a pescado, Todd fue al cuarto solitario de Stan y John y puso la lata abierta con el resto del aceite en su calentador. Después, puso el calentador en el máximo y cerró la puerta. Cuando Stan y John regresaron a su habitación, el nauseabundo olor a pescado había inundado el aire, las sábanas de la cama, la ropa... todo. ¡La habitación entera hedía como una pescadería!

Stan recordó más tarde: «En ese momento no me gustó eso. Sin embargo, después que desapareció el horrible olor, ¡tuve que admitir que fue una de esas bromas que hubiera deseado pensarla yo mismo!»

Traber tenía cuartos de baño y duchas colectivas. Puesto que el baño era un magnífico y gran lugar de reunión de los amigos cada mañana, también era un lugar frecuente para las travesuras. Una de las artimañas más traviesas de Keith y Todd era rociar a los compañeros con agua fría mientras se daban una ducha. «Oye, muy chistoso, Beamer», decían casi todos. «Ya estoy mojado».

Después, uno o dos segundos más tarde, se daban cuenta: la mezcla de agua fría con la que Keith y Todd los rociaban estaba hecha de agua... y ungüento para los dolores musculares.

Otra de las travesuras favoritas de Todd era tirar cohetes por la ventana del dormitorio a la acera, precisamente frente a uno de sus amigos que caminaba por allí. Aun así, ninguno de ellos pensó meterlo en problemas. Todd era muy querido... y respetado.

Cuando Todd no estaba estudiando, se encontraba en la cancha de baloncesto o en el campo de béisbol; el fútbol lo abandonó en la universidad. Todd tenía grandes habilidades naturales, pero también se esforzaba muchísimo para desarrollarlas. Fue muy disciplinado dentro y fuera del campo de práctica. Lo conocían como un «audaz»: el amigo que simplemente no se rendía, de quien se podía depender por lo que viniera, sin importar el costo.

Una vez, durante un juego de béisbol universitario en unas vacaciones de primavera en la Florida, con su mamá y su papá en las gradas, Todd subió a la caja de bateo cuando el Wheaton perdía el partido, tenía dos eliminados, las bases llenas y estaban en la última entrada. Todd estaba en un conteo de 3 y 2. Cada persona en los graderíos estaba enfocada en el campo. El lanzador hizo su mejor jugada, Todd abanicó el bate con suavidad, ¡y bateó la pelota fuera del parque para un cuadrangular!

Todd tuvo una extraña habilidad para tener éxito en ese tipo de cosas. Durante su último turno al «bate» de sus estudios universitarios, sacó la pelota fuera del parque para un cuadrangular que les dio la victoria en el partido. Salvó el juego y escribió sobre esto: «La última vez que no fallé al batear en la universidad... fue un solo impacto». Sin embargo, aun con todos sus éxitos, Todd nunca hizo alarde de sus habilidades ni de sus logros. Siempre fue humilde, una cualidad que cautivó a sus amigos y compañeros de equipo.

A Todd le encantaba vitorear a sus amados equipos deportivos de Chicago. Junto a sus amigos asistió a muchos partidos de los Cachorros y los Medias Blancas de Chicago, se sentaban en los asientos baratos del Wrigley Field o del Comiskey Park y les chillaban a todo pulmón a los árbitros (o a cualquier otro que quizá fuera capaz de influir en una victoria de Chicago). A veces entraban a los juegos de los Toros de Chicago cuando se ponían a pedir algunos boletos a la entrada. Todd era también un fanático de los Osos de Chicago y en especial de Walter «Dulzura» Payton, el sensacional jardinero central de este equipo. Aunque con mucho, su deportista favorito fue el superestrella de los Toros de Chicago, Michael Jordan. Todd siguió a Michael como una estrella naciente de Carolina del Norte y se emocionó cuando lo reclutaron los Toros. Él admiraba el asombroso espíritu de atleta de Michael, pero también su extraña habilidad de lograr que ocurriera siempre algo emocionante; coleccionaba todo tipo de objetos de recuerdos de Michael a fin de que no olvidara que el éxito le sigue a la aguerrida determinación y a un espíritu de victoria.

Un día, mientras caminaba a través de la estación de trenes de Wheaton, Todd observó un cartel publicitario de un metro por dos que presentaba a Michael Jordan en la cancha con sus «ropas de trabajo», incluyendo el jersey con el número 23 que se eliminó desde que se retiró de la organización de los Toros de Chicago. Todd siempre llevó el número 23 de Michael en todos sus jerséis a través de sus años de segunda enseñanza y universidad.

«¡Ah, mi amigo! ¡Esto luciría espectacular

en nuestro apartamento!», le dijo Todd a Keith. Lo siguiente que supo Keith fue que el cartel estaba colgado en una pared de la sala frente a una inmensa bandera de Estados Unidos.

«Ellos lo acaban de botar», explicó Todd, cuando se le preguntó cómo había adquirido el cartel.

Ese cartel se convirtió en una de las más preciadas posesiones de Todd. Después que nos casamos, viajó con nosotros de casa en casa. Es más, todavía sigue en nuestro hogar hoy... aunque en el sótano.

■ ■ ■ ■

En el primer día de clases durante el segundo semestre del segundo curso, Todd asistió al «seminario de especialización» del departamento de comercio, un curso requerido para toda persona especializada en el comercio y la economía. Esa tarde, después de las clases, Todd entró como un bólido a su apartamento.

—Franz —le gritó a su compañero de cuarto Keith—. Conocí hoy a la mujer con la que me voy a casar.

—Buen chiste —contestó con escepticismo Keith, obviamente sin inmutarse—. ¿Cómo se llama?

—Tú la conoces. Es la hermana de Paul Brosious, el que está en el equipo de béisbol conmigo.

—¿No está ella prácticamente comprometida con otro chico?

—¡Ah, no digas eso! —dijo Todd tirándose en la cama y sujetándose el estómago como si alguien le hubiera asestado un golpe—. No me digas que se la llevó otro. ¡Ella es perfecta!

Entonces rodó por la cama y dijo en tono de broma:

—Tenía que haberme esperado. ¡Ella no sabe lo que se está perdiendo!

Aunque en ese tiempo no lo sabía, la mujer por la que Todd deliraba era... ¡*yo*!

Ya conocía a Todd antes del encuentro de esa tarde, pero no nos habíamos tratado mucho. Sabía que era un buen deportista, así que di por sentado que era el estereotipo de un «atleta»: todo el que se las daba de ser un don de Dios para las mujeres. También tenía un lindo auto, un Honda deportivo negro. Esto fue lo único que le añadí en mi mente a la imagen de un deportista.

Sin embargo, a través de mis conversaciones con mi hermano Paul, entonces en primer año en Wheaton, y al animarlo en los partidos de béisbol, pensé de otra manera diferente. Todd Beamer era el capitán del equipo de Paul, un dinámico jugador y muy bueno para motivar sin arrogancia. Alto, bien parecido y pronto para sonreír, parecía disfrutar dirigiendo a otros. Era la clase de hombre que otros deseaban seguir.

Hacía dos años que Paul jugaba béisbol con Todd y solo tenía que decir cosas buenas de él. Aunque había escuchado todo acerca de Todd, nunca pensé en él de una manera romántica.

Incluso, el primer día en el seminario, nuestro primer contacto fue muy escaso. Todd llegó y se sentó en una silla al lado de la mía. Sonrió como de paso; noté su camisa a cuadros roja y su sosegada manera. Antes de que comenzara la clase, hablamos un poco acerca de Paul y el béisbol. Esta fue la primera vez que hablamos directamente. Sin embargo, a pesar de nuestra breve comunicación, él me impresionó.

Debido a que la clase era una discusión en grupo en forma de «mesa redonda», tuve la oportunidad de observar a Todd en su interacción con los demás estudiantes. Pronto me di cuenta de que no era todo lo que me imaginaba. En realidad, era más bien humilde, de hablar dulce, brillante y elocuente. Me impresionó particularmente su buena disposición para escuchar las opiniones de los demás y permitirles que dirigieran la discusión. Nos convertimos en un tipo de compañeros en la clase, compartiendo ideas sobre proyectos y del uno al otro acerca de tareas futuras.

Definitivamente impresionada con Todd Beamer, estaba un poco desalentada de que no lo hubiera conocido antes en nuestros primeros años en la universidad. Estimaba nuestra relación como una amistad en ciernes. No sabría hasta mucho después que los pensamientos de Todd estaban más por el lado romántico.

Un día, a pocas semanas de estar en el seminario, conversaba con mi compañera de cuarto Kara Lundstrom.

—¿Alguna vez has conocido a alguien y has descubierto que todo no es como pensabas que era? —pregunté.

—¿De quién estás hablando, Lisa? —indagó Kara.

—Todd Beamer.

—Ah, sí, conozco a Todd —dijo ella. Como una entrenadora de los equipos de baloncesto y béisbol, Kara trabajó muchísimo con Todd—. En realidad, hace bastante tiempo que sé que es un muchacho muy agradable.

—Pues bien, ¡gracias por decírmelo! —dije sonriendo.

Luego dejé el asunto a un lado. Después

de todo, en ese tiempo salía con otra persona. No había lugar en mi vida para Todd
Beamer... o al menos eso era lo que yo pensaba.

5

UN MUNDO DE
NORMAN ROCKWELL

POCO SABÍA, EN EL tiempo del breve
encuentro que tuvimos Todd y yo en
nuestro seminario en la universidad de
Wheaton, cuánto teníamos en común... o
que algún día yo, una muchacha procedente
de Shrub Oak, Nueva York, se convertiría
en su esposa.

Ambos crecimos con padres que pusieron
altos valores en la lealtad familiar, la fe en
Dios, la integridad personal y un fuerte trabajo ético. Mis padres alentaron firmemente
un sentido de familia, pero también un espíritu de independencia. Estos quizá parezcan
ser valores opuestos en el primer momento,
pero mi mamá y mi papá, Lorraine y Paul

Brosious, modelaron ambas cualidades de tal manera que las hicieron que fueran complementarias antes que contenciosas. Sin duda, mi deseo era tener una familia bien unida, así como una importante carrera, como me inculcaron mis padres con su ejemplo.

Lorraine Acker creció en Sunbury, una comunidad rural y obrera localizada en el centro de Pensilvania, junto a las pintorescas orillas del río Susquehanna. Paul Brosious vivía un poco más adelante, a menos de dos kilómetros de Lorraine, aunque mis futuros padres apenas se conocían el uno al otro hasta que no fueron adultos jóvenes.

De descendencia alemana, Lorraine y su hermano mayor, Ron, vivían con sus padres en la casa que estaba al lado de la de sus abuelos, así que el contacto con la familia extendida era un concepto arraigado en mi mamá. Tener a una abuela y un abuelo tan cerca era como tener un par de padres adicionales.

La comunidad tenía un campo de juegos que estaba localizado detrás de la casa de Lorraine, que se completaba con un terreno de béisbol, aros de baloncesto y un personal que se le pagaba para organizar actividades para los niños durante todo el verano. A Lorraine le encantaban los deportes. Cuando era niña, a menudo se encaminaba bien temprano al campo de juegos y no regresaba a la casa hasta la hora de la cena. Sin embargo, nadie se preocupaba. En Sunbury, todo el mundo se cuidaba el uno al otro.

La mamá de Lorraine, Aletha, era una mujer piadosa que deseaba que sus hijos crecieran en la iglesia. Su esposo, Lawrence, amaba la naturaleza y tenía sólidos valores conservadores. Sin embargo, esto era algo muy sorprendente, sobre todo en esa parte del país, no le interesaba mucho tener una relación con Dios. Ni hizo nada provechoso para la iglesia. En el mejor de los casos, fue un agnóstico. Es más, a menudo decía con gran rimbombancia: «Dios no existe. ¡Odio a Dios!», al parecer inconsciente de la contradicción con sus estatutos.

La familia de Lorraine no tuvo un auto propio hasta que ella cumplió trece años de edad, así que Aletha y los niños iban caminando hasta la iglesia cada domingo por la mañana. Esa iglesia en particular se destacaba por enseñarles a los niños las historias bíblicas, pero hacía poco énfasis en tener una genuina relación con Dios, eso influiría en la vida diaria. Por lo tanto, a Lorraine le parecía que la iglesia era más un club social que un lugar para obtener fe verdadera. Cuando era adolescente, participaba en actividades para grupos juveniles e incluso cantaba en el coro. Sin embargo, poco a poco la iglesia vino a ser cada vez menos relevante en su vida. Por el tiempo de su graduación de la escuela secundaria, estaba dispuesta a abandonar por completo la religión.

Ese verano, sin embargo, su hermano, Ron, y su esposa, Joyce, invitaron a Lorraine para que escuchara a un predicador hablar acerca de cómo Dios cambió su vida. Allí Lorraine oyó y entendió por primera vez que Jesús la amaba y que él deseaba perdonar sus pecados, alentarla y guiarla cada día, y darle esperanza para el futuro con la promesa de la eternidad en el cielo. Al terminar el culto, el predicador preguntó si alguien deseaba entregar su vida para seguir a Jesús. En ese preciso momento, Ron se inclinó y le susurró al oído a Lorraine: «¿Quieres tomar esa decisión? ¿Quieres ir al frente y orar?»

Renuente a hacer tal expresión pública de la fe, Lorraine se negó. A pesar de eso, más tarde esa noche, sola en su cuarto, tomó su Biblia y comenzó a leer. Antes de cerrarla, entregó su vida a Dios. De inmediato, sintió paz y supo que Dios estaría a partir de ese momento con ella. Le daría dirección y propósito para su vida. ¡Al fin esto tenía sentido! Dios no es un personaje en un libro. Era un ser real que la creó y conocía mejor su vida de lo que ella se imaginaba. Incluso mejor, la amaba de una manera muy personal y estaba dispuesto para una comunicación constante a través de la oración y la lectura de sus palabras en la Biblia.

Al oír la decisión de Lorraine, Joyce la alentó para que asistiera a un instituto bíblico, a fin de que aprendiera más acerca de quién era Dios y cómo obraba la fe. «Si me lo consigues, iré», prometió Lorraine. ¡Y lo hizo! A pesar de que nunca antes había salido del hogar, a las dos semanas de su conversión espiritual se matriculó en un instituto bíblico que estaba a casi dos mil kilómetros de su casa. No obstante, se enfadaba con las convicciones legalistas de la escuela con relación a la fe cristiana. Para Lorraine, el énfasis parecía más una culpa que una gracia. A pesar de todo, sentía que Dios la había enviado allí, así que se quedó. El firme y enclaustrado ambiente cristiano fue un lugar seguro para desarrollar su nueva fe; asistió a la escuela por dos años antes de regresar a su casa para mudarse a la universidad de Susquehanna.

Paul Brosious, quien vino a ser su esposo, era el menor de siete hijos, se crió junto a cinco hermanos y una hermana en una devota pero pobre familia cristiana. Durante su niñez, la familia de Paul tenía poco dinero debido a que a su mamá tuvieron que hospitalizarla varias veces en ese tiempo y su papá no ganaba mucho como encargado del cementerio de la localidad. Los hermanos mayores de Paul, algunos de ellos tenían la edad suficiente como para ser su padre, le daban una mano a su papá para ganar lo justo para vivir. Rusell, uno de los más jóvenes, murió luchando en el Pacífico durante la Segunda Guerra Mundial cuando Paul tenía siete años de edad. Cuando su padre murió de una súbita enfermedad, Paul solo tenía nueve años de edad. Su hermano mayor, Earl, intervino para ayudar a su mamá en el cuidado de Paul y su hermana, Ruth.

Con alrededor de un metro y ochenta centímetros de estatura y una constitución atlética, Paul no era particularmente apuesto. Sin embargo, era un hombre sensato y calmado, pronto para sonreír y siempre listo para cualquiera que lo necesitara. Un brillante estudiante, con desarrollo propio y altamente motivado, Paul se esforzó sin cesar para mejorar. La mayoría de los hermanos de Paul apenas terminaron la secundaria, mucho menos la universidad, así que no es de sorprenderse que recibiera poco ánimo para que lograra una educación superior.

Por consiguiente, pasó un curso de técnico medio. Tenía un gran talento natural para trabajar en las cosas de la mecánica y podía arreglar casi cualquier cosa que tuviera piezas en movimiento. Al graduarse, Paul fue a Washington D. C. y tomó un curso de técnico de radio. Luego regresó a Sunbury y trabajó en la transmisión radial.

Paul estaba determinado a asistir a la universidad, así que con solo los estudios de la segunda enseñanza y de un programa vocacional, se presentó en la universidad de Susquehanna. La universidad lo rechazó. Después trató de matricular en la universidad de Bucknell y se encontró con el mismo resultado. Finalmente, se presentó ante el director de admisiones de la universidad estatal de Bloomsburg (ahora Universidad de Bloomsburg) y, asombrosamente, ¡Bloomsburg le permitió la entrada!

Paul por poco falla en su primera clase, pero amablemente el profesor reconoció el potencial del estudiante y lo apadrinó. Por el resto de su carrera universitaria, trabajó cuarenta horas a la semana mientras llevaba todo el peso de las clases en Bloomsburg... y se graduó con altos honores.

Además de ser extremadamente inteligente, Paul fue un modelo de integridad, conocido por su sinceridad e impecable moralidad.

Seis años mayor que Lorraine, Paul jugó

en el equipo de *softball* con el hermano mayor de ella. Puesto que Ron pensaba que Paul y Lorraine harían buena pareja, se aseguró de que tuvieran la oportunidad de conocerse un domingo después de la iglesia. Al poco tiempo, Paul y Lorraine comenzaron a salir y rápidamente se enamoraron. Al año siguiente se casaron en la misma iglesia donde se conocieron.

La joven pareja vivió en Sunbury mientras Lorraine terminaba su licenciatura en inglés en Susquehanna. Entretanto, Paul enseñaba física en el local del preuniversitario y obtenía su licenciatura en Bucknell, la misma escuela que le negó la entrada unos pocos años antes.

A continuación, Lorraine y Paul se mudaron a Filadelfia, donde él comenzó su doctorado en la universidad de Pensilvania. Inconforme con este lugar, se mudaron a Albany, donde Paul continuó sus estudios en la universidad estatal de Albany. Durante los próximos seis años trabajó de día y estudió de noche hasta lograr su doctorado en física. Después formó parte del equipo de la universidad como investigador en física. Esa fue la principal entrada de dinero de mis padres cuando yo, la primera de cuatro hijos, nací el 10 de abril de 1969.

Mi hermano Paul vino al año siguiente y

Holly nació cuatro años más tarde. Poco después del nacimiento de Holly, papá aceptó un trabajo como físico investigador con la IBM y nos mudamos a Shrub Oak, justo a las afueras de Peekskill y aproximadamente a media hora al norte de la ciudad de Nueva York. Después de eso, mamá y papá debieron haber necesitado un descanso, pues nuestro hermano menor, Jonathan, no nació hasta que yo tenía trece años de edad... ¡nueve años más tarde!

■ ■ ■ ■

Nosotros tuvimos una especie de educación a lo Norman Rockwell,[1] con mamá y papá activamente involucrados en nuestras vidas. Tanto a papá como a mamá les encantaban los libros. Papá prefería más las lecturas técnicas y científicas, mientras que mamá siempre tenía una novela nueva para explorar. En lugar de arrellanarse frente al televisor, muchas noches nuestra familia jugaba juegos o leía libros juntos. *Las Crónicas de Narnia*, de C.S. Lewis, era una de las favoritas de la familia, así como el clásico espiritual *Pies de Ciervas en los Lugares Altos*, de Hannah Hur-

---

[1]Ver sección de notas al final del libro.

nard. También disfrutábamos los libros de Laura Ingalls Wilder, de modo que cuando veíamos la televisión, nuestro programa preferido era *La Casa del Bosque*.

Por cierto, de muchas maneras nosotros *éramos* un tipo de familia como la de Ingalls. Mary Ingalls era un modelo a imitar para mí. Como yo, era la hermana mayor en la familia... la que tenía la responsabilidad de lograr buenas calificaciones y que siempre estaba al tanto de sus hermanos menores. Laura era la joven que inocentemente se buscó un montón de problemas, al igual que mi hermano Paul. Carrie, la despreocupada hermana menor, me recordaba a mi hermana Holly.

Como cualquier familia, a veces teníamos nuestras riñas. Aun así, casi siempre nuestro hogar era tranquilo. Sin embargo, cuando había demasiada tranquilidad, mamá y papá sabían que pasaba algo y venían a inspeccionarnos. En cierta ocasión, cuando Holly era solo un bebé y yo tenía cinco años de edad, Paul y yo decidimos que nuestro perro, Shep, un pastor alemán, necesitaba un corte de pelo. ¡El pobre Shep nunca se vio con tan poco pelo!

La casa en que vivíamos era al estilo de una hacienda con cuatro dormitorios y estaba a las afueras del pueblo, y Holly, Paul y yo teníamos cada uno nuestro propio cuarto.

Algo bueno, también. Mi cuarto siempre estaba extremadamente limpio y organizado, pero en el de Holly parecía que un tornado había hecho volar todo. Hasta el día de hoy, la alfombra del cuarto de Holly parece nueva. Esto se debe a que en realidad pocas personas caminaron por allí; el piso, por lo general, estaba cubierto de ropas, libros, revistas y quién sabe cuántas cosas más.

Holly y yo coleccionábamos casas de muñecas en miniatura, incluyendo diminutos muebles y cuadros en la pared. Cuando Jonathan era un bebé, a veces entraba a la habitación de Holly sin que lo vieran y destrozaba los muebles de su casa de muñecas. ¡Los que llegaban al techo! En algún lugar del sótano, empacado con esmero en una caja, todavía tengo mi casa de muñecas. La de Holly también la tenemos todavía, aunque casi todo su contenido está destrozado, gracias a Jonathan.

Nuestra casa tenía un patio grande, que se convirtió en el lugar de reunión de todos nuestros amigos. Cada vez que regresábamos de la escuela, casi siempre teníamos que hacer algo afuera. Montábamos bicicletas, jugábamos Wiffle ball[2] y al baloncesto en una

---

[2]Ver sección de notas al final del libro.

cancha que teníamos en el camino de entrada. Incluso mejor, papá y mamá jugaban junto con nosotros. No les preocupaba que el césped se estropeara; puesto que para ellos la diversión era más importante.

Dentro, nuestro hogar era cálido y con un ambiente amoroso, donde mamá y papá acogían a nuestros amigos de día o de noche. Era el lugar en que los niños deseaban estar, donde se sentían cómodos. Con tres niños sociables y un párvulo en la familia, en nuestro hogar siempre había bullicio. Sin quejarse, mamá hacía meriendas para el constante desfile de niños. Y no solo eso, *siempre* trataba de hacer cosas especiales. En las fiestas de cumpleaños presentaba el mejor «tema» y todos nuestros amigos querían asistir. Esto se debía a que ella y papá sin cesar salían de su rutina para lograr que nuestros amigos se sintieran como en casa, ¡y dio resultados!

A partir del cuarto grado, una de mis mejores amigas fue Janet Odland. Era la hermana menor de su familia; yo era la mayor en la mía. Janet era alta para nuestra edad y tenía el cabello largo y negro; yo lo tenía corto y rubio. Sin embargo, ¡éramos inseparables! Cuando no estaba en su casa, Janet prácticamente vivía en la nuestra. Cuando papá llegaba a la casa, se escondía en el armario y simulaba que no sabía que estaba allí. Cuando Janet salía de su escondite, papá fingía sorpresa. «¡Ah, no puedo creer que estés aquí!», decía él. «¡Estoy encantado de verte!» Años después, Janet todavía recordaba el entusiasmo de mi papá por su presencia en nuestro hogar. «¡Siempre me hacía sentir muy especial!», me dijo.

Mamá también dirigió el grupo de Niñas Pioneras que se reunía en nuestra iglesia. Parecido al programa de Niñas Exploradoras, a las Niñas Pioneras se les otorgaban grados y toda una serie de distintivos que nos ganábamos por el cumplimiento de ciertas tareas. Con orgullo, poníamos nuestros distintivos por méritos a una banda que usábamos en reuniones y otras actividades especiales. Las Niñas Pioneras fue una buena experiencia para mí. Era una persona tipo A, aun en mi niñez, con objetivos específicos. Pronto mi banda estuvo cubierta de distinciones.

Mamá era también una líder extremadamente creativa. Era sobre todo buena en hacer objetos artesanales muy económicos, tales como muñecas de las cáscaras del maíz, cabezas de muñecas de manzanas secas y un amplio surtido de cosas para el papel higiénico. Hoy en día, mamá y yo nos reímos cuando recordamos algunas de esas cosas locas que hacíamos de esas cosas inservibles en la casa.

«¿En qué estabas pensando, mamá?», le digo en broma.

«No sé qué más hicimos», dice ella sonriente, «pero tenemos muy buenos recuerdos».

Eso era todo lo que importaba.

Cuando terminé el quinto grado, mamá nos dijo a Janet y a mí que asistiéramos al campamento de verano de las Niñas Pioneras en las montañas de Adirondack. «Les encantará», nos aseguró mamá.

En cuanto nos instalamos en el campamento, supimos lo que sería. ¡Lo odiamos! Disfrutábamos de los juegos y las sesiones de artes manuales, pero el campamento era excesivamente organizado. Funcionaba como una base militar, incluyendo un corneta que tocaba la diana todos los días a la siete de la mañana.

Estaba acostumbrada a la rutina del campamento desde que iba con mi familia en cuanto di mis primeros pasos. Sin embargo, Janet nunca acampó en ninguna parte. Nos anotamos en una actividad llamada «Exploración de la Selva» y parte del viaje lo hacíamos arrastrándonos con los codos por los pantanos. Esto puso punto final al interés de Janet en el campamento.

En cambio, a mi familia le encantaba acampar en Cabo Cod, Masachusetts, o en las montañas de Adirondack de Nueva York. Vivíamos sin comodidades en el agreste campo, cocinábamos nuestras comidas en una fogata y dormíamos bajo las estrellas o en una tienda de campaña. En la noche, nos sentábamos alrededor de la fogata y conversábamos: acerca de cosas divertidas y de cosas serias. Contábamos historias tontas y a veces también algunos cuentos de fantasmas. Con todo, la mayoría de las veces era solo una conversación familiar y un tiempo especial para estar juntos.

Cuando me hice mayor, no disfrutaba tanto del campamento, sobre todo porque extrañaba las cosas buenas de la vida como la electricidad, el agua corriente, la ducha caliente, el teléfono, ¡y la secadora de pelo! Sin embargo, a mí por lo general no me importaba acampar... hasta que llovía.

En cierta ocasión, me acababa de acurrucar en mi bolsa de dormir en nuestra tienda, después de un alegre día de excursión a través de las montañas, cerrado con una comida que mamá hizo en la fogata y un buen tiempo de conversación alrededor del fuego después de cenar. En el momento que me estaba quedando dormida, escuché las primeras gotas de lluvia cayendo sobre el techo de la tienda de campaña. ¡No pensé en nada de esto hasta que más tarde me desperté descubriendo un pequeño río que corría a través de mi bolsa de dormir!

■ ■ ■ ■

Los deportes representaron un importante papel en mi familia, así como en la de Todd, en especial para Paul, aunque también para Holly, Jonathan y para mí. Me encantaba jugar baloncesto y fútbol. Mamá era entrenadora del equipo de la comunidad, así que como es natural jugué eso también.

Al menos una vez al año, mamá y papá nos llevaban al estadio de los yanquis para un juego de béisbol de las Grandes Ligas. Eso era siempre un punto culminante de nuestro verano. Empacábamos el almuerzo y vitoreábamos con entusiasmo a nuestros jugadores favoritos. Desde que Paul y Holly se convirtieron en fanáticos apasionados de los yanquis de Nueva York, yo por no quedarme fuera me convertí en una de ellos.

Coleccionar tarjetas de béisbol era una actividad popular en nuestra casa, y en la escuela primaria, a veces las lanzaba a «cara o cruz» con los chicos. El ganador se podía quedar con las tarjetas. Después que ganaba, corría para la casa y le enseñaba a Paul las nuevas tarjetas que les había ganado a los chicos ese día. ¡Paul estaba orgulloso de tener una hermana que conocía sus tarjetas de béisbol!

Incluso a nuestras mascotas se les dio después el nombre de figuras deportivas. A Matty, el perro, se le dio después el nombre de una estrella de los yanquis, Don Mattingly; y a Emmy, el gato, le pusimos Emmitt Smith de los Vaqueros de Dallas. Aunque tuviéramos diversas mascotas, a medida que crecía, mi favorita era un gatito blanco y negro llamado Willie denominado así después que vimos a Billy Johnson, un jugador de fútbol que calzaba zapatos blancos con su firma. Mi papá sugirió el nombre cuando vio las patas blancas de Willie.

Willie nació de la gata de nuestra familia, Tatsy, que se estuvo escondiendo en el armario de mi dormitorio antes de dar a luz. En ese tiempo estaba en tercer grado. ¡Imagínense mi sorpresa cuando abrí el armario y encontré que Tatsy había tenido lo que me parecían ranas! Mis padres me aseguraron que pronto iban a ser bonitos y peludos gatitos, y por supuesto que lo fueron. El más pequeño era Willie y enseguida me enamoré de él. Se convirtió en mi bebé. Lo vestía con las ropas de mis muñecas, lo ponía en un cochecito de niños y lo paseaba por todo el vecindario.

Un día Willie decidió hacer un pequeño viaje. Cuando no regresó al anochecer, estaba angustiada y disgustada. Se fue diez días completos y yo estaba devastada. Oraba por su regreso seguro, pero estaba convencida de que había muerto. Entonces, una mañana, mientras desayunaba, mamá me llamó a la puerta de entrada. «Lisa, ¡ven aquí!»

Corrí a la puerta y allí estaba Willie, sentado en los escalones, mirándome como si dijera: *Bueno, ¿cuál es tu problema? ¡Debías saber que estoy de regreso!*

Aunque nunca me enteré a dónde se fue Willie, estaba emocionada de que estuviera en casa conmigo. Y me di cuenta de que a veces los milagros *ocurren* de verdad. Willie fue mi leal amigo desde el tercer grado hasta que me fui a la universidad. ¡Resultó difícil dejarlo!

Sin embargo, era incluso más difícil el dolor de perder nuestras muy amadas mascotas de la niñez cuando morían. Brutus, uno de nuestros perros, murió cuando Paul y yo asistíamos a la universidad de Wheaton. Mamá me llamó primero a mí porque sabía lo doloroso que sería especialmente para Paul la muerte de Brutus. Pensó que podría ser mejor si se le daba la noticia en persona. Irónicamente, Willie también murió mientras estábamos en Wheaton y Paul me tuvo que dar esa noticia.

■ ■ ■ ■

Mi familia se mantuvo participando en diversas actividades. Por ejemplo, mi hermana menor, Holly, y yo formábamos parte de la directiva estudiantil en la escuela secundaria, mientras que Paul se mantenía ocupado con los deportes. También disfrutábamos con la música y todos practicábamos las lecciones de piano. Yo seguí haciéndolo mucho más tiempo que mis hermanos, pero en realidad ninguno de nosotros era buen músico. Holly y yo tocábamos la flauta en la banda. Papá era un buen cantante, antiguamente pertenecía a un cuarteto de música espiritual negra. Aprendió a tocar la armónica y también sacaba algunas melodías en el piano, así que me imagino que la poca habilidad musical que tenía la heredé de él. En los años siguientes, la poca habilidad musical de Todd y mía sería un chiste común entre nuestros amigos.

Durante toda mi vida de adulta, la Iglesia Bautista de Peekskill fue un punto central; muchas de nuestras actividades de la familia giraban en torno a ella. Mamá y papá eran líderes en la iglesia. Similar a la familia de Todd, nuestros padres nunca consideraron que la asistencia a la iglesia era opcional; se daba por sentado. Aun en nuestros años de adolescencia, nunca nos resistíamos a ir a la iglesia ni discutíamos acerca de sus méritos. Siempre orábamos en las comidas y a menudo teníamos lecturas devocionales después de la cena. Cuando nos metíamos en la cama, mamá y papá se detenían el tiempo suficiente para hablar y orar con cada uno de nosotros en privado por unos minutos antes de darnos el beso de buenas noches.

Cuando tenía siete años de edad, oré y le dije a Jesús que deseaba entregarle mi vida y seguirlo. Sin embargo, puesto que era muy pequeña, no supe todo el significado de esa decisión hasta más tarde. Mi comprensión aumentaba a medida que crecía. No tuve una experiencia poco común ni extraordinaria. Más bien mi relación con Dios se desarrolló con naturalidad. Dios siempre fue parte de mi vida. No tuve que desarrollar mi fe ni elaborar algún desmedido testimonio. Aprendí temprano sobre ese Dios que me amaba y creí que como le confiaba mi vida, él me cuidaría.

■ ■ ■ ■

Las vacaciones eran tiempos especiales en nuestra casa, sobre todo el Día de Acción de Gracias y el de Navidad. Siempre jugábamos a pasarnos el balón de fútbol en el patio antes de la cena. Después del juego, poníamos todo en orden y nos preparábamos para una deliciosa comida casera de mamá que incluía pavo, puré de papas y relleno. En la cena de Acción de Gracias, mamá tenía la tradición de colocar granos secos de maíz en cada plato. La cantidad de granos representaban las cosas que debíamos decir por las que estábamos agradecidos. A menudo no expresábamos con palabras nuestra gratitud mutua, ni por esas cosas que cada uno atesoraba, así que la tradición de Acción de Gracias nos daba una buena oportunidad para ello. Era siempre un tiempo especial para cada uno de los que estábamos alrededor de la mesa, incluyendo a mamá y papá, al expresar nuestra gratitud a Dios y a los demás. «Estoy agradecida porque al fin tengo mi propio gato», diría Holly con timidez. «Estoy agradecida por mis hermanos y hermana», diría yo con una sonrisa para cada uno. «Estoy agradecido porque puedo jugar béisbol», diría Paul con seriedad.

A veces, después de una gran cena de Acción de Gracias, toda la familia dejaba un poco de la comida para ir de excursión a Turkey Mountain, un pico cercano que domina la presa Croton. Si el tiempo era bueno, con el día claro, se podía divisar nítidamente en el horizonte la ciudad de Nueva York, con el edificio del Empire State y las torres del Centro Mundial de Comercio. El día después de Acción de Gracias salíamos en familia y cortábamos nuestro árbol de Navidad.

La independencia, el patriotismo, la libertad y el estilo de vida estadounidense no eran los trillados clichés que se tomaban a la ligera en nuestra familia. Eran valores altamente estimados. Tanto papá como mamá tuvieron familiares que murieron en la Segunda Guerra Mundial, así que nosotros siempre desplegábamos una bandera en el frente de nuestra casa en el Día de Recordación, en el Día de la Bandera, en el Día de la Independencia y en el Día de los Veteranos. A menudo celebrábamos el cuatro de julio con nuestra familia extendida en Pensilvania y luego regresábamos con un montón de fuegos artificiales, los cuales nos encantaba encenderlos en nuestro camino de entrada.

■ ■ ■ ■

Como la hija mayor, fui allanando el camino para mis hermanos, así que todo lo que quería hacer era una gran cosa. El asunto fue mayor cuando quise asistir a mi primer baile de la escuela secundaria como una alumna de octavo grado. Papá era sumamente protector, en especial con sus hijas. Además, le criaron con la enseñanza de que el baile no era bueno para los niños. Así que no era de sorprenderse que su respuesta a ir al baile fuera un rotundo «¡No!»

Abatida, apelé a mamá. Pocas veces mamá y papá no estaban de acuerdo en los asuntos de la crianza de los niños, pero en este caso, se puso de mi parte. Iba en contra de las decisiones de papá, pero en este caso, se convirtió voluntariamente en mi abogada. No veía nada dañino en ese baile y confiaba en que tendrían buen juicio. Sabía que a medida que nos convertíamos en adolescentes, habría muchas veces en que ella y papá tendrían que darnos un poco de libertad y confiar en que la usaríamos con sabiduría.

Al final, papá accedió y pasé un buen tiempo en el baile. Creo que me estuvo esperando hasta que llegué a casa.

Siempre valoré el apoyo que mamá me dio en esa oportunidad. Es muy posible que hubiera tenido padres que procuraran mantenerme restringida con las mismas reglas legalistas que ellos sufrieron, si me habría rebelado. Era demasiado independiente para acatar esas órdenes por mucho tiempo. Además, mamá y papá no tenían que preocuparse; ¡era más fuerte de lo que ellos fueron!

Fui una buena estudiante con «A» en casi todas mis libretas de calificaciones. Mis asignaturas favoritas eran matemática, ciencia e historia de Estados Unidos, y era consciente de un defecto: ¡Comencé a preocuparme por la prueba de aptitud escolar cuando estaba en primer año de la escuela secundaria!

Debido al trasfondo alemán de mi familia, decidí tomar alemán como el idioma extranjero reglamentario en la escuela. Como un «beneficio complementario», me invitaron a viajar a Alemania en un intercambio de estudiantes y vivir con una familia alemana durante un mes. Tenía quince años de edad y nunca me había separado de mi familia excepto para ir al campamento. Apenas había viajado fuera del estado y nunca había montado en avión. Sin embargo, ese año a principios de agosto, atrevidamente le dije hasta luego a mis padres y abordé el ómnibus que llevaría al grupo para el intercambio de estudiantes de nuestra escuela en Shrub Oak al aeropuerto Kennedy de Nueva York. Viajar por mi propia cuenta era una experiencia

nueva para mí, un bien que quedaría grabado profundamente en los años venideros.

Mientras estuve en el extranjero viví con
la familia Frey, cuya hija Sabina era de mi
edad. Sabina me llevó a su escuela y me
presentó a sus amigos. Aunque estaba estudiando alemán, no hablaba con fluidez,
así que en las siguientes cuatro semanas
me comuniqué casi siempre por gestos y
expresiones del rostro. Me sentí horriblemente nostálgica, ¡pero no podía admitír-
selo a nadie!

La familia Frey me trató de maravillas. El
padre de Sabina era banquero y la familia
tenía un chalet en Suiza y una segunda casa
en París. Así que todos los fines de semana
viajaba a otra parte de Europa, expandiendo
mis horizontes incluso más.

Me sentía afectada por las inmensas diferencias culturales que observaba entre la
vida en Alemania y la vida en Estados Unidos. Por ejemplo, en mi comunidad se supone que los adolescentes no tomen bebidas
alcohólicas. Sin embargo, en Alemania, los
muchachos de mi edad beben de modo regular. Después de la escuela, Sabina y sus
amigos casi siempre pasaban por el bar para
tomarse unas cervezas antes de hacer las tareas. ¡Estaba horrorizada! Las familias en
Alemania tenían una práctica común de

compartir juntos una gran comida en la mitad del día, mientras que en Shrub Oak, muchas familias tenían dificultad por tener una cena incluso en la misma mesa. Los muchachos en Estados Unidos esperan que sus padres los lleven a cualquier parte que quieran ir, pero los de Alemania esperan un ómnibus o un tren o se van por sus propios medios. La mayoría de las familias que conozco profesan en el hogar algún tipo de fe y muchas asisten con regularidad a una iglesia o sinagoga. En Alemania no se menciona mucho a Dios y no vi a nadie ir a la iglesia.

Aunque apreciaba la oportunidad de ver un modo de vida totalmente diferente, estaba entusiasmada con regresar a Estados Unidos. Nunca la bandera significó tanto para mí como el día que la vi ondeando sobre nuestra escuela después de mi regreso a principios de septiembre de 1984.

En octubre Sabina vino a pasar un mes con mi familia en Nueva York. Es lamentable, pero mi familia nunca tuvo la oportunidad de devolverle la amabilidad que la familia de Sabina me dio a mí. Sé que hice poco, cuando mamá y papá me dieron la bienvenida al hogar, pero nuestro mundo de Norman Rockwell estaba a punto de cambiar para siempre.

6

LA LUCHA CON «LOS PORQUÉS»

ALGUNOS ADOLESCENTES tienden a rebelarse, ya sea externa o internamente, contra sus padres durante sus años de escuela intermedia y secundaria. Permiten que la presión de sus compañeros, la activación de las hormonas u otras cosas que enfrentan claven una cuña entre ellos y la gente que más los aman. Por alguna razón, a los quince años de edad, eso no me pasó a mí. Amaba a mis padres y tenía una buena relación con ellos; admiré a mi mamá y respeté a mi papá.

Aunque siempre no estaba de acuerdo con las reglas de mamá y papá, nunca dudé ni por un momento que me amaban y deseaban lo mejor para mí. Nos molestábamos unos a otros y a menudo nos ocupábamos en hacer payasadas de buena manera. A papá también le encantaba relacionarse con mis amigos adolescentes. A mi buena amiga Janet le gustaba sobre todo oír sus explicaciones científicas. Cuando estaba en nuestra casa para la cena, le preguntaba a papá imponderables preguntas tales como: «Cuando puse mi plato en el microonda, ¿por qué los alimentos se pusieron calientes, pero mi plato no?» Entonces se recostaba y sonreía como si mi papá empezara a dar una larga explicación. Todos mis amigos pensaban que papá era cómico; ¡a mí simplemente me apenaba! A pesar de todo, lo amaba. Papá aportó una estabilidad increíble a nuestra familia. Era un líder enérgico, aunque muy tierno y amoroso. Nunca tuvo que dar muestras de su fuerza, alzar la voz ni hacer cualquier otra cosa para demostrar que era el que mandaba; su misma presencia despertaba paz, calma y seguridad.

Papá se esforzó por equilibrar las responsabilidades de su carrera y la familia. Por ocupado que estuviera, ni cuánto estrés y presión tuviera en el trabajo, siempre hacía un tiempo para nosotros. Casi siempre llegaba a tiempo al hogar para la cena cada noche y pocas veces viajaba a fin de estar a la disposición de mamá y los muchachos. Ponía sus mejores esfuerzos en preparar sus horarios de acuerdo con la familia a fin de evitar incluso perder uno de nuestros programas de la escuela, fiestas de cumpleaños, juegos de béisbol o cualquier otra actividad especial de nuestras vidas. Siempre pudimos contar con papá.

Una de las mejores cosas que hizo por nosotros fue amar a mamá. Le demostraba su respeto, le pedía que opinara, la alentaba en sus actividades y reía con ella. La saludaba con abrazos y besos cuando llegaba a la puerta cada noche. Nosotros no solo veíamos sus discusiones, sino también cómo resolvían esas diferencias. Sin importar lo que estuviera mal en el mundo, estaba segura de que mis padres siempre estarían juntos. Había una tremenda seguridad en nuestra familia. ¡Mamá y papá no se apenaban por demostrarnos que seguían amándose, incluso después de casi dieciocho años de matrimonio y de sus cuatro hijos!

Papá era un hombre devoto y su fe era con un enfoque razonado y científico del cristianismo, antes que una fe orientada hacia la emoción. Como un físico investigador, analizaba todas las cosas y a mí me encantaba oír sus explicaciones de las verdades bíblicas y el porqué creía en ellas.

Pertenecía a la directiva de los diáconos de la iglesia, lo cual significaba que ayudaba al pastor en servir a la congregación y en poner en funcionamiento los negocios de la iglesia. Dirigió también la Brigada de los Niños, el equivalente masculino del programa de las Niñas Pioneras.

Sobre todo, papá fue un hombre de incuestionable integridad. Su vida firme respaldaba sus palabras. El tipo de persona que la gente vio en él fuera del hogar era exactamente igual al que estaba dentro del hogar.

Papá podía arreglar cualquier cosa. No importaba qué se rompiera: mi bicicleta, la instalación de cañerías, hasta incluso el motor del auto, nunca me preocupaba. *Papá lo arreglará*, me decía. *Mientras que papá esté aquí, no habrá problemas.*

Una noche a finales de octubre de 1984, después de mi regreso de Alemania, pasé junto a papá por el pasillo del piso superior que estaba fuera de mi cuarto. A propósito, choqué con él y para reírnos nos empujamos el uno al otro. «Oye, ¡ten cuidado por dónde caminas!» Papá fingía estar lastimado y ofendido. Yo me reía tontamente y lo empujaba.

Papá parecía ser el retrato vivo de la salud a medida que bajaba saltando las escaleras. Asombrosamente, parecía que se había librado de los problemas de salud que plagaron a sus hermanos. Ya habíamos asistido a los funerales de varios de nuestros tíos. Cuando tenía catorce años de edad, uno de los hermanos mayores de papá tuvo un aneurisma; sobrevivió esa crisis, pero murió de cáncer poco tiempo después. Otros dos hermanos murieron por problemas del corazón. Todos los hermanos de papá murieron en los cincuenta años.

Sin embargo, nosotros nunca soñamos que nuestro papá pudiera tener algún problema de salud. Papá comía saludable, con una dieta balanceada, era físicamente activo y parecía que nunca se estresaba por algo. Ese verano entrenó al equipo de béisbol de Paul y, ahora que llegaba el otoño a Nueva York, disfrutaba jugando a pegar y pasar el balón de fútbol con nuestra familia y Sabina, la estudiante alemana del intercambio, que vino a pasar un mes con nosotros.

La mañana del jueves 25 de octubre, papá fue a trabajar. De repente, sin una señal de advertencia previa y sin indicios de que algo podría andar mal, dolores paralizantes le abrasaron el pecho. Sus compañeros de trabajo pensaron que tenía un infarto.

Fue de prisa al hospital local, pero diagnosticaron mal su condición; los doctores simplemente le hicieron análisis y lo dejaron en observación toda la noche. Cuando regresé a la casa de la escuela, mamá nos dijo a Paul, Holly y a mí que papá estaba en el hospital porque tenía dolores en el pecho, pero que parecía estar bien. Me preocupé horriblemente, pero mamá parecía estar tan segura de que la condición de papá era estable, que su actitud animó mi confianza. Esa noche mamá volvió al hospital y mis hermanos y yo nos quedamos en la casa. Como la mayor de los cuatro hijos, sentí la necesidad de ser fuerte para todos los demás.

A la mañana siguiente, a las cinco, el doctor llamó a mamá y le dijo que papá había sufrido un aneurisma en la aorta. Un pequeño orificio se le formó en la pared de su aorta, lo cual impedía un suministro adecuado de sangre al corazón. Había que cerrar inmediatamente el orificio para impedir un bloqueo total de la sangre que va al corazón. «No podemos hacer nada más por él aquí. Necesitamos trasladarlo a otro hospital para que le operen porque no tenemos los equipos adecuados para hacerlo», concluyó el doctor.

Antes de salir para el hospital, mamá nos despertó a fin de que nos preparáramos para la escuela. Luego, al lado de mi cama, mamá nos explicó a Paul, Holly y a mí que habían llamado del hospital y que los doctores iban a hacer una operación de emergencia.

96

«Van a trasladar a papá a otro hospital», dijo mamá. «Necesitamos orar». Eran alrededor de las seis y media de la mañana cuando estábamos en el proceso de orar en el momento que el teléfono sonó de nuevo. Mamá salió de la habitación para contestar. Al regresar, barbulló entre lágrimas: «Trataron de trasladar a papá, pero fue demasiado tarde y murió».

Al principio nos quedamos atónitos y enmudecimos. Después, las lágrimas comenzaron a brotar.

No tuve la oportunidad de ver por última vez la sonrisa de papá, de abrazarle un momento más, ni de despedirme.

Mi mundo se vino abajo en ese instante. No estaba preparada para esto. Tenía quince años de edad y apenas comenzaba a enfrentarme con un montón de cuestiones difíciles de la vida. Me sentí defraudada. Papá era nuestra base, la roca de la que dependíamos todos. No solo proporcionaba los recursos financieros de nuestra familia, sino que con su sola presencia en el hogar nos brindaba también un increíble sentido de seguridad. Ahora, ¡lo habían arrancado de nuestras vidas! Y de repente, lo que era «siempre todo bueno» mientras papá estaba aquí, se puso terriblemente malo. ¿Qué haríamos nosotros? Estaba aterrada, herida y enojada... todo al mismo tiempo. Reprochaba a Dios, a veces abiertamente, pero casi siempre le expresaba mi rabia en silencio. *Dios, ¡habrías podido impedir esta tragedia si hubieras querido! ¿Por qué lo hiciste?*, gritaba para mis adentros. *¿No nos amas? ¡Esta no es la manera en que se suponen que sean las cosas!*

Mi fe en Dios se tambaleó gravemente. Las preguntas me golpeaban el corazón. *¿Por qué, Dios? ¿Por qué permitiste que pasara esto? ¿Por qué permitiste que nos arrebataran a nuestro padre en la flor de la vida? Se supone que seas un Dios bueno. Papá era un buen hombre; te servía según sus mejores posibilidades. Sigo creyendo en ti, ¡pero eso simplemente no parece justo! Todos los demás tienen todavía un papá.*

Ayer, la vida era maravillosa. Nuestra familia estaba intacta y tenía sueños para un fabuloso y cierto futuro en su cumplimiento. Ahora, prácticamente en una noche, la vida misma llegó a ser incierta. Nunca me sentí tan vulnerable. El vacío por la inesperada muerte de mi papá parecía imposible de llenar.

■ ■ ■ ■

Los pocos días siguientes se nublaron a medida que mamá luchaba con el sinfín de detalles que implica la muerte inesperada de alguien. Los arreglos del funeral y del entierro, los familiares viajando desde otros estados, sin mencionar los asuntos básicos de sostenimiento, nos vinieron encima para agobiarnos. Para empeorar las cosas, mamá se enteró por un amigo en el hospital que quizá la muerte de papá se debió a la ineptitud o la negligencia de los médicos. Si los doctores hubieran diagnosticado adecuadamente la condición veinticuatro horas antes, hubieran tenido tiempo para terminar la operación antes que la aorta se abriera. En los meses siguientes, los amigos de mamá le aconsejaron que pusiera un litigio contra el hospital, lo cual hizo finalmente. El pleito demoraría siete años. Muchas personas en la iglesia se unieron alrededor de mamá para ayudar. Otros con falsa piedad afirmaron que a papá le había llegado el tiempo de marcharse y que Dios quizá lo necesitaba más en el cielo que en la tierra. Algunos de nuestros amigos cristianos y familiares quisieron poner una «cara feliz» en todo.

Mamá sonreía con amabilidad ante tales sentimientos, pero eso nunca cambió la realidad de que papá se había ido, que sus hijos estaban sin un padre y que ella estaba sin su esposo. Las respuestas simplistas de la gente bien intencionada eran sencillamente inaceptables. Sí, teníamos fe y creíamos firmemente que Dios tiene todas las cosas bajo su control, pero el vacío en nuestra familia era verdadero.

■ ■ ■ ■

Después de la muerte de papá, seguimos asistiendo a las actividades de la iglesia y del grupo de jóvenes. Es más, el fin de semana siguiente al funeral, estábamos ya de regreso en la iglesia. Sin embargo, me retiré a un papel menos visible. Paul y yo, en particular, luchábamos con nuestra fe. Aunque mamá nos estimulaba a que habláramos acerca de la muerte de papá, nos negábamos a hacerlo. Paul cuestionaba: «¿Por que Dios permitió que papá muriera? No lo comprendo. Papá honró a sus padres y la Biblia dice que si lo hacemos, nuestros días se alargarán sobre la tierra. No es justo».

Después de la muerte de papá, los estudios de Paul fueron en picada como una roca. Y los deportes, que siempre le encantaron, se convirtieron en su vida.

Mamá trató de ayudarnos a hablar sobre nuestros sentimientos. Incluso, nos llevó a un consejero de la localidad, con la esperanza de que nos franqueáramos más. Sin embargo, para mí, el dolor y la confusión eran demasiado intensos para comunicárselos a otros. Al parecer, nada de lo que alguien dijera me hacía sentir mejor, así que guardé mis pensamientos y emociones para mí.

Debido a que mi lucha era más interna, mamá no supo hasta mucho después que luchaba con mi fe. Podría decir que estaba triste y advertía la diferencia en mi actitud. Puesto que la vida de las muchachas de quince años de edad es más bien turbulenta, no vio ninguna necesidad de alarmarse. Mantuve mis calificaciones altas y mi imagen daba la impresión que todo estaba bien. Sin embargo, bullía por dentro. Siempre trataba de hacer lo que era bueno; ahora tenía claro que Dios me había engañado. Aunque nunca llegué hasta el punto de echar a un lado todas las cosas de Dios, ni fui rebelde, ni me convertí en una «mala» persona, definitivamente dejé de preocuparme de lo que deseaba que fuera y me centré más en lo que yo quería hacer. Estaba enojada con Dios. «En verdad, me dañaste, aquí, Dios», le decía sin rodeos. Aún seguía siendo del tipo de muchachas del cuadro de honor, pero mi carácter estaba agriado.

Mi hermano Paul percibía el cambio en mi actitud. Reconoció que me estaba apartando de la fe y que estaba casi al borde del precipicio. A veces, trataba con amabilidad de que recobrara mi sentido y que regresara al buen camino. «¿Qué estás haciendo, Lisa?», preguntaba. «Esta no es la persona que quieres ser».

Hasta el final de mi adolescencia, la muerte de papá cubrió de sombras mis creencias. Continué luchando con los «porqués» que a menudo venían cuando menos los esperaba... en la noche, precisamente cuando me estaba quedando dormida. Cómo deseaba la reconfortante voz de papá, sus oraciones llenas de fe y su dulce beso sobre la frente, y susurraba: «¿Por qué?»

¿Por qué permitió Dios que pasara esto?

¿Por qué el hospital no fue capaz de identificar el problema de papá?

¿Por qué Dios no protegió a nuestra familia de este mal?

¿Por qué a *nuestra* familia?

¿Y por qué ahora?

Cuando miro hacia atrás en este tiempo de mi vida, lo que más me sorprende es que, incluso en medio de esas profundas preguntas, nunca cuestioné la existencia de Dios... aun cuando no entendía sus caminos. En lugar de eso, la mayoría de mis preguntas volvían a parar en el regazo de Dios, como mirando a mi Padre celestial con fe inocente, pero genuina, preguntaba: «¿Por qué,

Dios?» No comprendía la aparente indiferencia de Dios hacia mi papá ni hacia el sufrimiento de nuestra familia.

Toda persona que alguna vez ha enfrentado la pérdida de un ser querido conoce este terrible sentimiento. A pesar de nuestra fe, a veces la vida nos daña. Dios nunca respondió mis «porqués», pero confirmó el mensaje a través de la Biblia. Una y otra vez recordé la promesa que Dios le hizo al profeta Jeremías: *«Porque yo sé muy bien los planes que tengo para ustedes —afirma el Señor—, planes de bienestar y no de calamidad, a fin de darles un futuro y una esperanza»* (Jeremías 29:11). Aunque no entendía por completo cada palabra, me brindaron una luz de ayuda a través de un pasadizo extremadamente oscuro de mi vida. Al final, me di cuenta de que Dios sabía lo que le iba a pasar a mi papá. Sabía las difíciles circunstancias que enfrentaría mi familia y que, por alguna razón que aún no puedo comprender, decidió no cambiar el curso de los hechos.

Poco a poco comencé a comprender que los planes que Dios tenía para nosotros no solo incluían las cosas «buenas», sino toda la secuencia de los hechos humanos. Al «bienestar» que se refiere en el libro de Jeremías es, a menudo, el resultado de un hecho «malo». Recuerdo a mi mamá diciendo que muchas personas esperan milagros, cosas que en sus mentes humanas «arreglan» una situación difícil. Muchos milagros, sin embargo, no cambian el curso normal de los hechos humanos; ellos se encuentran en la habilidad de Dios y el deseo de sustentar, cuidar y proteger a las personas incluso en situaciones peores. En alguna parte del camino, hice un alto para exigir que Dios arreglara los problemas en mi vida y comencé a ser agradecida por su presencia a medida que me sobreponía a ellos.

Mientras tanto, en medio de su propio dolor, mamá avanzó e hizo lo mejor para mantener algún sentido de normalidad en nuestras vidas. Nunca tuvo tiempo para sentarse y llorar; tenía cuatro hijos que cuidar. Por consiguiente, jamás dispuso de mucho tiempo para lamentarse; volvió a hundirse en la lucha diaria. Años más tarde, admitió: «No estoy segura de que haya manejado las cosas de la mejor manera». Sin embargo, con el tiempo, esa fue la única opción que tuvo algún sentido en ella.

Cuando mamá mostró su pena, me acobardé. Detestaba ver su sufrimiento y traté de pasar por alto su dolor. Me resultaba demasiado difícil soportar mi dolor y al mismo tiempo identificarme con el de ella. Llegamos hasta el punto de ocultarnos los unos a los otros el dolor, pero siempre estaba allí, justo debajo de la superficie.

Siempre escéptico, mi abuelo pensó que la muerte de papá convencería finalmente a mamá de que «sus creencias religiosas» eran una tontería y que el cristianismo era una farsa. Sucedió lo contrario. La fe de mamá fue incluso más profunda, dependiendo de Dios para su misma existencia.

Su actitud era: *Detesto esto, pero no quiero que me consuma. En realidad, deseo aprender cómo se supone que salga de esto. Cuando un padre deja atrás a sus hijos pequeños y a su esposa, no es algo bueno. Esto es malo. Sin embargo, Dios puede cambiar el mal para bien.* Una parte de la Biblia que en particular tenía gran significado para ella era la historia de José, uno de sus personajes favoritos del Antiguo Testamento. Años después que sus celosos hermanos lo dejaran en una cisterna para que muriera y luego lo vendieran como esclavo, José se convirtió en el segundo hombre más poderoso de Egipto. Cuando sus hermanos descubrieron que José estaba ahora a cargo del suministro de alimentos, y esto durante una severa hambruna, temieron por sus vidas. Sin embargo, cuando José los enfrentó a lo que le hicieron antes, les dijo: «Ustedes pensaron hacerme mal, pero Dios transformó ese mal en bien para lograr lo que hoy estamos viendo: salvar la vida de mucha gente».[1]

«Esta vida no es todo lo que hay», les dijo mamá innumerables veces a sus muchachos. «Es simplemente una gota en un cubo. Estamos aquí para prepararnos para la eternidad y ayudar a otras personas a que hagan lo mismo. La vida no es fácil, pero las buenas nuevas es que, incluso cuando es mejor, no es comparable a lo grandioso que va a ser el cielo».

Mamá no espiritualizaba demasiado nuestros problemas, pero trató de mantener una visión global en nuestras mentes. Dios tiene un plan supremo para nuestra eternidad, pero también le interesaba cuidarnos aquí y ahora. Dios nos ayudó de muchísimas maneras y a través de muchas personas. Una de esas fue Joe Urbanowicz, un líder voluntario del grupo de jóvenes en nuestra iglesia, que vino a nuestra casa día tras día y noche tras noche, a pasar algún tiempo con nuestra familia. Al principio de sus treinta años, Joe trabajó para el distrito escolar. En ese tiempo, él y su esposa, Karen, no tenían hijos propios, así que nos «adoptaron» a nosotros.

---

[1]Véase Génesis 50:20.

Un gran hombre de descendencia polaca, Joe tenía cabellos castaño y barba abundante. Era un chico deportista, mi padre y él jugaron en el equipo de softball de la iglesia. Karen fue mi maestra de segundo grado en la Escuela Dominical y siguió trabajando en la iglesia, junto con Joe, como una líder juvenil cuando yo era una adolescente.

Cuando murió papá, Joe nos dijo: «Voy a tener un importante papel en sus vidas; voy a estar con ustedes». Y siempre fue así. Joe y Karen fueron también un maravilloso ejemplo de lo que debe ser un matrimonio cristiano. Su mutuo amor se derramaba sobre todos los demás. Incluso después que tuvieron sus propios hijos, Joe y Karen continuaron formando parte de nuestras vidas.

A veces, después de un largo día de trabajo, Joe venía a la casa en que vivíamos a jugar con Paul o a conversar con Holly y conmigo. Inevitablemente, la conversación giraba en torno a asuntos espirituales, mientras que Joe me ayudaba a comprender más de lo que significa tener una relación con Dios. A veces, hablábamos acerca de mis «porqués», pero Joe nunca hizo que me sintiera como una tonta por mis preguntas. Ni jamás me condenó por expresar mis dudas. No siempre me dijo lo que quería escuchar, pero siempre supe que me hablaba con sinceridad. Aunque no esquivaba dar consejos, también era un buen oyente. Y sobre todo, puedo decir que en verdad se preocupó. Joe nunca esperó cumplidos ni buscó elogios. Vio simplemente una necesidad y dio un paso al frente. Hoy Joe y Karen son todavía los líderes de los jóvenes en la iglesia donde crecí.

Jim Daniels fue otra persona que me guió en los años siguientes a la muerte de mi papá. Jim tenía un negocio de suministro de edificios en nuestra área y enseñaba a mi clase de Escuela Dominical. ¡También me enseñó a manejar con la transmisión manual, pasando por alto los adornos que le estropeaba en su auto! Más tarde discutió conmigo las opciones de la universidad, alentándome a considerar la especialidad de comercio y ayudándome con mi proceso de solicitud de matrícula. Incluso me hizo cartas de recomendación y viajó conmigo a visitar algunas universidades.

Consideré varias escuelas y sabía que deseaba ir a una escuela de profesiones liberales, tal vez una que me permitiera explorar mi fe así como me retara académicamente. Visité algunas universidades en la costa este, pero no me satisfacían mucho. Mi amiga Gigi Kemp y mi primo, Matt Acker, eran estudiantes de la Universidad de Wheaton, una famosa escuela cristiana de profesiones liberales en las afueras de Chicago. Aunque no deseaba irme tan lejos de casa, decidí examinar a Wheaton porque el entusiasmo de Gigi y Matt por la escuela era contagioso. Durante el otoño de mi último año de escuela secundaria, Jim Daniels y su esposa Paula, asistieron a una conferencia en el área de Chicago y me invitaron a viajar con ellos para visitar el campus de Wheaton.

En cuanto llegué al campus de Wheaton, lo supe. *¡Este es! Así es como me imaginaba que fuera el campus de una universidad*, pensaba, impresionada con los antiguos y majestuosos edificios con la hiedra que crecía por los muros exteriores de piedra. Me agradaron las personas que conocí allí y di por sentado que Wheaton sería un lugar adecuado para mí. Es más, estaba tan segura de eso que nunca presenté mi solicitud en ninguna otra escuela. Era casi como si Dios me dirigiera allí.

■ ■ ■ ■

Después de la muerte de mi padre, las finanzas eran un reto para nuestra familia. La IBM nos asignó una pequeña pensión, pero no era suficiente para criar a cuatro hijos y mandarlos a la universidad. Mamá sabía que necesitaba comenzar a trabajar. Quería hacer algo que le permitiera un ingreso honroso, a la vez que siguiera dedicándonos un tiempo adecuado, sobre todo para Jonathan, hasta que termináramos los estudios. Así que mamá volvió a sus raíces de la enseñanza por algún tiempo, tutorando a estudiantes de escuela secundaria, enseñando en el preescolar y preparándose en su licenciatura en educación. Al final, decidió usar la sabiduría ganada en su vida para ayudar a oros a través de los problemas difíciles, así que volvió a estudiar para convertirse en consejera. Obtuvo su licenciatura en consejería y comenzó su propio centro de consejería en nuestra iglesia en Peekskill, una profesión que continúa hasta el día de hoy.

Al ver a mamá enfrentarse con el estrés financiero creado por la muerte prematura de papá, dejó una huella indeleble en mí. Me dije: *Nunca desearía estar en esa vulnerable posición*. Mis padres no fueron irresponsables en la parte financiera; trabajaron duro, ganaron buena cantidad de dinero y fueron en extremo ahorrativos. Sin embargo, nadie los aconsejó sobre la necesidad de un adecuado seguro de vida. Eso era un error que prometí nunca cometer. Sabía de primera mano cómo pueden ser los hechos inesperados de la vida. Deseaba esperar lo mejor, pero planeaba para lo peor. A pesar de que las finanzas eran poco firmes, mamá se comprometió con cada uno de nosotros a que iríamos a la universidad y saldríamos libres de deudas. Ella y papá le dieron mucho valor a la educación y creían que un título universitario sería su regalo final que nos permitiría construir nuestras propias vidas de manera independiente. Así que comenzaron a ahorrar para nuestros estudios universitarios desde que éramos aún unos párvulos. Muchos años después, supe que mamá estaba orgullosa de vernos a cada uno graduado y comenzar a vivir en el mundo por nuestra cuenta. También le agradecemos mucho el sacrificio que tuvo que hacer para que llegáramos allí.

Esos años después de la muerte de papá no fueron fáciles. Sin embargo, a través de todo nuestro dolor, cada miembro de nuestra familia se fortaleció. Desarrollamos un profundo sentido del carácter. Paul llegó a ser más compasivo, deseando ayudar a los niños, de modo que hicieran buenas elecciones y que comenzaran lo mejor posible. Hoy en día es un sicólogo escolar. Holly se desafió a marcar la diferencia, aunque solo fuera en una o dos vidas; en la actualidad trabaja con niños autistas. Jonathan solo tenía dos años cuando papá murió, así que su pena fue más bien un proceso gradual. Experimentó la pérdida con el correr de los años, a medida que descubría que extrañaba pues, en realidad, nunca conoció a nuestro papá. En la actualidad cursa estudios universitarios y está considerando la carrera en comercio. Tiene una maravillosa habilidad para identificarse con las personas y ejerce una gran influencia en cualquier parte que va.

En cuanto a mí, me convertí en mucho más independiente. A medida que me hacía adulta, y de manera inconsciente, me comprometí a estar siempre segura de que podría ocuparme de mí y de mis responsabilidades. Aunque también demasiada independencia quizá sea mala, si esta nos aleja de Dios y nos lleva al egoísmo o la desilusión, mi determinación no fue por orgullo. Simplemente me di cuenta, debido a la muerte de mi papá, que necesitaba hacer todo lo que fuera posible a fin de prepararme en el lado práctico de la vida mientras seguía considerando a Dios como el supremo proveedor y confiando en su dirección.

Sobre todo, este fue un importante tiempo de aprendizaje para mí al experimentar la serie de emociones comunes a las penas y al dar fin a los «porqués» concernientes a mi fe en Dios. Nunca me imaginé que este también sería un tiempo de preparación.

7

ANDAR POR FE

ESTABA IMPACIENTE POR TENER dieciséis años. Mamá me había prometido que me enseñaría a conducir y yo contaba las horas que faltaban. El líder de mi grupo de jóvenes, Joe Urbanowicz, bromeaba mucho conmigo y me decía cosas como estas: «Acabo de oír por el noticiero que el estado aumentó a dieciocho años la edad para conducir». Por supuesto, el estado no hizo tales cosas, así que no corría riesgos.

Cuando cumplí los dieciséis años, mamá me llevó al Departamento de Vehículos Motorizados para obtener mi permiso de aprendiz. Manejé todo el trayecto a mi casa en nuestro antiguo auto familiar Ford Fairmont de color marrón. Algo fenomenal de tener mi licencia de conducir era que significaba la libertad y la autonomía; se trataba de ritos del pasaje para mí. Paul y yo teníamos que usar el mismo auto, pero como es un año menor que yo, fui la primera en usarlo durante mis años de segunda enseñanza.

Conducir y salir eran dos de mis actividades favoritas durante los dos últimos años de la secundaria. Antes las conversaciones con mi amiga Janet giraban en torno a cómo decorar nuestras casas de muñecas, pero ahora se centraban en nuestros novios, o posibles novios. Janet tuvo un novio fijo durante toda la secundaria, pero yo nunca salí con el mismo chico más de unas pocas semanas. Si le detectaba un defecto en la personalidad o en el carácter, ¡lo despedía! Puesto que una amiga y yo llevábamos las estadísticas del equipo de béisbol de Paul, no era de sorprenderse que muchas de mis salidas en la secundaria fueran con deportistas. Sin embargo, ninguno de esos chicos mantenía mi interés por mucho tiempo. A veces me preocupaba que deseara romper con un chico después de unas pocas semanas. No quería ser exigente, pero por otra parte, consideraba más bien que era mejor estar sola que con un chico que no me parecía bueno. No deseaba conformarme con menos que el ideal.

No estaba segura si encontraría algún día a mi hombre ideal, pero sabía que la universidad me daría la oportunidad de al menos ampliar mis posibilidades. La búsqueda de la universidad no fue algo difícil para mí. Me eduqué en una escuela pública y anhelaba un ambiente donde descansara y creciera en mi fe cristiana, un lugar como la Universidad de Wheaton. Estaba cansada de enfrentar constantemente la decisión de transigir con mis creencias o luchar por mi fe. No quería vivir en un ambiente de protección y aislamiento por el resto de mi vida, pero la idea de hacer eso por una temporada me pareció bastante atractiva. Como la mayoría de los estudiantes universitarios, estaba un poco nerviosa por separarme de mi hogar por primera vez. Sin embargo, en realidad fue más difícil para mi mamá que para mí. A medida que mamá se alejaba conduciendo desde mi dormitorio, mi compañera de cuarto, Kara Lundstrom, y yo mirábamos por la ventana, diciéndole alegremente adiós con la mano. Estaba asustada, pero sabía que mamá quizá luchaba por contener las lágrimas.

En verdad, mamá no quería que trabajara durante mi primer año en la universidad. Dijo: «Quiero que disfrutes tu tiempo en la escuela». Sin embargo, quería trabajar, así que conseguí un trabajo a tiempo parcial como niñera, cuidando la hija de una familia que vivía cerca de la universidad. Los padres trabajaban fuera del hogar, así que mi responsabilidad era recoger a la pequeña hija después de la escuela y estar con ella hasta que su mamá y su papá regresaran a casa del trabajo. Como un privilegio adicional, la familia me permitió usar uno de sus autos, un Buick Century. Eso fue un don del cielo porque en ese tiempo no podía disponer de un auto propio. Trabajé con esa familia durante cuatro años y el dinero extra venía bien.

Tenía planes de convertirme en doctora, así que matriculé en el plan de estudios de premedicina. Aunque estaba en extremo bien definida en mi carrera, también tenía la esperanza de tener una familia algún día. Cuando tomé unas clases de economía y me gustaron, decidí cambiar mi especialidad a comercio. Ningún otro en mi familia ha estudiado comercio, pero este parecía un campo con mayor flexibilidad que la profesión médica. Nunca me hubiera imaginado en ese tiempo que un cambio en mi especialidad podría tener semejante efecto tan profundo en mi vida.

El cambio de especialidad, sin embargo, no aminoró mi deseo de ayudar a la gente maltratada. Solo buscaba diferentes vías de hacerlo. La sorpresa vino de una sola dirección. Cada verano, la universidad de Wheaton enviaba algunos estudiantes a varias partes del mundo a brindar asistencia práctica en alimentos, vivienda y necesidades médicas, mientras que trataban de ayudar a que las personas de otros países comprendieran que Dios las amaba. Cuando oí por primera vez acerca de esta oportunidad a corto plazo, mi respuesta inicial fue: «¡Nunca haría eso!». Siempre tuve un gran respeto por la gente que hacían las maletas y se mudaban a culturas extranjeras para predicar allí del amor de Dios. Cuando crecí, tenía la impresión de que si en verdad iba a ser una buena cristiana, debía participar en algún tipo de ministerio formal y «profesional».

Sin embargo, en Wheaton me di cuenta de que los verdaderos cristianos siguen siempre el ejemplo de compasión de Jesús, ya sea en el servicio cristiano a tiempo completo, trabajando en una tienda por departamentos, sirviendo a las mesas en un restaurante o haciendo negocios multimillonarios en Wall Street. Si ayudamos a sacar a la gente hambrienta y sin hogar fuera de las zanjas de Calcuta, si visitamos a los ancianos en los asilos o enseñamos a leer a los niños de los barrios pobres, si hacemos lo que

Jesús haría, actuamos de la manera que él actuaría y mostramos su amor a los demás, estamos en «el ministerio».

No obstante, sentía la necesidad de al menos estar a la disposición para ir a un viaje misionero. Estimaba que esto era como un reto que tomaría para probarme que podía hacerlo, a la vez que era receptiva a cualquier cosa que Dios quisiera mostrarme a través de la experiencia. Precisamente antes de salir para la casa por las vacaciones del Día de Acción de Gracias, recibí la noticia que me habían aprobado para servir en Indonesia.

«¿Indonesia? ¿En qué parte del mundo está Indonesia?», pregunté.

Una amiga sacó un globo terráqueo y señaló un pequeño país... en el extremo opuesto de Wheaton, Illinois. «Aquí está», dijo alegremente. «Aquí es donde vas a pasar tu verano». No tenía ni la más remota idea de lo que me esperaba.

A través del año académico, nos preparamos para el viaje. Un estudiante, que con anterioridad fue a un viaje misionero en el mismo lugar en que iba a trabajar, trató de ayudarme resaltando que debía tomar todas mis fotos antes del viaje. Me llenó la mente con historias horrorosas de cómo vivió en la selva y contrajo todo tipo de enfermedades.

Me contó historias de horribles insectos, sanguijuelas y gusanos, y cada historia me ponía los pelos de punta. Siempre me moría de miedo con las serpientes y me empecé a imaginar gigantescos reptiles que me perseguían a través de las selvas de Indonesia. Incluso no estaba segura de que Indonesia tuviera junglas, pero de haberlas, ¡solo sabía que estaban llenas de serpientes que se arrastraban detrás de mí! *¿Qué voy a hacer en este viaje?*, gemía para mis adentros.

Sin embargo, llegó el momento en que reaccioné: *¡Espera un momento! ¿Por qué me voy a preocupar por lo que podría pasar? Cualquier cosa que venga, Dios me dará la fuerza para enfrentarla. Hasta entonces, voy hacia delante y ando por fe.* Todavía estaba inquieta por vivir en la selva, sin agua corriente y electricidad (para estar segura en el país de las serpientes), pero decidí que cualquier cosa que pasara, Dios me ayudaría a enfrentarla.

■ ■ ■ ■

En cuanto terminó el curso escolar, viajé por mis propios medios a California en busca de información. Desde allí, volé de nuevo por mi cuenta a Indonesia. En el camino, lo irónico del asunto me chocó: *¡Tenía una es-*

pecialidad en comercio! ¿Por qué cosa en el mundo iba a ir para la selva?

Como era la única mujer joven que trabajaba en esa tarea en particular, pasé todo el verano ayudando a un grupo de misioneros en Kalimantan, una pequeña y remota isla que pertenece a Indonesia, con sus numerosas y diferentes tribus nativas. Durante mi estancia, viví con cuatro familias distintas de misioneros, siguiéndolos y haciendo todo lo que me pedían que hiciera. Preparaba comidas para visitantes, limpiaba jardines, repartía medicinas a las madres y jugaba con los niños y les contaba historias bíblicas. Hablaba en inglés a las diversas tribus, contándoles de mi fe en Dios y los misioneros traducían mis palabras. Nunca estaba segura de si decía bien las cosas, pero esperaba que las personas vieran y sintieran mi amor por ellas.

¿El resultado del viaje? Me hizo más dependiente de la capacidad de Dios para sustentarme ya sea que estuviera segura o no de mis habilidades. Simplemente cumplí mi cometido con una sonrisa que motivaba la confianza. Además, al terminar el verano, también vencí mi temor a las serpientes (¡casi!) e incluso tuve un poco de habilidad para ayudar a otro ser humano.

Fuera de eso, era una planificadora por naturaleza. En ese momento ya tenía planificado todo mi futuro y pasaba mucho tiempo pensando en mis opciones, resolviendo cuál propósito era el camino más sabio que debía seguir. ¡A veces me preocupaba dos años antes por las cosas que tenía por delante! El viaje a Indonesia me ayudó a aprender cómo confiar en Dios cada día de mi existencia. Me alejé de mis comodidades personales, la zona donde podía controlar las cosas con mis propias habilidades, inteligencia y esfuerzo, el lugar donde me sentía segura. En Indonesia me vi obligada a admitir esto: «Dios, no sé qué hago aquí, ¡así que tienes que ir delante y ayudarme!» En cada situación que enfrentaba, Dios me enseñaba que podía confiar en él para mi presente, y también para mi futuro. Sin importar lo que viniera a mi camino, él estaba conmigo para ayudarme.

El viaje también me confirmó mis sospechas de que no tenía que ir a un país extranjero ni siquiera trabajar como misionera para ser lo que Dios quería que fuera. Todo lo que tenía que hacer era confiar en él y hacer lo mejor de mi parte para seguir su plan para mi vida. En gran parte esto significa pedir diariamente su ayuda y perspectiva en cada una de las situaciones de la vida. Si mantenía una continua relación con él, el panorama general se arreglaría solo.

Mientras estaba en Wheaton, el pleito legal concerniente a la muerte de mi papá por negligencia al fin se llevó a juicio al cabo de siete años. No estaba segura de si emocionalmente sería capaz de escuchar otra vez todos los detalles de la muerte de papá, sobre todo los «qué si» y los «pudimos y debimos» de los doctores y las fallas del hospital para tratar a mi papá de la mejor manera.

Estaba cansada de lidiar con todo eso que hería e indignaba mi vida y el sentimiento de que me habían robado todas las cosas que esperaba con ilusión cuando fuera adulta. Por mucho que trataba de contener mi ira y resentimiento, fluían poco a poco de mí incluso muy lentamente... casi de manera imperceptible, como el desperdicio nuclear que avanza bajo tierra y contamina todo lo que está en la superficie. A veces, cuando veía las largas horas de trabajo y los muchos sacrificios que mi mamá hizo para mantener funcionando con normalidad a la familia después de la muerte de papá, un géiser de ira brotaba de mí. Con egoísmo, mi cólera no solo se debía a los juicios de mamá, sino también al ver a los amigos con sus familias intactas, así que me sentía resentida por no tener las mismas cosas. Por lo general, era capaz de ocultar con rapidez mi ira, pero sabía que estaba allí, bullendo debajo de la superficie de mi vida.

Siempre luché con los «porqués» con relación a la muerte de papá. Al final, tales preguntas me llevaron al camino de «¡No es justo!» y me convertí en una caldera en la que se arremolinaban la ira, la amargura y el resentimiento profundo dentro de mí. Reconocí la fealdad de esas emociones y no las quería en mi vida, pero no sabía qué hacer en cuanto a esto.

Un día estuve conversando con Dennis Massaro, el director de la oficina cristiana de extensión de Wheaton, la organización que hizo los arreglos para nuestro viaje misionero a Indonesia. De algún modo, el tema de conversación giró en torno al próximo juicio y sentí la caldera bullendo dentro de mí. Descargué toda mi confusión en Dennis, quien escuchó con paciencia y sin una palabra de reproche.

Cuando terminé de hablar, Dennis con calma me dijo: «Comprende, Lisa, Dios sabía que el hospital no tenía los equipos adecuados para practicar la operación quirúrgica a tu papá».

Tragué en seco, como si fuera a interrumpir a Dennis, pero él no me prestó atención y siguió hablando. «El Señor supo desde el primer momento que los doctores hablaron de que iban a dominar la situación. En cualquier instante, Dios pudo haber cambiado las circunstancias. Pudo haber cambiado el hospital o el doctor. Mejor todavía, pudo haber curado el agujero en el corazón de tu papá. Sin embargo, por alguna razón, permitió que ese día las cosas siguieran su curso normal».

Parpadeé conteniendo las lágrimas a medida que Dennis continuaba. «Aun sabiendo las consecuencias que iban a traerles a tu familia y a ti, él permitió, no obstante, que esto pasara. Quizá ha llegado el momento en que debes aceptar eso».

Las amables palabras de Dennis fueron una flecha dirigida a mi corazón. Sabía que tenía razón. Y al mismo tiempo lo amaba y odiaba por decirme la verdad. Aun así, la verdad me libertó.

La conversación con Dennis me recordó lo que apenas unas noches antes había leído en la Biblia. De modo que volví de nuevo al mismo pasaje. Aunque lo había leído en muchas ocasiones, de repente las palabras en la página cobraron vida para mí:

¡Qué profundas son las riquezas de la sabiduría y del conocimiento de Dios!

¡Qué indescifrables sus juicios e impene-
trables sus caminos!
«¿Quién ha conocido la mente del Señor, o
quién ha sido su consejero?»
«¿Quién le ha dado primero a Dios, para
que luego Dios le pague?»
Porque todas las cosas proceden de él, y
existen por él y para él.
¡A él sea la gloria por siempre! Amén.
Romanos 11:33-36

A medida que leía esas palabras, un pensamiento me golpeó. *¿Quiénes somos nosotros para cuestionar a Dios y decirle que tenemos un plan mejor que el suyo? Nosotros no tenemos la misma sabiduría ni conocimiento que tiene él, ni comprendemos todo el panorama. Creemos que nos merecemos una vida feliz y nos airamos cuando las cosas no suceden siempre de esa manera. En realidad, somos pecadores y lo único que nos merecemos es la muerte. ¡Es extraordinario el hecho de que Dios nos ofrezca la vida eterna! Debiéramos rebosar de gozo y gratitud.*

De repente, me vi presa en una dicotomía: Sé que soy realmente importante para Dios y que él en verdad me ama. Sin embargo, al mismo tiempo, soy un simple mortal con comprensión limitada. *¿Quién soy yo para cuestionarlo?*, me preguntaba, dándome cuenta, quizá por primera vez, de cuán grandioso es Dios en realidad. Fue entonces que hice una decisión consciente para dejar de cuestionar a Dios y empezar a confiar en él.

Esa breve conversación con Dennis Massaro llegaría a ser una de las más importantes en mi vida, volviendo a pasar por mi mente una vez tras otra en los años, y en la tragedia, venideros.

8

SORPRENDIDA POR EL AMOR

ALREDEDOR DE DOCE MESES antes de mi graduación en la universidad de Wheaton, comencé a salir con un chico que conocí en el campus. Tenía grandes cualidades de carácter y desarrollamos una estrecha relación. Por primera vez imaginé que deseaba pasar el resto de mi vida con alguien. A los pocos meses de relacionarnos, nos comprometimos.

Sin embargo, algo dentro de mí decía que no tenía razón. Desde lo más profundo sabía que a pesar de todas sus admirables cualidades, este hombre y yo no estábamos hechos el uno para el otro. Además, no quería casarme a los veintidós ni veintitrés años

127

de edad. Deseaba antes triunfar por mi propia cuenta y demostrar que me podía cuidar sola. Por otra parte, me di cuenta de que los dos necesitábamos más tiempo para madurar emocionalmente. Mamá lo veía también, pero no quería decir nada. Al final, durante el verano siguiente a la graduación en mayo de 1991, me abordó. «Solo te voy a decir esto una sola vez y, después que te lo diga, haz lo que quieras», comenzó mamá. Luego, expresó abiertamente sus preocupaciones con respecto a mi relación con mi novio.

Esa misma semana, mi buen amigo y mentor de toda la vida, Joe Urbanowicz, me llamó y me pidió que almorzara con él. Joe y yo hablamos acerca de mi graduación y mis planes futuros. Luego, sin saber lo que mamá y yo discutimos, Joe expresó casi le misma preocupación que mencionó mamá.

Supe que tenía que cancelar la boda.

Ya me había graduado y tenía un trabajo en perspectiva con una firma contable en el área de Chicago, a partir de septiembre, así que regresé a Glen Ellyn, cerca de Wheaton, para trabajar. En un principio, planifiqué simplemente posponer la boda, pero cuando regresé a Wheaton y discutí el asunto con mi novio, decidimos romper por completo.

Durante algún tiempo, estuve bastante

contenta conmigo misma. Acababa de terminar una relación seria, así que no quería buscar ninguna otra. Tenía solo veintidós años de edad. Tenía un bonito y pequeño apartamento encima de una tienda en Glen Ellyn, con mis propios muebles y decoraciones, mi propio auto y un nuevo trabajo. ¿Qué más necesitaba en la vida? Estaba ocupada dando los toques finales a mi nuevo apartamento a la vez que mamá planificaba venir a Chicago en noviembre para visitar a Paul y Holly, que ahora asistían a la universidad de Wheaton, por el fin de semana de los padres. Debido a su horario de trabajo, mamá no podía asistir a muchas actividades del campus y yo quería que todo fuera lo mejor para ella.

Poco supe de eso, pero en septiembre de ese mismo año, Todd y algunos de sus amigos discutieron acerca de mí y mi futuro. Mientras Todd y su amigo de toda la vida, Keith Franz, estaban en la casa de este en Medinah, otro amigo, Dave Ochs, pasó a verlos. Según Keith, Dave le dijo a Todd:

—Te tengo buenas noticias.

—¿De veras? ¿De qué se trata?

—Lisa Brosious rompió su compromiso.

Los ojos de Todd se abrieron como platos, como si hubiera visto o escuchado algo maravilloso.

—¿Lo dices en serio?

—Sin lugar a dudas.

Poco después de eso, otro amigo, Steve Hellier, y Todd me vieron en la iglesia, sentada con algunas amigas.

—Debes pedirle que salga contigo —le sugirió Steve a Todd al tiempo que señalaba con la cabeza hacia mí.

—¡Qué va!, ella todavía está entusiasmada con ese otro hombre.

—No, no lo está —insistió Steve.

—Está bien, pero no tengo su número de teléfono.

—Si consigo su número, ¿la invitarás a salir?

—De acuerdo; ese es el trato. Tú consigues el número y yo la invito.

Sin saberlo en ese tiempo, Steve llamó a una de mis amigas y averiguó mi número de teléfono.

Unas pocas semanas después, a finales de octubre, Todd llamó a mi apartamento, pero no estaba en casa. Kara, mi antigua compañera de cuarto en la universidad, estaba de visita y tomó el mensaje.

Cuando regresé, Kara me dijo:

—Todd Beamer llamó.

—¿Qué? —recordaba a Todd del seminario de especialización, pero no había hablado con él en seis meses. E incluso entonces *realmente* no hablé mucho con él.

—Sí, creo que quería invitarte a salir con él —me dijo Kara con una sonrisa.

—¿De qué estás hablando? Seguro que solo quería hablar de trabajo o a lo mejor necesitaba el número de teléfono de alguien o algo parecido.

—A lo mejor —dijo Kara encogiéndose de hombros—, pero en verdad pienso que quiere pedirte que salgas con él.

Curiosa, le devolví la llamada a Todd esa noche y conversamos un poco por casi media hora. La estábamos pasando tan bien que me tomó por sorpresa que Todd me dijera: «Solo te llamaba para saber qué vas a hacer el sábado por la noche y preguntarte si te gustaría salir a cenar u otra cosa».

El corazón me palpitó un poco cuando consideré la invitación, pero luego recordé: *¡Viene mamá!*

—Bueno, no sé —repliqué con lentitud—. Mi mamá viene en el fin de semana de los padres. Te llamaré después.

Todd quizá pensó que le estaba dando evasivas, pero no era así. En realidad, mamá venía a visitarnos. La llamé para ver si le importaba que saliera durante su estancia. «¡Qué va, Lisa! ¡Ve!», me alentó ella.

Llamé de nuevo a Todd y acepté su invitación.

Cuando llegó mamá ese fin de semana, la traje a mi apartamento y la ayudé a instalarse. Más adelante mamá me dijo que tuvo una extraña intuición en cuanto a mi primera salida con Todd. «No quiero asustarlo», dijo ella, «pero siento la necesidad de conocer a este joven». La noche en que Todd y yo salimos, sin embargo, mamá salió a cenar con Holly y Paul antes que llegara Todd.

Todd vino a buscarme al apartamento para nuestra primera salida el 2 de noviembre de 1991. La tarde empezó mal. En condiciones normales, a Chicago se le conoce como la Ciudad de los Vientos y esa noche las condiciones del tiempo eran más húmedas y ventosas que de costumbre. Caminando por las calles, Todd y yo teníamos que prácticamente apoyarnos en medio del viento para impedir que nos cayéramos. Todd no estaba seguro dónde estaba el restaurante, ¡así que tuvimos que caminar muchísimo!

Fuimos a un lugar de pizza en la ciudad llamado *Chicago Pizza and Oven Grinder Co.* El restaurante estaba repleto de personas y tuvimos que esperar dos horas para conseguir una mesa. Los camareros corrían de mesa en mesa, pero el servicio era extremadamente lento. En circunstancias comunes, eso habría sido un desastre: «Primera cita más una larga espera equivale a una conversación embarazosa». Sin embargo, no para Todd y para mí. La demora, en realidad, fue una bendición. Hablamos sin parar por varias horas. En verdad, no nos conocíamos muy bien el uno al otro, así que hablamos de un sinfín de cosas: todo lo de la escuela hasta los antecedentes familiares en las artes.

—¿Qué tipo de música te gusta? —preguntó Todd.

—Pues bien, me gustan todas, pero en realidad la que prefiero es la música «country» —le contesté.

—No, ¡no es posible! —dijo Todd con los ojos como platos.

—Sí, me gusta —no podía creer que estaba admitiendo tal cosa, pero era cierto, de modo, ¿por qué no?—. En realidad, adquirí el gusto por esa música a través de una amiga mía.

En ese momento una canción «country» se escuchó por los altavoces del restaurante.

—Está bien, ¿cuál es esa canción? —me preguntó Todd, en broma, para probarme.

— All My Ex's Live in Texas respondí—, de George Strait.

—¡Fantástico! —exclamó Todd—. ¡En verdad escuchas música «country»!

La cuenta de la cena ascendió a veintiún dólares esa noche, pero pagamos mucho más. ¡Ocupamos una mesa por varias horas!

Desde nuestra primera salida, tuve claro que Todd era un hombre con un objetivo claro en su vida. Admiré que tenía una marcada ética del trabajo y una dirección en la vida en la que quería marchar. Me dijo que deseaba terminar su maestría en comercio. *Humm*, pensé. *Motivado, inteligente, divertido, gran sentido del humor, de sonrisa rápida y también chistoso. Me gustaría conservar a este chico.*

En nuestra segunda salida, fuimos al circo en Chicago y cuando Todd me vino a buscar, me besó por primera vez. ¡Estaba verdaderamente interesada en tener otra cita!

Un día, después que habíamos salido por algunos meses, me di cuenta de que necesitaba aclarar dónde estaba en nuestra relación. Sabíamos que teníamos algo especial, pero ninguno de los dos quería avanzar con mucha rapidez. No fuimos directamente al grano por un tiempo debido al tipo de expectativas que ambos teníamos. Al final, Todd se aventuró: «Pues bien, ¿sería tan malo ser mi novia?»

«No», le dije con una sonrisa y lo abracé. «Creo que eso me encantaría».

Todd fue solo el segundo joven con el que salí por más de un mes aproximadamente. No buscaba la perfección, pero no cabía duda que deseaba alguien para respetarnos de manera mutua, alguien lo suficiente fuerte para sentirme cómoda con mis fuerzas. Deseaba alguien con la suficiente autoestima de modo que no le sobrepasara con mi personalidad, pero no tan fuerte que tuviéramos enfrentamientos a cada momento.

Todd era perfecto para mí porque estaba dispuesto a defender con pasión lo que sentía, aunque no era un tipo de persona controladora. Era amable y humilde, pero con una autoestima saludable. Respetaba mis opiniones, pero si no estaba de acuerdo conmigo, no temía decírmelo. Por otra parte, no esperaba que fuera una aduladora, una tonta autómata, reacia a retarlo.

Supe que Todd también se preocupaba por su familia. A menudo hablaba de sus hermanas y familiares, y vi que esto era muy bueno. *Es muy probable que algún día ame a su propia esposa e hijos de similar manera,* pensé.

La única vez que estuvimos a punto de romper fue después que llevábamos alrededor de un año saliendo juntos. Todd estaba haciendo su licenciatura en administración de empresas en la universidad DePaul en Chicago, ¡y apenas lo veía! Salía todas las noches, con clases cuatro días a la semana. En medio de eso, estudiaba sin cesar, haciendo anotaciones y trabajando en un empleo regular. Me alegraba que se concentrara en adquirir su título y no quería desalentarlo de ninguna manera, pero veía claras señales de peligro. Así era como marchaban las cosas. A pesar de que ambos estábamos altamente motivados y teníamos objetivos específicos, nuestras ideas del éxito y lo que pudiera tomar para llegar allí estaban en paralelo, de modo que no se cruzaban los caminos.

Todd trabajaba mucho, y eso es positivo, pero tendía a ser un trabajador compulsivo. Esto era inaceptable para mí y creó tensión en nuestra relación. Incluso antes de casarnos, consideramos el difícil asunto de que mis expectativas no estaban acordes con la realidad. Tampoco ajustaría mis esperanzas ni la realidad necesitada de cambio.

Una noche estábamos sentados en su auto fuera de su apartamento, hablando acerca de que no nos veíamos mucho últimamente. No le di un ultimátum, para que escogiera entre una cosa u otra, ni tampoco entre la licenciatura o yo, pero hablé con mucho énfasis: «Todd, quiero que sepas que no estoy contenta con lo que estás haciendo en este momento».

Todd fue igualmente franco. «Parte de esto no es negociable; esto es lo que tengo que hacer ahora. En realidad, deseo obtener el título. No quiero demorarme mucho. Al mismo tiempo, no quiero perderte por una licenciatura en administración de empresas. ¿Que podemos hacer para tener las dos cosas?»

Nos quedamos en un callejón sin salida, ninguno de los dos deseaba renunciar a lo que necesitaba. Nos comprometimos a estar en desacuerdo amistoso, pero el conflicto del exceso de trabajo de Todd, junto con la ira que produjo en mí y cómo la enfrenté, era lo único que se presentaría una vez tras otra en nuestra relación. Al menos éramos conscientes de los posibles baches antes de que comenzáramos a dar el paso hacia la «dicha conyugal». Sabíamos exactamente dónde yacería la tensión... y no nos equivocamos.

■ ■ ■ ■

Mientras Todd estaba ocupado para obtener su licenciatura en administración de empresas, yo pasaba gran parte de mi tiempo libre en la tutoría de estudiantes de escuela secundaria en College Church en Wheaton. Sabiendo el impacto que mis líderes de jóvenes, Joe y Karen Urbanowicz, ejercieron en mí durante la adolescencia, siempre sentí amor por el trabajo con los jóvenes. En el tiempo de la universidad trabajé en los barrios pobres del centro de la ciudad de Chicago, dando clases particulares a jovencitas. Después de la universidad trabajé principalmente en College Church, donde di clases a un grupo pequeño de chicas adolescentes por alrededor de tres años. A veces Todd pasaba para saludar a las muchachas en nuestro grupo y era obvio que estaban impresionadas con él. Esperaba con ansias el día en que él y yo pudiéramos trabajar juntos ayudando a los jóvenes.

Sin embargo, todavía no. Por ahora, Todd estaba centrado en sus estudios de la escuela de posgraduados. En el tiempo de su graduación de Wheaton, Todd tenía un trabajo con su mentor y ex maestro de sexto grado, Steve Johnson. Steve todavía vivía en Wheaton, donde era dueño de una pequeña empresa de computadoras. Steve y Todd eran los socios perfectos: Steve hacía las computadoras y a Todd le encantaba venderlas. Todd trabajó con Steve varios meses después de su graduación antes de que se fuera a trabajar para Wilson Sporting Goods en 1992. Para Todd, trabajar en un ambiente deportivo era como que le pagaran para visitar el cielo. A veces, los deportistas superestrellas visitaban las oficinas centrales de Wilson, que le añadía una emoción adicional al día de trabajo. En algunas de esas ocasiones, Todd me llamaba al trabajo, casi a punto de estallar por el entusiasmo.

—Lisa, ¡adivina quién está en el edificio!

—No tengo idea...

—¡Frank Thomas está aquí hoy!

Como consumado fanático, Todd a veces le preguntaba a la recepcionista si podría tener la hoja con el registro de las firmas del día. Allí en la hoja estaría el autógrafo de la superestrella y como un niño satisfecho en el estadio de béisbol, Todd se llevaba la hoja para guardarla.

El colmo fue un día que Michael Jordan les hizo una corta visita. Todd me llamó y con entusiasmo me susurró: «¡Sé que está en alguna parte del edificio!» No sé cuánto tiempo le tomó, pero ese día Todd pasó «por casualidad» junto a Michael Jordan en el pasillo. En verdad, no logró conocer a Michael, pero Todd se emocionó con solo pensar que pudo tocar la misma puerta que Michael tocó.

Todd trabajó para Wilson alrededor de un año y medio antes que finalmente se tomó un receso de más o menos seis meses para trabajar a tiempo completo en su licenciatura en administración de empresas desde la universidad DePaul durante el verano de 1993.

■ ■ ■ ■

Una vez que comenzamos a salir, nunca salimos con ningún otro, pero aún proseguimos nuestra relación con lentitud. No nos dijimos el uno al otro «Te amo» hasta el primer aniversario de nuestra primera salida. Después de esto, no hablamos de matrimonio por varios meses. Ya llevábamos más de dos años saliendo juntos el día que nos comprometimos.

A medida que pensábamos en el matrimonio y en nuestros planes futuros, decidimos considerar mudarnos a la costa este. De todos modos Todd, con su título de licenciado en administración de empresas en las manos, estaba buscando trabajo y nuestras familias estaban ahora en la costa este. (La familia de Todd se mudó a Washington D. C.) Él usó la casa de mi mamá en Nueva York como casa sede mientras yo seguía trabajando en Chicago. Regresé al hogar precisamente antes de Acción de Gracias y Todd ya estaba allí con mi familia.

Manteniendo nuestra tradición de ir de excursión a Turkey Mountain, Todd y yo hicimos un recorrido por sus laderas el 24 de noviembre, el día de su cumpleaños. Era un claro y frío día y cuando llegamos a la cima, contemplamos el increíble panorama.

El contorno de la ciudad de Nueva York era visible en la distancia, y distinguíamos con claridad el edificio del Empire State y las torres del Centro Mundial de Comercio. Hablábamos acerca de nuestro futuro cuando Todd preguntó de repente:

—Pues bien, ¿sería tan malo ser mi esposa?

Esto me llevó a recordar la pregunta que me hizo la primera vez cuando me pidió que saliéramos juntos. El centelleo en los ojos de Todd me dijo que me pedía que me casara con él.

—No —dije—, pero si es una proposición, ¿no podría decir sí?

—Está bien, ¿te casarías entonces?

—Sí, Todd, ¡me casaré contigo!

Sacó un anillo de compromiso y lo puso en mi dedo.

Más tarde Todd bromeaba conmigo acerca del porqué quería comprometerse en su cumpleaños antes que en el Día de Acción de Gracias o Navidad.

Si nos hubiéramos comprometido en un día de fiestas, el anillo se consideraba como un regalo. De modo que si algo pasa y rompemos, ¡puedo recuperarlo!

No había peligro de que le devolviera el anillo. Estaba enamorada de Todd Beamer hasta los tuétanos.

9

VISIÓN DE FUTURO

LOS POCOS MESES siguientes fueron una locura a medida que preparábamos nuestra boda para el 14 de mayo de 1994. Siempre había querido regresar de mudada al este, así que me encantaba que Todd estuviera buscando trabajo allí.

Seguí trabajando en Chicago hasta marzo. Todd se mudó a Nueva Jersey en enero, cuando aceptó un nuevo trabajo con la empresa Oracle, la segunda compañía más grande del mundo en programas de computadoras. En las oficinas de Oracle, en Nueva York, Todd se entrevistó con Paul Nix e hizo buenas migas con él. El trabajo que Paul le ofrecía le daba una gran oportunidad de aprender, crecer y ascender rápidamente dentro de la compañía. Esto se ajustaba bien a sus planes, pero antes de aceptar la oferta de trabajo, ¡Todd pidió una semana en mayo para su luna de miel!

Nuestra boda se celebró en la Primera Iglesia Bautista de Peekskill, Nueva York, la iglesia a la que asistí la mayor parte de mi vida. Keith Franz fue el padrino de boda de Todd y mi hermana Holly, la dama de honor.

Sin saberlo en ese tiempo, Keith llevó una cámara desechable a la plataforma. En secreto, planificó tomarnos una foto de nuestro primer beso de casados, durante la ceremonia. La noche antes, en el ensayo de la boda, Keith le dio instrucciones específicas a Todd sobre cómo besarme. «Para que esto dé resultados, cuando beses a Lisa, tienes que inclinarte a la izquierda. Si te inclinas a la derecha, todo lo que captará la foto es la parte de atrás de tu cabeza».

«Amigo, yo nunca me inclino a la izquierda», dijo Todd.

Antes, e incluso durante la ceremonia, Keith se lo recordó a Todd varias veces. «¡Inclínate a la izquierda!», le susurraba.

Cuando llegó el gran momento, Todd comenzó a besarme como de costumbre, entonces vacilé un segundo y moví su cara a la izquierda. De repente, Keith se cambió rápidamente de lugar y un flash dio de lleno en nuestros ojos, capturando mi expresión de sorpresa a medida que Keith alegremente tomaba la foto. Toda la congregación rompió a reír. Era típico de Keith y Todd que aun en nuestra boda, *sobre todo* en la nuestra, se divirtieran.

Nuestra recepción fue en el Cortlandt Yacht Club que dominaba el río Hudson. En el camino a la recepción, Keith y sus amigos se las ingeniaron para preparar a escondidas un ataque con *silly string*.[1]

¡Él y el otro padrino de boda nos rociaron con chorros de esas cosas! Sonreía y saludaba con la mano a medida que nos abríamos paso a través de la multitud, pero mentalmente me decía: *¡Espero que estas cosas se puedan quitar de mi vestido o te las vas a ver conmigo Keith!*

Por fortuna, quitamos las tiritas, aunque no sin algún tiempo y esfuerzo de Todd y mío.

Cuando finalmente subimos al auto y nos encaminamos al aeropuerto, nos miramos con travesura y le dije: «¡Lo hicimos! ¡Estamos casados!»

■ ■ ■ ■

[1]Ver sección de notas al final del libro.

Nuestra luna de miel de una semana la pasamos en Seabrook Island, cerca de Charleston, Carolina del Sur, y luego regresamos a Nueva Jersey para comenzar la «vida real».

Después de establecernos, obtuve un trabajo en la venta de servicios educativos de Oracle y, durante algún tiempo, Todd y yo trabajamos en la misma oficina de ventas, cerca de Newark. Disfrutábamos al ser capaces de discutir asuntos de trabajo al terminar de cenar, e incluso después que renuncié al trabajo fuera de casa, mi experiencia con Oracle me ayudó a comprender el estrés y las presiones de Todd en tal ambiente competitivo empresarial. No todos gozan de ese tipo de competencia, pero él prosperó en esto.

Nos establecimos en un apartamento pequeño en Plainsboro, Nueva Jersey, a poca distancia de Princeton. De mi apartamento en Glenn Ellyn llevé algunos muebles: una mesa, algunas sillas, un sofá y otros artículos; ¡Todd trajo su inmenso cartel de Michael Jordan y lo colgó en nuestra cocina!

Comenzamos nuestra vida juntos con todas las esperanzas, los sueños y las aspiraciones típicas de la mayoría de las parejas educadas en la universidad a mediados de la década de 1990. Como dos personas tipo «A» con objetivos específicos, Todd y yo planeamos cada pequeño detalle de nuestra vida, inclusive los cursos de la carrera y nuestra vida personal. Dejamos muy poco a la casualidad o al accidente. Por ejemplo, llevar a cabo la carrera de Todd, comprar una casa y tener un seguro médico adecuado antes de tener hijos. Como la mayoría de las parejas jóvenes que empezaban , pensamos con ingenuidad que podríamos controlar nuestro destino.

Teníamos ideas claras acerca de cómo debían ser nuestras vidas. Es más, volviendo a 1992, cuando Todd comenzó su licenciatura en administración de empresas, realizó una lista de los valores y las características que deseaba identificar en su vida. Como siempre pensaba en el futuro, desarrolló también una lista de las metas que deseaba alcanzar para cuando cumpliera los treinta años de edad.

Las cualidades que Todd anotó en su lista fueron casi proféticas:

- Ser independiente y buen proveedor.
- Ser un líder en la sociedad.
- Tener una casa cómoda, autos bonitos y un «cuarto de caoba».

Todd deseaba un distinguido estudio interior o una biblioteca, al estilo de una oficina: el cuarto Beamer, como le llamaba, donde pudiera apartarse del mundo y recargar las baterías. Cuando finalmente se le construyó una oficina, en realidad era brillante, alegre y rodeada de ventanas... no tan oculta después de todo.

- Ser un buen cristiano, saber dirigir y ser disciplinado.
- Ser un padre íntegro.
- Ser capaz de cultivar amistades, preocupado y ayudar a los amigos.
- Amar a mi esposa y apoyar sus esfuerzos.
- Desarrollar, quizá, un pasatiempo tal como la fotografía, tal vez escribir un libro.
- Esforzarme por ser como mi padre: respetado incluso cuando no esté presente.
- Deseo volar debajo de la pantalla del radar.

Todd a menudo habló acerca de «volar debajo de la pantalla del radar». Con esto quería decir que deseaba pasar inadvertido y mantener la discreción. En parte, esto se debía a su humildad, y en parte a que disfrutaba manteniendo sus cartas debajo de la manga. No quería que la competencia supiera lo que era capaz de hacer ni lo que planeaba hasta que estuviera listo para que saliera a la luz pública. Esa era la forma en que actuaba en sus negocios: siempre amistoso, competente y preparado, pero permitiendo que otros cantaran sus alabanzas en vez de hacer alarde de sus propios éxitos o tocar su propia bocina.

- Tener un trabajo y una carrera significativos.
- Conocer personas importantes, me hará importante.
- Continuar los estudios.
- Viajar a Europa varias veces.
- Tener buenos valores.
- Buena salud.
- Ciento por ciento entregado a las relaciones.
- Riqueza y seguridad.
- Controlar mi destino y medio a fin de poder tener tiempo libre para pasar con mi familia.
- Ser compasivo con otros: apoyarlos mediante el tiempo y el dinero.
- Poseer mis propios negocios.

Todd siempre tuvo el deseo de hacer algo que fuera más allá de un simple trabajo. Se imaginaba como un entrenador, alentando a otros a hacer lo mejor. A veces hablaba acerca de participar en la formación de profesionales después que cumpliera sus metas en el mundo de los negocios. Algunos de sus deseos, escritos el 9 de septiembre de 1992, son especialmente conmovedores cuando los leo hoy:

- Llegar a una edad avanzada.
- Contentarme con la vida y estar satisfecho.
- Llegar al final del camino con satisfacción y no mirar atrás.

En julio de 1993, después que Todd terminó su licenciatura en administración de empresas, escribió una lista similar de sus metas. En esta, priorizaba lo que creyó que le conduciría a lograr el éxito y el contentamiento. Lo primero en la lista era su vida espiritual, seguida de sus relaciones, su carrera y sus deseos de continuar su educación. Ese era el orden que Todd se esforzaba por mantener a medida que buscaba en las muchas opciones de la vida y las voces que competían por su atención.

■ ■ ■ ■

Todd era especialmente sabio cuando se trataba de ahorrar y administrar el dinero.

Como en casi todas las esferas de su vida, tenía ideas claras de cómo esperaba ganar, ahorrar e invertir. Al definir sus metas en 1992, incluso antes de tener un trabajo a tiempo completo, ¡escribió cómo planeaba estar financieramente seguro para cuando tuviera treinta años de edad! Lo calculaba todo: cómo necesitaba ahorrar su dinero y luego invertirlo a una buena tasa de interés mientras continuaba añadiendo a su patrimonio neto cada año. Todd se negaba a gastar dinero en artículos innecesarios hasta que no cumpliera con sus obligaciones de ahorros.

Mis actitudes hacia el dinero eran similares a las de Todd, de modo que el dinero nunca se convirtió en un asunto de división en nuestro matrimonio. Aunque disfrutábamos comprando y teniendo cosas bonitas, éramos partidarios de ahorrar dinero, vivir con lo necesario y no tener deudas siempre que fuera posible. Después de vivir en el apartamento por un año, compramos nuestra primera casa, una linda pero antigua casa próxima a Hightstown, Nueva Jersey, donde vivimos cuatro años. Según nuestros planes, íbamos por buen camino.

En 1994, Keith, el amigo de toda la vida de Todd, vino a visitarnos y fuimos conduciendo hasta Nueva York para mostrarle los lugares de interés de la ciudad. Hicimos las mismas cosas de los turistas, incluso tomamos el elevador que va hasta el último piso del Empire State para contemplar el contorno de la ciudad. «¡Ah! ¡Tremendo viaje hacia abajo!», dijo Todd cuando él y Keith se asomaron al borde del edificio para mirar hacia abajo. Keith nos tomó una foto con el perfil de la ciudad como telón de fondo. Parecíamos una típica pareja de turistas, con Todd llevando una de sus muchas gorras de béisbol, el viento azotándonos la cara y las dos enormes torres del Centro Mundial de Comercio al fondo. No mucho después de eso, Keith nos informó que planeaba casarse. Era obvio que estaba emocionado por su compromiso, pero Todd no estaba tan seguro. Quería a su amigo y no temía decirle unas cuantas verdades cuando hacía falta. Le preocupaba que Keith y su novia, Sandy Kujawski, tuvieran que andar con tanta rapidez. Después de conocerse en una cita a ciegas en junio de 1994 y salir por muy poco tiempo, ¡hablaron de casarse en agosto de 1995! Para unos planificadores tan meticulosos como Todd y como yo, eso era extremadamente rápido.

Todd le escribió a Keith una amable y simpática carta, pero sin pelos en la lengua. «Parece que vas un poco rápido. Si Dios está en este matrimonio, no quiero que bajes la velocidad. Aunque al mismo tiempo, si no estás seguro, no lo apresures».

Keith apreció la buena disposición de Todd para enfrentarle y reconoció el hecho de que su amigo en verdad se preocupaba por él. Le aseguró a Todd que él y Sandy estaban hechos el uno para el otro y preparados para casarse. «Es más, me honrarías si fueras el padrino de mi boda». Keith y Sandy se casaron el 26 de agosto de 1995 y Todd fue el padrino de Keith. No tomó de sorpresa a nadie, Todd tomó una foto de Keith y Sandy durante su primer beso de casados y sí, ¡se aseguró de que la pareja se enredara en *silly string* antes de dejar la recepción!

■ ■ ■ ■

Las predicciones de Paul Nix fueron ciertas, Todd avanzó con rapidez en la especialidad de su profesión. Se dedicó por completo a su trabajo, haciendo todo lo que fuera necesario. Ninguna tarea era insignificante, ningún trabajo era demasiado servil. Si Todd podía hacerlo, allí estaba él. Comenzó en Oracle en 1994 como representante en la actividad de mercadeo, desarrollando seminarios de mercadotecnia en programas de computadoras y materiales para el personal de ventas de Nueva Jersey. Solo tenía veinticinco años de edad, demasiado joven para ese cargo, pero Oracle creía en Todd y él tenía tremenda confianza en que podría desempeñar el trabajo. En 1995, lo promovieron a gerente asociado de cuentas, su primera posición verdadera en ventas para Oracle. Asistía a Frank McMahon, gerente principal de cuentas, y al año de estar trabajando en esta plaza, tenía su propia lista de cuentas. El trabajo requería viajar mucho, pero para Todd esto parecía un pequeño precio a pagar por la posibilidad del éxito que se alcanzaba.

Todd era un vendedor muy bueno; un hombre enfocado en la gente y un oyente excepcionalmente bueno. Cualquiera que hablaba con él sentía que le prestaba una total atención.

■ ■ ■ ■

Una de las claves para adaptarse a nuestra nueva área fue a través de su participación en una iglesia local. Cuando nos mudamos a Nueva Jersey, lo primero que hicimos fue visitar varias congregaciones en busca de una «casa espiritual». Recibimos una grata sorpresa cuando descubrimos un gran grupo de personas de nuestra edad en la Iglesia de la Alianza de Princeton, una congregación ecléctica perteneciente a la denominación Alianza Cristiana y Misionera. Todd y yo no sabíamos mucho acerca de la historia de la iglesia, pero la congregación era acogedora, las enseñanzas de la Biblia hacían que fueran pertinentes para nuestras vidas y sentimos una afinidad de inmediato. Comenzamos a participar en las actividades de la iglesia y entablamos muchas amistades sólidas, relaciones que probarían su valor incalculable en los años venideros.

Uno de los grupos del que Todd y yo formamos parte era el «Care Circle» [Círculo del Cuidado], compuesto de parejas jóvenes que, por lo general, nos reuníamos un domingo por la tarde al mes para hablar sobre asuntos de la vida relacionados con nuestra fe. A veces nuestra discusión se centraba en un libro que todos acordábamos leer; con frecuencia, la conversación se enfocada en las relaciones de esposo y esposa u otros temas afines al crecimiento espiritual. El grupo era más que una simple sesión de charlas. Orábamos a menudo con los otros y los unos por los otros, conforme varios miembros experimentaban tremendas victorias y horribles derrotas, grandes logros y traumáticos hechos en sus vidas. Al principio cuando nos unimos al grupo, la mayoría de los miembros estaban casados, sin hijos.

Al poco tiempo, el grupo se ufanaba de más de quince niños entre nosotros y los asuntos de la paternidad se añadieron a nuestras conversaciones.

Después de vivir en Nueva Jersey por unos pocos años, la mayoría de nuestros amigos íntimos pertenecían a nuestra iglesia y el grupo de cuidado. Todd y varios de los amigos, incluso Brian Mumau, Doug MacMillan, George Pittas, Steve Mayer, Axel Johnson y John Edgar Caterson, empezaron a reunirse para desayunar los viernes a las seis y media de la mañana en un grupo para rendir cuentas. El propósito principal del grupo era ayudar a los hombres a mantener un equilibrio saludable entre las prioridades espirituales y las responsabilidades del hogar y la carrera. Hacían de todo juntos: jugar en el equipo de *softball* de la iglesia, hacían proyectos de reformas domésticas y al menos un fin de semana al año salían en un viaje especial solo para hombres para jugar al golf.

Nosotros no teníamos la menor idea de cuán especiales esas relaciones llegarían a ser para todos nosotros. Aun antes de que Todd y yo tuviéramos nuestros propios niños, el pastor de los jóvenes de la iglesia, Scott McKee, nos puso a trabajar con los muchachos de escuela secundaria de la iglesia. Al principio, comenzamos la «enseñanza en equipo» de la clase de los adolescentes de la Escuela Dominical: uno de los dos enseñaba mientras que el otro mantenía el orden. Disfrutábamos mucho con la compañía de los muchachos, así que al poco tiempo comenzamos a participar también en los programas de jóvenes los miércoles por la noche. Conforme el grupo de jóvenes crecía, nos quedamos sin espacio en el aula del edificio de la iglesia, así que comenzamos a reunirnos en un antiguo remolque que nos ofrecieron y que estaba a unas cuadras detrás de la iglesia. Al remolque lo apodamos «El entrenador del crecimiento» y algunos de los chicos lo llamaron «El entrenador de la cucaracha». Sin embargo, ¡a la mayoría le encantaba! Algunos de ellos en la clase tenían el mismo tipo de preguntas que enfrenté en mi adolescencia después de la muerte de mi papá, así que era capaz de identificarme con ellos y ayudarlos a encontrar sus respuestas.

Todd siempre fue directo a los chicos duros, los que daban la impresión que no tenían interés y que no les importaban ningún asunto espiritual. A menudo, usó los deportes para relacionarse con ellos, primero ganándolos como amigos, para después hablarles de su fe.

Al igual que en la mayoría de los grupos de jóvenes de la iglesia, enseñábamos la Biblia, pero también hablábamos acerca de todos los puntos candentes con los que lidiaban los muchachos diariamente: las drogas, las relaciones sexuales, los trastornos alimenticios, la autoestima, los patrones destructivos de comportamiento, el suicidio y otros. En vez de decir simplemente: «Haz esto» o «No hagas esto», procurábamos presentar la verdad de manera positiva y dejábamos que los muchachos comprendieran por qué ciertas cosas eran malas y cómo otras cosas enriquecían sus relaciones con Dios, sus amigos, padres y hermanos.

Todd quería, sobre todo, cerciorarse de que tratáramos asuntos del carácter. Deseaba que nuestros jóvenes amigos desarrollaran un carácter sólido basado en la Biblia, de modo que sin importar la situación en que se encontraran, hicieran una buena decisión. «Las decisiones que hagan en la escuela secundaria les afectarán por el resto de la vida», les decía con frecuencia a los muchachos.

Todd siempre fue alguien con buena «visión del futuro», con metas específicas y luego evitaba todo lo que pudiera entorpecer su progreso. También era rígido con él mismo. Para bromear, le decía: «Todd, alégrate. ¡Vas a tener tres o cuatro crisis de la mediana edad antes de cumplir los treinta años!» Sin embargo, él siempre tenía un plan. Iba a algún lugar y llevaba el mismo entusiasmo a su trabajo con los muchachos. Se molestaba de veras cuando veía a uno de ellos haciendo algo autodestructivo o tomando decisiones imprudentes. Le ponía un brazo alrededor de los hombros y le decía algo así: «Amigo, ¿no ves que lo que estás haciendo podría arruinar tu vida para siempre?»

A menudo los jóvenes comenzaban a hacer cambios en sus vidas simplemente porque sabían que Todd en verdad se preocupaba por ellos. Nunca trató de colocarles una gran línea espiritual. Se preocupaba por ellos. Llamaba con frecuencia a los miembros del grupo de jóvenes que parecían necesitar más atención personal. «Solo quiero que vean lo que hacen hoy». Por su trabajo, Todd pasaba muchísimo tiempo en el teléfono, parecía que la última cosa que quería hacer era marcar el número de alguien que en realidad no tenía que llamar. Sin embargo, se preocupaba tanto por esos adolescentes que nunca consideró que era un inconveniente llamarlos, ni en hablar con ellos cuando nos telefoneaban. Si perdíamos sus llamadas pero nos dejaban un mensaje, enseguida contestaba sus llamadas.

A menudo conducía el microbús de la iglesia para viajes del grupo de jóvenes a los campamentos y retiros de fines de semana. A nosotros dos nos gustaba la música «country», sobre todo la de los artistas como Alan Jackson, Clint Black, Garth Brooks, Wynonna Judd y Dwight Yoakam, y los muchachos la odiaban. Cuando Todd ponía su disco compacto favorito de música «country» y el microbús en marcha, ¡los muchachos de Nueva Jersey se ponían furiosos! «¡Apaga esa cosa!»

Todd solo sonreía y ponía su música más fuerte. A él le encantaba cantar al mismo tiempo y lo hacía... escandalosamente... aunque desafinado por completo. Todo el mundo lo eliminaría con risas y gritos hasta que Todd accedía y les permitía a los muchachos que pusieran algunos de sus discos compactos. Era divertido mirarlo cuando trataba de comprender las letras del rap para asegurarse de que no eran censurables. A los chicos no les importaba esto, puesto que lo amaban y era obvio que él los amaba también. Mejor aun, ejerció una buena influencia en ellos.

No vería esa influencia hasta el día en que tuvimos nuestros propios hijos.

10

AMPLIACIÓN DE NUESTRO EQUIPO

AUN ANTES QUE TODD y yo fuéramos novios oficiales, hablábamos de nuestro deseo de tener hijos algún día. Todd procedía de una familia de tres hermanos, y yo de una de cuatro, así que decidimos que tres niños serían perfectos para nosotros.

Una vez casados, planeamos mis embarazos tanto como fue posible, pero aun así nos sorprendieron encantadoramente cuando en la primavera de 1997 supimos que nuestro primer hijo nacería el día de Navidad. Después de averiguar que estaba embarazada, fuimos a una merienda esa tarde a la casa de nuestros amigos Doug y Chivon MacMillan. Aunque no le dijimos a ninguno de nuestros amigos las nuevas de mi embarazo, siempre que oíamos un acceso de alegría de uno de los niños correteando en el césped, Todd y yo nos mirábamos adrede, como queriendo decir: *¿Qué estamos haciendo? ¡Vamos a ser padres! ¡Comenzamos este camino y no hay vuelta atrás!*

Estábamos emocionados y preparados para los niños... bueno, como cualquier pareja que se prepara para tener toda la vida al revés. Llevábamos tres años de casados. Estábamos establecidos en la comunidad, compramos una casa y teníamos nuestros ahorros. Además, viajábamos mucho en las vacaciones a lugares tales como el Parque Nacional de Yellowstone, Hawai, México, Bermuda y a varios sitios de Carolina del Sur. Durante el embarazo de nuestro primer hijo, fuimos a Europa en las vacaciones. «Una vez que tengamos hijos no nos será tan fácil hacer estos tipos de viajes», decía Todd. Teníamos previsto que cuando tuviéramos hijos, yo me debía quedar en casa. No consideraba que sacrificaba mi carrera por ser una mamá en el hogar; para mí, ¡la crianza de mis hijos era la carrera más importante que podría tener jamás! Aun antes de quedar embarazada, Todd y yo vivíamos solo de sus ingresos. Nuestro presupuesto mensual lo cubríamos con su salario, usando el mío para compras especiales y para ahorrar. De esa manera, cuando llegara el momento de quedarme en casa con nuestros hijos, no sería un cambio tan radical en nuestro estilo de vida y no nos afectaría mucho financieramente. Mi director en Oracle también me permitió trabajar a tiempo parcial en casa, lo cual hice cerca de dos años después del nacimiento de nuestro primer bebé. Estaba agradecida por la oportunidad de trabajar, pero la familia era la principal prioridad para Todd y para mí.

■ ■ ■ ■

El día de Navidad de 1997 vino y se fue, y yo seguía embarazada. El cinco de enero llegó y todavía sin bebé. Fuimos a ver a la doctora y ella dijo: «Necesitamos inducir el parto mañana. Ven a verme al hospital a las siete de la mañana».

Esa noche, después de la cena, empecé a recoger unas pocas cosas para llevar al hospital. Después, alrededor de las diez y media, comencé a sentirme extremadamente molesta. Fui hasta el piso superior y le dije a Todd:

—No sé qué es esto, pero no me siento bien.

—¿Tienes contracciones?

—No sé... me siento esas horribles oleadas de dolor en mi estómago.

Todd estaba seguro que estaba de parto.

—Está bien, vamos a ver qué tiempo hay entre una contracción y otra.

Todd sacó un reloj y empezó a medir el tiempo. Unos pocos minutos después, dijo:

—Creo que en verdad llegó el momento. ¡Las contracciones vienen cada dos minutos!

—¿Qué? ¡Eso es imposible! ¡Estás loco! —barbullé por mi dolor—. Esto no puede ir tan rápido.

—No, ¡pero es así! —exclamó Todd calmado pero enfáticamente.

Antes de que me diera cuenta, estaba en el penoso período de otra contracción y estirándome en el piso del cuarto de baño. Cuando empecé a vomitar, Todd estaba en verdad muy nervioso. El trayecto al hospital era de al menos cuarenta y cinco minutos desde nuestro hogar y, sin duda, Todd ya se veía recibiendo a nuestro primer hijo sin la ayuda de nadie.

—¡Voy a llamar a la doctora! —insistía Todd.

—No, no llames a la doctora —dije—. ¡Ya no tenemos tiempo! ¡Va a pensar que somos unos tontos!

—Voy a llamar.

Todd marcó el número de teléfono de la doctora y, lo suficientemente segura, ella dijo:

—Bien, veamos por dónde va esto...

—No —aseveró Todd con énfasis—. Mi esposa está tirada en el piso del baño. Está vomitando y sus contracciones son cada un minuto. Creo que en realidad necesitamos ir al hospital.

La doctora estuvo de acuerdo, así que nos metimos en el auto y yo me recosté, cerré los ojos y oré para que llegáramos al hospital a tiempo. Por fortuna, a esa hora de la noche, el tránsito no estaba congestionado. Todd se centró en la carretera y yo no estaba en condiciones de sostener una conversación trivial, así que hicimos los cuarenta y cinco minutos de viaje en silencio. Cuando Todd llevó el auto al área de estacionamiento de la sala de emergencias, nuestro bebé ya estaba a punto de nacer.

El personal del hospital sacó una camilla, me subieron en ella y corrieron por todo el camino. Todd corrió a la sala de parto junto conmigo. Apenas una hora después de llegar al hospital oímos el llanto de un bebé recién nacido. «¡Es un varón!», anunció el doctor.

Nunca quisimos saber con certeza si íbamos a tener un niño o una niña. En realidad, no queríamos saberlo antes de tiempo; deseábamos que fuera una sorpresa. ¡Todd estaba contentísimo de tener un pequeño niño! Buena cosa, porque no habíamos determinado ningún nombre de niña. Sin embargo, estábamos absolutamente seguros que el nombre que queríamos para nuestro primer hijo era el de David Paul (David por el papá de Todd y Paul por mi padre).

Recordándome la escena en la película de dibujos animados de Disney, *El Rey León*, donde Mufasa, el papá león, sostiene por encima de su cabeza al nuevo bebé león, Simba, para que el mundo lo viera, Todd lleno de emoción levantó a David en alto, como lo haría un campeón con su trofeo.

—¡*Ejem!* Voy a llevar al niño para que lo midan —dijo una de las enfermeras, alcanzando a David para recuperarlo del control de Todd.

—Iré con usted —se ofreció Todd voluntariamente.

Fue protector de nuestros hijos desde el principio. Había escuchado historias de horror de bebés que habían sido cambiados al nacer y no quería correr riesgos.

—¿Estás bien? —preguntó inclinándose sobre la barandilla de mi cama—. A la verdad que quiero estar con ellos para asegurarme que nadie cambie a nuestro bebé.

—Ve —creo que le dije, disfrutando el entusiasmo de Todd.

Todd salió con la enfermera del salón de parto y se mantuvo cerca para ver todas las cosas que hacían. Para cuando me llevaron al cuarto del hospital y las enfermeras me trajeron a David, Todd fue a buscar la cámara de vídeos del auto e interpretó el papel del productor Cecil B. DeMille. ¡Lo filmó todo! Era alrededor de las dos de la mañana del 6 de enero. Nos debatíamos si llamar o no a nuestros padres de madrugada, pero no podíamos esperar. A pesar de la hora, se entusiasmaron con las noticias y con el nombre de David Paul.

Cuando me dieron de alta del hospital, una enfermera me llevó hasta el frente en una silla de ruedas, mientras que Todd iba a buscar el auto. ¡Todd estaba encantador! Continuó filmando todo el procedimiento, conduciendo a través del estacionamiento del hospital y haciendo comentarios a medida que filmaba como si estuviera creando un documental. Se filmó él mismo conduciendo a través del estacionamiento: «Ahora estamos pasando esos autos y yendo hacia la puerta del frente, y creo ver a mamá y a David...». ¡Decir que Todd estaba emocionado por ser papá era algo así como decir que Michael

Jordan se complace en jugar baloncesto!

Mi mamá estaba con nosotros cuando llevamos al bebé a la casa. Todd lo llevó adentro y David enseguida empezó a chillar. Él le dio una vuelta por la casa, enseñándole sus juguetes nuevos, su cuarto y toda una serie de cosas que a un bebé le importan poco.

Por último, desesperado, miró a David, quien seguía llorando a gritos. «¿Qué?», preguntó Todd. «¿Estás disgustado?» Al final, nos dimos cuenta de que David necesitaba que le cambiaran el pañal.

Con David dando gritos, mamá, Todd y yo procuramos cambiarle el pañal en la cama. Créalo o no, entre los tres tuvimos que limpiarlo todo. Nosotros no solo hicimos un lío con el pañal, sino también con sus ropas y la sobrecama. ¡Pobre David! Si hubiera podido hablar, quizá nos hubiera dicho algo así: «¡Estos no son los padres que hubiera contratado!»

La noche que vinimos del hospital con David, Todd se enfrentó a su primera prueba como padre. Unos meses antes había comprado entradas para llevar a un cliente a un partido de baloncesto entre los Toros de Chicago contra los Knicks de Nueva York. Michael Jordan, el atleta favorito de Todd, jugaba todavía para los Toros, y las entradas de este juego se agotaban siempre debido a la inmensa rivalidad entre los equipos. Antes de comprar los boletos, Todd me preguntó acerca de cómo se siente uno al salir a un juego poco después del nacimiento del primer bebé y yo le dije que bien. Por supuesto, en ese tiempo creíamos que nuestro bebé nacería en Navidad. Ahora el partido era en la primera noche de David en su nuevo medio. Sabía que Todd deseaba mucho ir al juego, pero también quería quedarse con el bebé y conmigo.

—Prepárate y ve —le dije—. Yo estoy bien.

Todd asintió a duras penas. Cuando llegó a la casa alrededor de la una de la mañana, yo estaba alimentando a David y no estaba bien. Me sentía agotada... y debía parecerlo también.

—¿Cómo fue el juego? —le pregunté cuando llegó—. ¿Pasaste un buen rato?

—Ah, bien —dijo con indecisión.

—¿Bien? ¡Es preferible que me digas que fue mejor que bien!

Entonces Todd sonrió ampliamente.

—Fue fantástico y estoy contento de haber ido. Solo que no quiero que te sientas mal.

Todd era el padre consumado, se complacía de cada movimiento de David y siempre trataba de enseñarle algo nuevo. La mayoría de esas tardes de los primeros meses, cuidó a David, acostándose con él en el sofá mientras veían juntos los deportes en la televisión. Me reía cuando los veía: *de tal palo tal astilla.*

«¿Sabes?, quizá creas que ahora en verdad te portas como un gran papá, pero va a ser más difícil que esto», le advertí alegremente. «Dentro de pocos meses, no va a querer sentarse en el sofá ni mirar más nunca los partidos de fútbol y baloncesto».

«Ya lo sé», replicó Todd, «pero tengo la esperanza de que si comienzo con él desde pequeño, tendremos un montón de cosas en común cuando crezca».

■ ■ ■ ■

Dos años después nuestro segundo hijo también se retrasó, así que esta vez me indujeron el parto. Mientras esperábamos que el pitocín hiciera efecto, Todd y el doctor hablaron sobre los pasatiempos del doctor de coleccionar sellos y la fotografía. Ambos eran fanáticos de la electrónica, discutieron el pro y el contra de varias marcas de equipos electrónicos tales como los DVD [disco óptico digital]. Durante algún tiempo, me uní a la conversación; luego se intensificaron los dolores de parto. «Ah, señores, ¿podrían conversar en otra parte?», finalmente me quejé cuando continuaron en sus «asuntos de negocios», que parecía lo último en cuestiones de *Informes al Consumidor*. «¡Tengo algunas otras cosas que hacer aquí!» Cuando nació el bebé, otro varón, podría decir inmediatamente, por la expresión del rostro de Todd, que algo andaba mal. Siempre con calma bajo la presión, él nunca perdió la serenidad, pero sus ojos me decían que había problemas. Al parecer, el cordón umbilical estaba enrollado fuertemente alrededor del bebé y los doctores tuvieron que trabajar con rapidez para desatar al bebé a fin de que respirara.

Cuando al fin lograron desenrollar el cordón y todos respiraron con alivio, incluyéndonos a Todd y a mí, le pusimos el nombre a nuestro nuevo bebé. A Todd le gustaba el nombre de Andrew, en especial Drew, y yo quería que llevara después el nombre de Todd, así que le pusimos Andrew [Andrés] Todd Beamer.

Como hicimos con David dos años antes, dedicamos a Drew a Dios en una ceremonia en nuestra iglesia. Todd y yo nos paramos frente a la congregación con nuestros hijos y Todd dijo: «Andrés es el nombre de uno de los primeros discípulos de Jesús. Su ejemplo es uno que esperamos que siga nuestro hijo cuando crezca». Todd explicó que después que encontró a Jesús, una de las primeras cosas que hizo Andrés fue ir a buscar a su hermano Pedro y presentarle a Jesús.

«Esta historia nos da un perfecto ejemplo de cómo es nuestra reacción cuando nos encontramos con Jesús», continuó Todd. «Seguirlo enseguida y traer a otros». Aunque Todd estaba bien serio, la audiencia sonreía y reía entre dientes. Nuestro hijo mayor de dos años de edad, David, deambulaba alrededor de la plataforma mientras Todd hablaba, explorando y disfrutando un buen rato, ¡y la congregación estaba encantada! Por último, cuando David pasó cerca, Todd lo alcanzó y lo levantó, como si nada fuera de lo común estuviera pasando, sin siquiera dejar de hablar.

David daba patadas, que a la audiencia le encantaba, pero Todd se dispuso a terminar con una nota conmovedora. «El nombre *Andrés* significa "con fuerza y sabiduría"», dijo Todd. «Hemos escogido un versículo de dedicación para Drew hoy que le recordará que sus fuerzas no vienen de sus habilidades físicas, mentales o espirituales, sino solamente de una fuente y esta es Jesús. A medida que se esfuerce en ser un seguidor consagrado por completo de Cristo, oremos que recuerde la promesa de Filipenses 4:13: *Todo lo puedo en Cristo que me fortalece*». Esta fue una promesa que Todd creyó tanto para él mismo como para nuestros hijos y para mí.

■ ■ ■ ■

Tener dos hijos trajo como resultado un poco de sorpresa. Habíamos anticipado que la carga de trabajo por dos niños simplemente duplicaría la de uno. ¡Falso! De repente, parecía que no había suficientes manos para hacer todas las cosas, ni suficientes horas en el día.

Cuando Drew nació, estábamos en medio de la búsqueda y compra de una propiedad, y en la preparación para construir la «casa de nuestros sueños». Entre el estrés de la construcción de una nueva casa, las responsabilidades del trabajo y el cuidado de los niños, Todd y yo nos sentíamos hasta el tope casi todo el tiempo. Cada padre de niños menores de dos años sabe lo que es sentirse exhausto y reclama esa promesa profundamente espiritual: Esto pasará también. Una noche, cuando estaba ocupada preparando la cena, Todd llegó del trabajo y encontró a David y Drew quejándose sin cesar. «Ahora sé por qué tantos padres no tienen más hijos después que tienen dos», bromeó Todd.

Desde que los muchachos eran capaces de pararse, Todd ya estaba preparado para enseñarles a lanzar y capturar una pelota. Es más, cuando David solo tenía un mes o dos, Todd le compró un balón rojo de baloncesto Michael Jordan.

«Todd, él todavía no puede jugar con ese balón», decía.

«Ya lo sé, ya lo sé», replicaba él, «pero algún día lo hará».

Cada vez que Todd viajaba a una ciudad con un gran equipo deportivo, les traía a los chicos algo relacionado con el deporte. Por ejemplo, viajó a St. Louis la temporada en que Mark McGwire rompió el récord de cuadrangulares, así que Todd trajo para la casa una camisa de McGwire para Drew y un casco de bateo para David.

Para Todd era casi imposible pasar por una tienda de artículos deportivos sin comprar nada si llevaba a los muchachos con él. Cuando David solo tenía tres años de edad, se apasionó por los receptores de las Grandes Ligas de béisbol. David veía los partidos por la televisión con Todd y él le enseñaba que los equipos del receptor eran verdaderamente especiales.

«¿Qué piensas?», me preguntó Todd.

«¿Debo comprarle algún equipo de receptor?»

«¡Todd!», exclamé. «Voy a tener que andar todo el día por la casa tratando de ponerle las rodilleras y el peto, y no tendré tiempo de mantener ese ritmo con él. Así que no se los compres todavía».

Poco tiempo después de eso, me fui por un fin de semana con algunas amigas de nuestra iglesia. Cuando regresé al hogar, Todd se veía culpable.

—Fuimos a The Sports Authority[1] —explicó él—, y vi unas rodilleras que eran de su medida...

—¡Todd!

—Está bien, tenían también la careta de receptor, pero no compre nada más...

—¡Todd!

Al poco tiempo, fuimos a Home Depot[2] a recoger algunas cosas para la casa. Mientras buscaba enseres domésticos, Todd llevó a los chicos al lado, a la tienda The Sports Authority.

«No voy a comprar nada», prometió Todd. «Solo vamos a ir y jugar con algunos de los nuevos balones».

---

[1]Ver sección de notas al final del libro.
[2]Ver sección de notas al final del libro.

Sin embargo, salimos de la tienda con un peto de receptor, así que ahora David tenía toda la indumentaria de receptor... ¡y yo sigo ayudándolo a ponérsela!

Todd siempre pensaba también en los chicos cuando venía el tiempo del Super Bowl.[3] Yo casi me muero de risa cuando llego una tarde de enero y veo a Todd y David pegados a la pantalla del televisor un domingo del Super Bowl. Los dos vestían sus jerséis de fútbol de los Osos de Chicago mientras veían el partido. Era realmente divertido ver a Todd con un jersey igual al de los chicos. A Todd no le gustaba vestirse en combinación con ninguna otra persona, a veces se cambiaba de ropa si veía que nos habíamos vestido de forma similar. Sin embargo, con los niños, estaba feliz cuando se vestía con una camisa que combinara con las de ellos.

Todd fue un padre magnífico. Fue siempre extremadamente paciente con los niños y le encantaba jugar con ellos siempre que le fuera posible. Aun cuando se entretuvieran o se demoraran, Todd siempre le dio un giro positivo al alentar a los niños. Todd tenía un silbido especial que usaba para llamar a

[3]Ver sección de notas al final del libro.

veces la atención de los muchachos o de mí. Otras veces, decía: «Vengan, chicos, nos vamos. Pónganse los abrigos y los zapatos; es hora de irnos. *¡Vamos a rodar!*»

Esta era una frase que usábamos muchísimo en nuestra casa.

11

PROBLEMA EN LA CUMBRE

DEL MISMO MODO QUE crecían nuestros hijos, también lo hacía la carrera de Todd en Oracle. Comenzó a desarrollar sus propias cuentas, al principio las menos beneficiosas, esas que no querían los representantes de más categoría. Sin embargo, a Todd no le importaba. Sabía que podía aprender mucho trabajando en contratos pequeños y que necesitaría después toda esa experiencia para lograr sus metas de cerrar los grandes. A medida que ascendía gradualmente en su empresa, Todd andaba tras las cuentas de perfiles más altos, esas que requieren un trabajo más arduo para asegurar y tratar con mayor pericia, pero que representaban valiosas oportunidades, tanto creativa como financieramente. Al final, redujo su lista a más o menos media docena de clientes con un gran y superior perfil y mantenimiento.

Al principio, la mayoría de sus clientes eran de Nueva Jersey. Sin embargo, a medida que lograba mayor éxito, Todd tenía cada vez más clientes procedentes de compañías multinacionales, exigiendo que viajara mucho para reunirse y trabajar con ellos a nivel local. Muchos de los programas de computadoras que vendía se usaban en la fabricación de productos, así que Todd no solo tenía que evaluar las necesidades de sus clientes, sino también mostrarles cómo los productos de Oracle eran capaces de mejorar la eficiencia y la productividad de sus compañías.

Junto con su éxito profesional vino el respeto de sus colegas y el éxito financiero que Todd logró mediante su gran trabajo. Además, Oracle ofrecía muchos programas de estímulo y recompensas a quienes tuvieran mayores ventas, y como el mejor vendedor, recibió numerosos viajes de premio. Con Oracle, viajamos juntos de vacaciones a maravillosos lugares como Maui, Bermuda, México, Venecia y otros sitios exóticos.

Todd viajó tanto por negocios que era

siempre un gusto para nosotros cuando podíamos hacerlo por placer. Todos los años esperábamos con ansias los viajes de Oracle. Para nuestro cuarto aniversario, le organicé un viaje sorpresa, para que fuera un fin de semana a Chicago y a un juego de los Cachorros en el Wrigley Field. Él seguía considerando a Chicago su ciudad natal, así que regresar allí por nuestro cuarto aniversario fue un placer. ¡Todd pensó que estaba en el cielo!

Teníamos un montón de sueños que nos entusiasmaba verlos cumplidos. Por ejemplo, teníamos planeado ir en un crucero a Alaska para nuestro décimo aniversario de bodas en el año 2004.

Cuando viajábamos, dejábamos casi siempre a los niños con mamá. Sin embargo, cuando David solo tenía dieciocho meses de edad, lo llevamos a Inglaterra con nosotros, pero a David no le gustó mucho la sosa comida inglesa. Creo que a Todd tampoco. Cuando descubrió un McDonald en Oxford, Inglaterra, gritó: «¡Dios bendiga a América!»

El único inconveniente del éxito en la carrera de Todd era que tenía que alejarse de nosotros por mucho tiempo. Cuando no estaba viajando, trataba de pasar mucho más tiempo en la oficina de la casa en las noches y en los fines de semana. Incluso, en sus vacaciones, ¡se llevaba su computadora, su teléfono celular y su ordenador de mano [Palm Pilot]! A veces bromeaba con él acerca de sus «mantas de seguridad» electrónicas. Todd no podía ir a ninguna parte sin mantenerse en contacto con sus clientes.

Nosotros no discutíamos mucho. Era uno de esos hombres tranquilos y era casi imposible tener una pelea con él. Sin embargo, cualquier conflicto y la tensión que experimentábamos en nuestro matrimonio se relacionaban casi siempre con nuestros esfuerzos de equilibrar el trabajo de Todd con las responsabilidades en el hogar. ¿Cuánto tiempo y esfuerzo debía poner en su trabajo? ¿De qué manera iba a equilibrar otras esferas de la vida y dar la adecuada atención a las relaciones que eran más importantes para él, es decir, sus relaciones con Dios, su familia y sus amigos? Este no era un asunto que él pasara por alto y, en realidad, deseaba resolverlo. A menudo hablábamos al respecto, a veces acaloradamente, orábamos y hablábamos con los amigos sobre esto. Todd también buscaba sabiduría de su grupo del desayuno de los viernes. George Pittas, uno de los compañeros de Todd en el golf y un miembro del grupo del desayuno, mantenía un diario de las peticiones de oración de los miembros del grupo.

«Muchas de las peticiones de Todd eran acerca de su familia», recuerda George. «A menudo pedía sabiduría para comprender las necesidades de Lisa, por paciencia y apreciar los momentos con David y Drew».

Su mayor deseo en la vida era ser un esposo y un padre piadoso. Sin embargo, como estaba tan orientado al éxito de su carrera, a menudo descubría que las dos metas competían entre sí. Todd y Brian Mumau, uno de sus mejores amigos, tenían luchas similares. Con frecuencia se trazaban estrategias y oraban juntos por sus carreras y responsabilidades en el hogar. Se rendían cuentas el uno al otro en el cumplimiento de sus compromisos con sus familias. A menudo, a través de una breve llamada por el celular o un correo electrónico, se recordaban mutuamente mantener bien encaminadas sus prioridades.

Al principio de nuestra relación, mucho antes de que comenzáramos a hablar de matrimonio, Todd y yo reconocimos que mantener este equilibrio iba a ser muy difícil para él. Una noche, cuando nos sentamos en la escalera exterior de mi apartamento, Todd me explicó el porqué su familia se mudó de California a Wheaton y algunos de los sacrificios que su papá hizo por su trabajo durante años.

—Muchas de las mudadas de mi familia eran necesarias debido a las oportunidades de trabajo de papá —concluyó Todd.

Me quedé sentada en silencio por unos minutos y luego dije:

—No sé tú... pero yo no sé hacia dónde va esta relación, pero si tú y yo terminamos juntos, no vamos a tener ese nivel de compromiso a un trabajo. No quiero mudar a mi familia para todas partes por un trabajo a menos que sea absolutamente necesario.

—Eso es válido —replicó Todd—. En realidad, quiero mantenerlo todo en equilibrio.

Respetaba el trabajo inmensamente ético de Todd y reconocía que era parte integral de su éxito, pero veía también las banderas rojas que a veces se levantaban por el lado compulsivo de su personalidad. Sus metas profesionales y sus expectativas eran sus mayores aliados, pero también sus grandes enemigos. En ocasiones podía ser poco realista en su manera de pensar: *Puedo hacerlo todo. Puedo tener un gran éxito en los negocios y seguir siendo el esposo, el padre y el amigo que quiero ser.*

Luchamos con su deseo de mantener un equilibrio real, no solo *diciendo* que otras esferas de la vida fuera del trabajo eran importantes, sino *viviendo* en verdad como si los asuntos de trabajo no importaran realmente. ¿Qué debíamos hacer para que esto fuera posible?

A veces me enojaba cuando el péndulo oscilaba mucho más para el lado del trabajo y se descuidaba el de la familia. Cuando trataba el problema con él, se echaba las culpas. «Solo soy un tonto y, en realidad, no manejo bien las cosas». Durante algún tiempo, hacía un esfuerzo consciente para darle más al hogar y dejar su trabajo en la oficina, no de forma literal, sino mentalmente también. Sin embargo, a Todd le resultaba difícil desconectarse, incluso cuando estaba en casa conmigo o en el patio jugando con los niños.

Durante los cinco primeros años de nuestro matrimonio, Todd estaba muy orientado hacia su éxito, nunca se desprendía por completo de su trabajo. Se llevaba su computadora a cualquier parte que iba. Incluso, llevaba su teléfono celular a la playa para hablar de negocios con sus clientes, mientras que aparentemente descansaba en las vacaciones con su familia.

—¡Un momento! —le dije—. Eso hace que los niños y yo creamos que no te importamos lo suficiente porque estás todo el tiempo con tus llamadas telefónicas.

—Ah, Lisa, lo siento. Sabes que no es así.

—Sé que no sientes de esa manera, Todd, pero así es como lo creo yo.

Luego, en junio, a los treinta años de edad, cerró un gran negocio, siempre soñó con eso. Durante algunas semanas estuvo alborozado. Lo encontraba sonriendo y sabía exactamente en qué estaba pensando. Aunque, varias semanas más tarde, después que desaparecieron las cálidas y deslumbrantes palmaditas en las espaldas y callaron los bulliciosos elogios, volvió a tener que desempeñarse de nuevo en el mundo de «qué hiciste últimamente». Todd se dio cuenta de que hacer dinero era maravilloso, pero no la suprema satisfacción. Ahora la presión del trabajo era incluso mayor; tenía que trabajar mucho en un intento de llegar a su más alta meta. El estrés en los dos aumentó de manera considerable.

Uno de los tiempos de mayor estrés vino unos meses más tarde, en octubre de 1999, poco después del nacimiento de Drew. Durante los últimos meses de mi embarazo, Todd salía casi todas las noches y cada semana. Tenía que ir y venir de Carolina del Norte, donde tenía un cliente con el cual estaba decidido a hacer un gran negocio. Todd hacía todo lo que fuera necesario para que el cliente estuviera contento.

«Tengo que estar allí, Lisa», me decía Todd. «Tengo que ir allá y lograr hacer este contrato».

No quería escuchar ninguna alternativa. No quería tratar de trabajar algo mediante llamadas en conferencia, ¡y renunciar a la cuenta era inconcebible!

Por primera vez desde que nos conocimos, estaba extremadamente desviado. A pesar de su juventud, siempre había sido un hombre de buen juicio y sabiduría, pero ahora simplemente hacía decisiones tontas. Un fin de semana de ese octubre, Todd acababa de regresar de un viaje de una semana entera. Cuando me dijo que tenía que irse de nuevo otra semana, exploté.

«Esta no es la manera en que quiero vivir mi vida y creo que tampoco es la forma en que debas vivir la tuya. Tus prioridades están por completo desenfocadas. ¡Necesitas ir a alguna parte y evaluar por qué te comportas de esta manera!»

Todd se fue enojado y yo me sentí horrible. Sabía que no podía controlar mi enojo; ni le dije a Todd lo que en verdad sentía mi corazón: que lo amaba y que necesitaba que estuviera más con nosotros.

Este era nuestro patrón: quería hablar con él acerca de sus viajes y su horario de trabajo, pero ya él estaba haciendo las maletas para su próximo viaje. De modo que le grité y él se retiró en silencio y de mal humor. *¡Eso fue de mucho bien!*, pensé. Por lo tanto, esta vez decidí tratar un método diferente. Un día, mientras David dormía la siesta, me senté y le envié un correo electrónico. Incluí una encuesta sobre nuestras expectativas y deseos para balancear el trabajo y el hogar. «Llena esta encuesta», le dije, «y ya hablaremos cuando regreses a casa».

La encuesta incluía preguntas tales como estas:

- ¿Cuántas noches deseas estar en casa para la cena todas las semanas?
- ¿Cuántas horas vas a pasar trabajando en casa cada noche o en los fines de semana?
- ¿Cuántas noches, o el promedio, vas a salir cada mes?
- ¿Cuántos días vas a pasar de vacaciones?
- ¿Con cuánta frecuencia vas a llamar a casa cuando estás en camino?
- ¿Qué tipo de cosas vas a hacer si tu horario exige cambios de último momento?
- ¿Con cuánta anticipación me vas a informar de tu plan de viajes?

Traté que el cuestionario fuera bien concreto. Sabía que no podíamos resolver todas las cosas, pero me daba cuenta de que si arreglábamos algunas, los dos nos sentiríamos más felices.

Al regresar Todd a la casa, ya tenía llena su encuesta y yo la mía. Fue increíblemente revelador comparar nuestras respuestas. Por ejemplo, él dijo que estaría en casa tres noches a la semana; yo dije que debían ser cuatro. Acordamos que fueran tres. Tal y como resultó, la encuesta fue algo que ataría a Todd. Ahora, contaba con un calibrador por el que podría medirse, un blanco para disparar, más que un concepto nebuloso para tratar de ser un mejor esposo y padre.

Hicimos algo semejante con cada pregunta. Algunas soluciones de Todd me hicieron sonreír y amarlo incluso más. Por ejemplo, dijo que si inevitablemente cambiaba su horario, obligándolo a llegar tarde a casa, peor aun, faltando a una actividad familiar, se pondría una multa, ¡y que el dinero iría a una cuenta para las vacaciones de la familia!

A medida que adelantábamos en la encuesta, se hizo evidente para nosotros que había demasiado, eliminando asuntos que daban pie a que Todd se sintiera obligado a trabajar excesivamente y a descender mucho de su autoestima por su trabajo. ¿Cuáles eran? ¿Y cómo podríamos resolverlos? En un esfuerzo por clasificar esas cosas, Todd estuvo de acuerdo en establecer algunas sesiones con un consejero profesional del personal en nuestra iglesia. Aun así, esto se convirtió en parte de nuestro dilema. ¡Ahora tenía que encontrar el tiempo para reunirse con el consejero!

Todo estuvo a punto de venirse abajo, cuando el cliente para quien él estaba haciendo hasta lo imposible llamó al jefe de Todd y le pidió algo más para que pusiera en la cuenta. Deseaban contar con alguien dentro de la organización para que estuviera allí en el acto y que Todd no tuviera que volar hacia allá por unos pocos días a cada momento.

Para mí esto fue una respuesta a la oración, pero esto golpeó un poco su confianza. Estaba devastado. Lo intentó muchísimo, pero sus mejores esfuerzos no fueron lo bastante buenos. Para una persona orientada al rendimiento, el prototipo de la acción que está acostumbrado a que las cosas pasen, este fracaso fue un gran golpe para su orgullo. Le llevó tiempo darse cuenta de que la caída del negocio fue en realidad una bendición: un momento decisivo en nuestro matrimonio y en nuestro punto de vista sobre la vida.

Todd y yo planificamos un «día de retiro» en un parque, donde los dos pudiéramos ir a sentarnos a descansar y hablar sobre qué estábamos haciendo, por qué lo hacíamos y qué deseábamos que fuera nuestra vida. Fue un tiempo de definición para los dos. Queríamos restablecer nuestro rumbo mediante una verdadera brújula, antes que con una que no estuviera en muy buen estado. Más tarde, él dijo: «Comencé a darme cuenta de que no importa cuán bien quieras hacer las cosas para un cliente, a veces esto se escapa de mi control. Sacrifiqué las cosas más preciosas para mí, la familia y mi relación con Dios, por algo que no importa y que no tiene sentido».

Antes de que se cayera el contrato en octubre, un extraordinario sentido de libertad nos invadió. La vida en torno al lugar de los Beamer era mucho más sosegada a medida que se acercaba el nacimiento de nuestro segundo bebé en febrero. Cuando nació Drew, Todd estaba mucho con nosotros. Encontró las maneras de concluir el trabajo en su oficina en casa, de modo que tenía más tiempo para estar con los niños y conmigo.

Estábamos progresando, pero el verdadero cambio no fue de un día para otro. Después que nació Drew, los dos nos dimos cuenta más que nunca de que en verdad estábamos en la misma página con relación a lo que queríamos de la vida. La clave era establecer primero las expectativas prácticas y luego hacer lo que fuera para lograr que las prioridades a las que nos comprometimos se convirtieran en realidad. Esto ayudó inmensamente a Todd a darse cuenta de que había algunas esferas que *podía* cambiar, que no estaba atado a hacer cosas de la manera en que las hizo en el pasado. Quizá, sobre todo, fue que vio la verdad: «Esta es ahora la verdadera vida. No voy a comenzarla a vivir después que logre algunas metas más o tenga algunos dólares más en el banco. La voy a vivir hoy. Mi esposa y mis hijos están aquí ahora, así que no quiero decir: "Solo mantendré este horario hasta que algo catastrófico ocurra y luego seré la persona que quiero ser". Esta es la única ocasión que tengo, así que es mejor descubrir lo más importante y luego hacerlo».

Al final, Todd incluso asistió a algunas sesiones con el consejero de la iglesia y habló algo sobre las razones que según él lo impulsaron tanto hacia el éxito. Salió con una percepción renovada de que su autoestima no depende del éxito financiero ni del éxito de su carrera. Esto se basó en la sencilla verdad de que Dios lo creó con un valor intrínseco, y que sin tener en cuenta su desempeño, Dios lo amaba y valoraba como *Todd*, no como un vendedor estrella de programas de computadoras, ni como el mejor esposo, padre y amigo del mundo, ni siquiera como una persona muy espiritual.

A medida que comprendíamos más acerca de la gracia de Dios, nos dábamos cuenta de que para él no teníamos que ser perfectos para que nos amara. Nunca tuvimos todas las verdaderas respuestas ni actuamos a la perfección. Esto parece sencillo para algunas personas, pero para nosotros, ¡esto era verdaderamente una revelación espiritual liberadora!

El cambio vino poco a poco, pero llegó. No mucho después Todd tuvo un éxito mental a toda costa. Al principio de su carrera, decía a menudo: «Lisa, no tengo otra opción. Tengo que trabajar hasta tarde; debo estar en esa reunión».

Sin embargo, cuando hablábamos ahora de esas cosas, le recordaba con amabilidad: «No, tú no eres un esclavo, Todd. Tú puedes tomar decisiones».

«Ya estoy avisado», decía él con una leve sonrisa. Por lo general, interiorizaba mis valoraciones, procesándolas por un rato, y luego ponía a su familia por encima de su trabajo.

Claro, seguía con sus teléfonos celulares,

su computadora y su ordenador de mano como sus mantas de seguridad. Sin embargo, de vez en cuando advertía una nota de sus acostumbradas «fechas solo para negocios» en las que decía: «Enviar flores a Lisa», o «Almorzar con los niños». Más importante aun, programó una alarma en su ordenador de mano para que sonara todos los días a las cinco y treinta de la tarde, para recordarle que tenía que finalizar el trabajo de modo que pudiera pasar el tiempo suficiente cada noche con los niños y conmigo. Todd no hablaba mucho de cuánto nos quería; nos lo *demostraba*.

En maneras palpables, él llevó sus nuevas prioridades al corazón. Le ofrecieron un codiciable cargo de gerente en Oracle, pero lo rechazó a fin de tener más control de su horario. Como cualquier compañía de negocios, Oracle está en un medio altamente competitivo y obtener sólidos compromisos de sus empleados es parte del éxito de la compañía. Todd seguía corriendo la «milla extra» típica de un empleado. Sin embargo, por primera vez, comenzó a establecer límites alrededor de nuestra vida en casa que incluso su trabajo no podía usurpar ni intentar cruzarlos.

Todd apreciaba sobre todo el aliento que recibía de los desayunos los viernes por la mañana con los hombres, quienes lo retaban a mantener el adecuado equilibrio en su vida. Lo comprendió mejor a través de *The Seven Seasons of a Man's Life* [Las siete etapas de la vida de un hombre] de Patrick Morley, un libro que el grupo usó para estimular las discusiones. En él, Morley afirma:

> Quizá los hombres trabajen demasiado duro debido al temor, debido a sus valores, porque gozan egoístamente del trabajo o porque esperan escapar del conflicto en el hogar. Tal vez siguen procurando ganar la aprobación de sus padres. Cualquiera que sea la razón, no es racional.[1]

Todd subrayó la cita y después numeró sus principales razones personales para trabajar tanto. En el número uno colocó el temor. En segundo lugar puso que disfrutaba verdaderamente su trabajo. Y en tercer lugar, que deseaba agradar a su padre.

El temor al fracaso era definitivamente la

---

[1]Patrick M. Morley, *The Seven Seasons of a Man's Life* [Las siete etapas de la vida del hombre], Zondervan Publishing House, Grand Rapids, MI, Zondervan, 1997, p. 79.

Némesis de Todd; deseaba saber que era el mejor. Quería ganar y casi siempre lo lograba, ya fuera en un partido de ping-pong en la casa de su abuela, un juego de *softball* en la iglesia o en su trabajo. ¡Y le encantaba trabajar! Para Todd, su trabajo no era penoso. Esperaba con ansias levantarse e ir para el trabajo todos los días. Disfrutaba tanto lo que hacía que le resultaba fácil extralimitarse en él. «Necesito hacer algunas llamadas», decía al entrar en su oficina. «Las haré en media hora».

Cuarenta y cinco minutos a una hora más tarde, tenía que golpear en su puerta. «Todd, se acabó el tiempo». A veces, le decía a David que fuera a buscar a su papá cuando estaba allí demasiado tiempo. David le decía: «¡Recoge, papá!» ¡Y Todd lo hacía!

El papá de Todd también tenía éxito en su carrera. Aunque Todd no competía con su papá, en su mente era el modelo del éxito que Todd buscó en un principio. Encontraba inspiración en su padre y disfrutaba al demostrarle que podía cerrar un gran contrato.

Lo que hizo diferente a Todd de muchos trabajadores compulsivos fue que reconoció sus tentaciones y dio pasos para evitarlos. Se quitó de encima el «éxito tonto» y lo lanzó. Luego hizo suyo otro principio de Morley y lo usó como vara de medir para que le ayudara a mantener a raya su trabajo y sus prioridades en orden: «El fracaso significa tener éxito en una manera que en verdad no importa».[2] Ese fue el último libro que surtió efecto en Todd a través del grupo de los desayunos de los viernes y quizá fue el más importante.

■ ■ ■ ■

En 1999, durante las vacaciones de Navidad y Año Nuevo, visitamos, como casi siempre lo hacíamos, las familias de Todd y la mía. Cuando estábamos con mi familia, solo por divertirnos, cada uno escribió una evaluación de dónde estábamos en nuestras vidas, nuestras metas para el próximo año y nuestras metas a largo plazo para los siguientes diez, veinte y treinta años. Todd escribió que en veinte años planeaba ser presidente de su propia compañía: «Beamer Enterprises» [Compañías Beamer], viviendo a orillas de un lago en Carolina del Norte y trabajando en casa. En treinta años deseaba ser vicepresidente ejecutivo de operaciones de una compañía que él y mi hermano menor, Jo-

---

[2]Morley, 84

197

nathan, comenzarían: «Brosious Enterprises» [Compañía Brosious]. Pronosticó que tendríamos tres hijos para 2010 y seis nietos en 2030. Fue muy divertido escribir nuestras metas para el futuro. Incluso creamos una «cápsula del tiempo» que planificamos abrir en la época de Año Nuevo de 2010. Cada uno colocó en la cápsula nuestras predicciones para el futuro y algunas cosas de interés personal. Por ejemplo, puse en una predicción que Todd y yo tendríamos tres hijos y seguiríamos viviendo en Nueva Jersey. *El mayor cambio en el mundo, dije, será la regulación de la industria de mercadotecnia de modo que no habrá más molestas llamadas de mercadeo en casa durante las comidas.*

Cada uno de nosotros puso en la cápsula algunas cosas representativas de nuestras vidas durante la década de 1990. Por nuestra familia, pusimos un boletín de la iglesia; yo puse un pañal desechable, un recibo de la tienda de comestibles y un libro de nombres de bebés. Como algo representativo de su vida en la década de 1990, Todd contribuyó con una camisa de Oracle y un teléfono celular. El teléfono celular se consideraba la tecnología más moderna de finales del siglo XX y nosotros esperábamos con ansias compararlos con los últimos y extraordinarios aparatos que vendrían en el futuro.

También escribimos algunas de nuestras cosas favoritas. Los músicos favoritos de Todd eran Tim McGraw, Alan Jackson, y Garth Brooks. Sus canciones favoritas: «(I've Got) Friends in Low Places» [Tengo amigos en los lugares bajos] y «The Dance» [El baile].

Su película favorita era *A River Runs Through It* [Un río que pasa rápidamente]. Todd y yo vimos la película antes de comprometernos oficialmente, poco después murió el padre de un amigo. Nunca antes Todd había experimentado tan de cerca la muerte. Aunque a los once años de edad vio a su mamá atribulada por su primo, Jerry Workman, quien murió a los cuarenta y un años de edad, la muerte no le había tocado tan de cerca en su vida. Sin embargo, como Todd observó a su compañero de cuarto enfrentando la muerte de su padre, se puso a llorar.

Esta película gira en torno a las relaciones de dos hermanos, uno de los cuales muere, y un papá. Todd vio la película varias veces y en cada oportunidad las lágrimas brotaban de sus ojos al reconocer la importancia de las relaciones de calidad y la fragilidad de la vida.

Quizá ese fue el porqué, cuando escribimos lo que más desearíamos, Todd escribió: «Pasar más tiempo con los niños y con Lisa».

Teníamos encima el año 2000. Era el fin de una era y algunas personas decían que era el principio del nuevo milenio... dependiendo, por supuesto, de cómo se calculara. Nosotros nos reíamos muchísimo y hacíamos comentarios jocosos a medida que depositábamos nuestros artículos en la cápsula del tiempo. Tenía un sentimiento extraño según hacíamos esto. Se me ocurrió que era bastante probable que uno de nosotros muriera antes de que abriéramos la cápsula del tiempo. No estaba deprimida, solo pensaba de manera realista. No dije nada al recorrer con la mirada la habitación hacia mi preciosa mamá, la más probable candidata. Luego, sacudí la cabeza, pasando de nuevo a la alegría de la celebración. Sin embargo, los pensamientos continuaron acosándome: *Me pregunto si uno de nosotros no va a estar aquí...*

12

LA REALIDAD
DEL SUEÑO

EN EL AÑO 2000 comenzamos la construcción de la casa de nuestros sueños... bueno, ¡al menos era así para nosotros! Nuestra antigua casa en Hightstown nos había servido muy bien, pero ahora con dos chicos que crecían, necesitábamos más espacio y un patio donde los niños pudieran jugar con seguridad. Encontramos un terreno en Cranbury, Nueva Jersey, solo a diez minutos aproximadamente de nuestra antigua casa y construimos una nueva y espaciosa casa con una distribución abierta, gran cantidad de ventanas y de un sótano que Todd quería y lo hizo.

—*Necesitamos* un sótano —dijo con mucho dramatismo a medida que establecíamos los planos para nuestra casa.

—¿Por qué necesitamos un sótano, Todd? Es solo un lugar para acumular trastos.

—¡Exactamente! ¿Y en qué otra parte vas a ponerlos si no tienes un sótano?

—Está bien, Todd —me rendí finalmente—, si quieres un sótano, podemos tener uno.

De todas maneras va a estar debajo de la casa, pensé, *¿Por qué me voy a preocupar? Yo nunca bajaré allí.*

Construimos el sótano y, como era de esperar, Todd tenía razón. Necesitábamos el sótano, aunque nunca me hubiera imaginado el tipo de cosas que acumulamos allá abajo.

Nos mudamos a nuestra nueva casa en el verano del año 2000. Todd no solo logró su sótano, sino también su «cuarto Beamer», una oficina donde podía apartarse del mundo. Los niños tuvieron su patio, con un «fuerte» de madera y un juego de columpios. ¿Yo? Tuve una espaciosa cocina, un lugar en el que nuestra familia podría comer, hablar y reír. Tenía pisos de madera dura y una claraboya, todo lo cual se completaba con flores frescas y muebles de mimbre, donde podría sentarme y disfrutar un momento de tranquilidad de vez en cuando.

Cuando Todd le preguntó a mi mamá, una talentosa artista, si podía venir y pintar un mural en una sección de la pared de su oficina, ella aceptó gustosamente.

Puesto que era un triunfador hombre de negocios con una apreciación por las cosas más refinadas de la vida, era de esperar que Todd pidiera algunas escenas esotéricas en la pared de su oficina... algo que adecuadamente connotara el lado erudito de su personalidad.

¡Qué va! Para Todd, no. Le pidió a mi mamá que pintara un mural de Michael Jordan marcando el tanto final como un miembro de los Toros de Chicago. ¡Y mamá lo hizo! Allí, en la pared de su oficina, está una maravillosa interpretación de Michael en el aire, sin quitar ninguna de las insignias, llevando el número 23 y tirando la canasta final de su carrera en el equipo, con una multitud de fanáticos de Chicago que lo miran. Mamá incluso añadió un toque especial solo para Todd. Abajo, en primera línea, a la derecha de la pizarra de anotaciones, pintó cuatro caras conocidas: Todd, David, Drew y yo. En realidad, no estábamos esa noche en la concurrencia, pero sin duda lo sentimos cuando mamá nos pintó.

Nos encantaba nuestra nueva casa, sobre

todo porque nos permitía sentarnos fuera en una noche de verano, después que los niños se iban a la cama, sin oír nada, sino la quietud. Una de esas noches tuvimos una conversación acerca de cuán buena era nuestra vida y cuán afortunado éramos, no solamente porque teníamos bienes materiales, sino porque éramos ricos en valores intangibles de la vida. Estábamos profundamente enamorados; estábamos aclimatados a la tormenta sobre su horario de trabajo contra el tiempo de nuestra familia; y prosperábamos física, emocional y espiritualmente. Desarrollamos una profunda confianza mutua, así como también una buena disposición a ser sensibles el uno con el otro.

Teníamos dos niños maravillosos y una magnífica familia extendida. Tomábamos divertidas vacaciones, incluyendo viajes para acampar con los niños en Cabo Cod, las montañas Catskill y Carolina del Norte. Teníamos queridos amigos y una iglesia afectuosa en la que estábamos activos. En verdad, ¡éramos fabulosamente ricos! ¡La vida no podía ser mejor!

■ ■ ■ ■

En junio de 2001, Todd y yo descubrimos que esperábamos otro bebé. Siempre abrigábamos la esperanza de tener tres hijos, algún día, pero este embarazo nos tomó por sorpresa. Nuestro tercer bebé debía nacer a mediados de enero de 2002. Cuando le dijimos a David que íbamos a tener otro bebé, él señaló a Drew y dijo: «¿Por qué? ¡Ya tenemos uno!»

■ ■ ■ ■

Ese verano Todd se encontraba enfrascado en otra meta, solo que en esta participábamos los niños y yo. Deseaba llevar a los niños a cada estadio de las Grandes Ligas de béisbol en el país. Nosotros comenzamos bien durante el verano de 2001, asistiendo a los juegos en el estadio Shea y el de los yanquis en Nueva York y en el parque de los Orioles en Camden Yards de Baltimore. A mi familia le encantaban los yanquis y a Todd los Cachorros de Chicago, pero por alguna razón imposible de explicar, nuestro hijo David desarrolló una afinidad con los Mets de Nueva York. Fuimos al estadio Shea para ver el partido de los Mets contra los Cachorros. Aunque no se ajustaba a sus lealtades al equipo, Todd le compró a David un casco de bateo de los Mets.

¡David estaba extasiado! En todo el camino a casa bromeaba con Todd: «Mis Mets derrotaron a tus Cachorros, papá! ¡Mis Mets derrotaron a tus Cachorros!»

Nos mantuvimos muy ocupados todo el verano de 2001, yendo al cabo Cod en agosto, así como a la fiesta de aniversario en la casa de sus tíos Bonnie y Rick en Washington, D. C. Al principio, la hermana mayor de Todd, Melissa, y su esposo, Greg, no creían que podrían viajar todo el fin de semana desde su casa en Michigan. Sin embargo, Todd los llamó y les dijo: «Tienen que venir. Ya les ordené los boletos para ustedes usando la recompensa que me dan por tener tantos kilómetros de vuelo». De modo que Melissa y Greg hicieron nuevos planes y vinieron.

Fue la primera vez en ocho años que todos los miembros adultos de la familia Beamer estaban juntos sin hijos que distrajeran nuestras conversaciones. En retrospectiva, es simple ver ahora que esa reunión se concertó de manera providencial.

El 24 de agosto, al regresar de la fiesta, estuvimos en Baltimore para ver a los Orioles. El gran Cal Ripken había anunciado su retiro al final de la temporada, y Todd quería ver jugar a Cal por última vez. Cuando vi a Todd, David y Drew caminando delante de mí hacia la puerta de entrada del parque de los Orioles, me sentí impulsada a tomar una foto de la escena. Era una magnífica foto de los tres, tomados de la mano, entusiasmados por pasar juntos unas pocas horas en el juego de béisbol. Nunca me habría imaginado que esa foto se convertiría en un tesoro para nuestra familia.

El siguiente fin de semana, el primero de septiembre, visitamos a Keith y Sandy Franz y sus hijos en su casa en Elizabethtown, Pensilvania. Mientras los hombres jugaban wiffle ball con los niños en el patio, Sandy y yo nos sentamos en el fondo del patio, hablando acerca de mi actual embarazo.

«¿Te entusiasma tener otro bebé, Lisa?», preguntó Sandy.

«En realidad, lo estoy», dije. Veía a Todd y Keith riendo y jugando con los niños. «Todd es un padre magnífico. En cuanto atraviesa la puerta de entrada, ¡los niños salen corriendo como un cohete! "¡Papá está en casa!" Ellos simplemente lo aman. Todd no hace las cosas que se suponen que hagan los padres, solo porque se considere que debe hacerlo; él las hace porque ama de todo corazón a nuestros niños».

A medida que recogíamos para salir esa tarde, les dijimos a Keith y Sandy que íbamos a salir de la ciudad la semana próxima para ir a Roma en un viaje de premio de Oracle. Todd consideró que era maravilloso que Keith y Sandy fueran con nosotros en una de esas excursiones nuestras. «Necesitamos vernos más a menudo», insistió Todd. «Estas veinticuatro horas de viaje son muy pocas. Algún día tenemos que ir de vacaciones juntos».

■ ■ ■ ■

De regreso al hogar, Todd comenzó una dieta de «Cuerpo para la Vida» y un programa de ejercicios con nuestro amigo Doug MacMillan. Últimamente, él se daba cuenta de su peso. Era un hombre alto, alrededor de un metro ochenta centímetros, así que su peso en la universidad «jugaba» en los ochenta y dos kilos. Sin embargo, en los últimos tiempos, la balanza giró en cerca de noventa y un kilos. Se veía y sentía espectacular, y se mantenía activo jugando en el equipo de *softball* de la iglesia, pero había perdido un poco el tono muscular que una vez disfrutaba cuando era un atleta. «Tengo que volver a estar en forma», se lamentaba cuando se miraba en el espejo del baño y se veía un poco grueso.

Unos meses antes, descubrió el programa «Cuerpo para la Vida» por un amigo de la universidad que le mandó unas fotos suyas por un correo electrónico, en las que se veía antes y después de hacer la dieta. Todd quedó impresionado por los resultados y decidió comprar el libro y aceptar el reto. Pensaba que sería un excelente régimen de doce semanas. Esto era perfecto para alguien como Todd, alguien que lidiaba con hojas de cálculos, metas específicas y que monitoreaba los resultados. Deseaba un ordenado y disciplinado método para ponerse en forma. En verdad, estaba muy entusiasmado por este nuevo programa. Es más, antes de nuestro viaje a Roma, realizó toda una serie de hojas de cálculos enumerando sus ejercicios diarios y planificando a conciencia sus alimentos y régimen de ejercicios, incluyendo las recetas (que me las daba para que se las preparara) de las comidas que podía ingerir. Todd y Doug planearon comenzar su programa de dieta y ejercicios a principios de ese verano, pero como estuvimos fuera de casa mucho tiempo, fue difícil mantenerlo con regularidad. Siempre venía algo que lo interfería.

—De acuerdo —anunció Todd—. Vamos a estar fuera mucho tiempo durante el verano, así que comenzaremos la primera semana de septiembre.

—¡Esa semana nos vamos para Roma, Todd! No creo que quieras empezar una dieta precisamente antes de salir de vacaciones —bromeaba—. Prepárate para el éxito. ¿Por qué no empiezas después que regresemos?

—Buena idea —dijo Todd—. Escucha lo que te digo. Estaremos en Roma durante la primera semana de septiembre, así que una vez en casa, comenzaré la nueva dieta. Déjame ver, comenzaré el... once de septiembre.

13

VACACIONES ROMANAS

—TODD, NO VAS A llevar a Roma esa computadora junto con nosotros.

—Claro que sí.

—No, no lo vas a hacer.

—Es que a lo mejor tengo que comunicarme con alguien...

—Todd, nosotros vamos de vacaciones... días libres... descanso... expansión emocional... diversión... ¿recuerdas?

Esta era nuestra «pelea» común antes de las vacaciones, ¡Todd luchando por desconectarse del trabajo y yo tratando de asegurarme de que lo hiciera! Ya ninguno de los dos tomaba muy en serio esas peleas; casi llegaron al extremo de ser divertidas. Las buenas nuevas eran que Todd se acostumbró a mis revisiones de «seguridad» de último minuto y casi siempre dejaba a propósito la computadora detrás. Solo necesitaba recordármela.

«De acuerdo, de acuerdo», admitía al final, «pero vamos a tener una larga noche cuando regresemos a casa. El lunes por la tarde tengo que tener listo mi trabajo para el viaje a San Francisco».

Asentí con la cabeza, pero no me atrevía a mostrarme demasiado compasiva con la penosa situación de Todd ni de verlo de nuevo abrazando el maletín de la computadora.

Salimos hacia Roma junto con más o menos otros quinientos empleados e invitados de Oracle, incluyendo a Stan y Kathleen Ueland y Jonathan y Jana Oomrigar. Stan vivió en la habitación contigua a la de Todd en la universidad de Wheaton, y él y Kathleen se casaron poco después de la graduación. Todd ayudó a Stan a poner un pie en la puerta de Oracle y, desde entonces, lo inspeccionaba sin hacer alardes, dándole consejos siempre que él se los pedía y cuidándolo como un hermano mayor. Nunca antes había visto a Kathleen, pero ella estaba embarazada de su segundo hijo, así que teníamos un montón de cosas en común.

Jonathan Oomrigar trabajaba en las oficinas de Oracle en California y era una de las personas favoritas de Todd en la compañía. Yo no conocía a los Oomrigars, pero había escuchado muchas historias de las «hazañas» de Jonathan y Todd en algunos de sus viajes de negocios a Israel, Tokio y por todo Estados Unidos. Una de sus historias favoritas era una sobre la vez que asistieron a una formal y tradicional cena de negocios al estilo japonés en Tokio. Tuvieron que estar sentados en el piso por horas y, al final de la cena, después que casi ni se sentían las piernas, Todd se levantó lentamente. Sin embargo, cuando se agachó para ponerse los zapatos, se le rompieron los pantalones del traje. ¡Indudablemente impresionó bastante a sus anfitriones japoneses!

Los viajes de Oracle siempre combinaban los negocios con el esparcimiento, así que junto con sus demás representantes, todas las noches que estuvimos en Roma nos convocaron para cenas especiales de la compañía. Durante el día andábamos por nuestra propia cuenta, así que los Oomrigars se nos unieron para explorar varias partes de la ciudad, incluyendo una visita al Vaticano. En mis tiempos libres en Roma, estuve leyendo sobre el libro de Ester en la Biblia. Tenía programado dirigir en la iglesia un estudio sobre el tema cuando regresara a casa. Ester, una joven judía, se convirtió en reina de Persia. Debido a su posición y antecedentes, Dios la usó para ayudar a liberar a su pueblo, los judíos, de un siniestro complot para destruirlos. Un momento culminante en la historia vino cuando el pariente de Ester, Mardoqueo, la retó a que usara para bien la posición que tenía. Se le enfrentó con una fuerte exhortación de que Dios podía encontrar, y lo haría, a alguna otra persona que cumpliera su papel si ella se negaba a actuar con valor y encarar la maligna situación. «Si ahora te quedas absolutamente callada, de otra parte ... [Dios mandará] el alivio y la liberación para los judíos, pero tú y la familia de tu padre perecerán. ¡Quién sabe si no has llegado al trono precisamente para un momento como este!»[1]

Corriendo el riesgo de perder su vida, Ester dio un paso adelante e hizo el bien. Como resultado, se descubrió el malvado complot, se castigaron a los perpetradores y se salvó el pueblo de Ester. El tema principal de la historia es que Dios tiene el dominio y que a veces nos usa para bien en circunstancias que nunca hubiéramos escogido por voluntad propia.

A medida que leía mi guía de estudio so-

---

[1]Véase Ester 4:14.

bre la historia de Ester, llegué al pasaje sugerido para memorizar en la primera semana. Para mi sorpresa, este era Romanos 11:33-36, los mismos versículos de la Escritura que adquirió gran significado para mí después de la muerte de mi papá. *Esto es grandioso*, pensaba mientras leía de nuevo el pasaje. *Ni siquiera tengo que memorizarlo. Ya me lo sé:*

¡Qué profundas son las riquezas de la sabiduría y del conocimiento de Dios!
¡Qué indescifrables sus juicios
e impenetrables sus caminos!
«¿Quién ha conocido la mente del Señor,
o quién ha sido su consejero?»
«¿Quién le ha dado primero a Dios,
para que luego Dios le pague?»
Porque todas las cosas proceden de él,
y existen por él y para él.
¡A él sea la gloria por siempre! Amén.

Estas eran las palabras en las que debía centrarme a fin de prepararme para enseñar la lección cuando regresara al hogar la semana del 10 de septiembre. No fue hasta más tarde que me di cuenta por qué esas fueron las primeras palabras que Dios trajo de nuevo a mi mente.

El sábado 8 de septiembre, Todd y yo tomamos una excursión de un día a Florencia, la tierra natal de escritores y artistas creativos tales como Dante, Leonardo da Vinci y Miguel Ángel. Cuando visitamos la famosa estatua de mármol de David, que terminó Miguel Ángel en 1504, Todd compró una pequeña réplica de la estatua para llevarla al hogar para nuestro hijo David. «¡A David le encantará esto!», dijo Todd radiante.

Además de sus museos, galerías de arte, recargada arquitectura y antiguas estatuas, a Florencia también se le conoce como el paraíso de los amantes de las joyas. Todd y yo nos detuvimos a dar un vistazo a una pequeña joyería que estaba junto a una de las calles laterales, donde vi una bella pulsera de diamantes.

—Si estabas buscando un regalo especial para mí... —dije con una sonrisa.

Siempre quise tener una pulsera así y esta era una muy poco común, con una serie de diamantes con flores hechas de oro blanco. Era bellísima... y me encantaba. Sin embargo, ni Todd ni yo queríamos gastar tanto dinero en eso. Además, no teníamos manera de saber con seguridad si la pulsera valía lo que pedían los dueños de la tienda.

—Bueno, ¿la compramos? —preguntó Todd.

—Ah, no sé... —debatía.

Veía el lado práctico de Todd sobre el uso que le daría y me imaginaba lo que estaba pensando. *¿Cómo sabemos si son piedras verdaderas? ¿Cómo podemos estar seguros de que no es oro falso? ¿Qué pasaría si regresamos a casa y se la llevamos a un tasador, solo para descubrir que nos estafaron?*

Estábamos de atrás para adelante por el asunto de la pulsera.

—¿Te gusta? —preguntó Todd.

—¡Me encanta!

—¿Crees que debemos comprarla?

—No sé.

—Ya, me pregunto si esos diamantes son verdaderos. Se ven grandiosos según la perspectiva del dueño, pero no estoy seguro. ¿Lo estás tú?

—Estoy segura que es bellísima...

—Apostaría que ni siquiera es verdadero oro blanco...

—Parece bueno...

Estuvimos bromeando de aquí para allá por casi hora y media acerca de los méritos y riesgos de comprar la pulsera.

—En realidad, no quiero que se aprovechen de nosotros —me susurró Todd al oído fuera del alcance del dependiente.

Él no era ni tacaño ni de malos gustos. Para nuestro cuarto aniversario me compró unos bellos pendientes de diamantes. No, Todd quería asegurarse de que la pulsera era auténtica y que era un buen negocio. Al final, dije:

—Todd, este es el asunto. No tenemos forma de saber con seguridad si este es un buen negocio. No vamos a saber más de lo que sabemos ahora. Si no quieres comprarlo, no hay problemas conmigo. Si lo haces, solo debes hacerlo por fe.

Compramos la pulsera.

No se ajustaba en nada al carácter de nosotros, pero lo hicimos. Hoy, esa pulsera es una de mis más preciadas posesiones... ¡y nunca la he llevado a tasar! Quizá sea una bisutería, por todo lo que sé, pero para mí es de gran valor.

■ ■ ■ ■

El domingo, Todd y yo contemplamos las ruinas alrededor de Roma, incluyendo el Coliseo, el antiguo anfiteatro donde los leones o los gladiadores despedazaron a muchos de los primeros cristianos.

Era duro imaginar a los hombres que fueron tan crueles con otros seres humanos, pero esto era un sombrío recuerdo del precio que muchos hombres y mujeres tuvieron que pagar por la fe y la libertad que damos por sentado.

Todd estaba especialmente fascinado por las ruinas desde el punto de pista arquitectónico. Le impresionaba que las personas de la Roma antigua hubieran construido tales increíbles estructuras sin la ayuda de nuestra tecnología y nuestros equipos modernos de construcción.

Tomamos un descanso en la excursión para disfrutar alguna pizza en un café que estaba junto a la calle y luego nos sentamos junto a una fuente para refrescarnos con un helado de chocolate. A pesar de la esplendida belleza de Italia, nuestra parte favorita del viaje fue el helado. Al menos nos sirvieron uno todos los días del viaje. Recordando esos días, Todd se dio gusto tomando helados esa semana. ¡Estoy contenta de que lo hizo!

Tomamos un montón de fotos, la mayoría de Todd frente a las ruinas, y esa tarde regresamos a nuestro hotel cansados, pero felices. Oracle patrocinó una cena de etiqueta esa noche. Fue una hermosa noche y una encantadora forma de finalizar el viaje. Todd y yo nos despedimos de los demás, luego nos retiramos a nuestras habitaciones, mientras seguía la fiesta, porque nuestro vuelo era para las primeras horas del siguiente día.

Dejamos a Roma a las cuatro en punto del lunes por la mañana e hicimos nuestros mejores esfuerzos para descansar durante el transatlántico vuelo de todo un día. Aunque Todd vestía ropa casual, con sus pantalones de gimnasia, su camiseta y gorra de béisbol, le dije que podía desconectarse de su «modalidad de vacaciones». Le daba vueltas en la cabeza a lo que tenía que hacer cuando llegara al hogar y durante la semana laboral que le esperaba.

Como ahora era habitual, discutimos los planes de viaje de Todd y su itinerario, especialmente su próximo viaje a San Francisco. El viaje parecía más inofensivo que el nuestro a Roma; ahora, a bordo de un jet hacia la casa, el viaje de noche parecía más bien atemorizante.

Todd tenía una importante reunión con representantes de la Corporación Sony, para quienes estuvo trabajando en un gran proyecto. Tenía planeado tomar un vuelo a primera hora hacia Newark el martes por la mañana y llegar a la costa oeste alrededor del mediodía. Tenía programada una reunión ese día a la una de la tarde en San Francisco y una cena de negocios esa noche, después de la cual planeaba regresar a casa en el último vuelo.

Cuando mencionó por primera vez ese viaje relámpago, me sobresalté. Sin embargo, sabía que este viaje era más bien irregular que normal. Por los dos años anteriores, Todd y yo estuvimos extremadamente bien en cuanto a nuestra comunicación sobre las responsabilidades y las prioridades del trabajo. Por lo general, lo había retado a que reconsiderara las posibilidades, buscando alternativas, cuando surgía algo que no tenía mucho sentido o que provocara un severo estrés en Todd.

Casi en el último momento le preguntaba: «¿Por qué haces esto? ¿Cuáles son las opciones? ¿Necesitas, en verdad, estar en esa reunión? ¿Podrías poner una nueva fecha?» Todd apreciaba mis retos y, a menudo, consideraba muy bien las opciones que nos ahorraban un montón de trifulcas.

Sin embargo, en cuanto al viaje del 11 de septiembre, no quería interrogarlo, en parte porque otra persona convocó a la reunión inesperadamente, y en parte porque no quería molestar a Todd durante las vacaciones. Aparte de eso, sabía que la reunión era importante, que los ejecutivos de la Sony volaban desde Japón, los jefes de la dirección financiera de Oracle iban a asistir y que estaba por completo fuera de las posibilidades de Todd volverla a programar.

—¿Cuándo regresarás a casa esta semana? —le pregunté.

—Ah, esta va a ser una semana realmente muy mala —dijo Todd con suavidad—. Ni siquiera espero que sea el fin de semana. Ahora mismo quisiera que fuera el sábado.

La declaración de Todd me tomó por sorpresa. Ya tenía planes para este fin de semana. Pensaba salir a pasear en bicicleta con los niños en un parque estatal cercano. Sabía que Todd lo esperaba con ansias, pero casi siempre era demasiado positivo y entusiasta en cuanto al trabajo, incluso cuando los retos estaban en la lejanía.

—Solo tengo que esperar que pase esta semana —dijo Todd de nuevo, casi más para él mismo que para mí—. Tengo un montón de cosas sobre el tapete para los próximos dos días...

Ninguno de los dos tenía ni la más mínima idea de cuán proféticas, ni subestimadas, fueron sus palabras.

14

UNA LLEGADA Y SALIDA... RELÁMPAGO

ATERRIZAMOS EN EL AEROPUERTO Internacional de Newark a media tarde el 10 de septiembre. Era un día brillante y hermoso cuando nuestro avión tocó tierra. Sin embargo, por el tiempo que invertimos en pasar por la aduana, buscar nuestro auto en el estacionamiento del aeropuerto y manejar cuarenta y cinco minutos hacia el norte para reunirnos con mi mamá y nuestros niños, los cielos se pusieron funestos. Llovía a cántaros.

Nos encontramos con mamá, David y Drew a mitad del camino entre su casa y la nuestra, en nuestro lugar usual de reunión, un área de descanso junto a la carretera.

Apenas tuvimos la oportunidad de conversar un poco puesto que un fuerte aguacero nos empapó a todos. Además, debido a que nuestro vuelo salió retrasado, mamá estaba apurada; tenía que regresar al trabajo.

«¿Cómo fue el viaje?», le preguntó a Todd mientras yo llevaba precipitadamente a los niños y sus pertenencias de su auto a nuestro microbús, sujetándolos en sus asientos de seguridad de auto.

«¡Fue espectacular!», le contestó Todd.

Nos despedimos rápidamente, subimos al microbús y tratamos de secarnos. Nos imaginábamos que íbamos a tener mucho tiempo para ponernos al corriente en unos pocos días, cuando las cosas volvieran a la normalidad.

Todd había previsto aterrizar en Newark y después volar a San Francisco el 10 de septiembre. Sin embargo, decidió llegar primero a casa a fin de pasar al menos una noche con los muchachos antes de volver a tomar el avión.

Irónicamente, esta nos pareció la mejor decisión, debido a que un fuego en una construcción el lunes en el Aeropuerto Internacional de Newark cerró el lugar por toda la tarde, cancelando el vuelo que Todd debía tomar.

Aunque no lo sabíamos en ese momento,

otro padre joven hizo también sus reajustes en sus planes de vuelo. Su vuelo de la tarde lo cancelaron producto del fuego, así que reservó para el siguiente que estaba disponible hacia San Francisco: El vuelo 93 de United, que saldría el martes de Newark a las ocho de la mañana. El nombre del joven era Jeremy Glick.

■ ■ ■ ■

Eran las cinco en punto de la tarde cuando finalmente entramos en nuestra casa. Mamá nos había hecho comida, una de las favoritas de Todd, pastel de carne, macarrones con queso y una torta recién horneada. En verdad, apreciaba su consideración, ya que antes de salir de vacaciones había limpiado el refrigerador y sacado todas las cosas que se podían echar a perder, y ahora no tenía casi ningún alimento guardado. *Mamá siempre cuida bien a los niños*, pensaba a la vez que reía para mis adentros y ponía los alimentos en el horno para calentarlos.

Todd bajó las maletas del auto y las llevó al piso superior para que me encargara de ellas después de cenar. Sabía que me gustaba deshacer las maletas la primera noche que llegaba a casa, así que cuando me desperté la mañana siguiente con los niños, tenía que enredarme con un lío de ropas sucias en unas maletas.

Esta iba a ser una semana muy ajetreada también para mí.

Estaba programado que David comenzara el miércoles en preescolar, Drew iba a comenzar su programa de juegos para bebés y mi estudio bíblico comenzaría el jueves. *¡Uf! ¿Qué otra cosa cabría en esta semana?*

En cuanto Todd puso en el suelo las maletas y bajó las escaleras, se puso a rodar por el piso, jugando con los muchachos. Los chillidos de delicia llenaron nuestro hogar; en un abrir y cerrar de ojos el piso del cuarto de juegos de los niños se llenó por completo de juguetes. ¡Todd y los niños la pasaron muy bien!

Todd buscó por toda Roma una camisa de fútbol con el número seis, el número favorito de David. No pudo encontrar ninguna, pero sí algunas camisas que en la espalda tenían nombres de jugadores europeos de fútbol. El nombre de uno de los jugadores era *Davids*. Así que la camisa de David era *Davids*, el número veintiséis. Todd también encontró para los niños algunos jerséis rojos iguales, de modo que podrían imaginarse que estaban en el mismo equipo.

Las camisas de David y Drew les llegaban a las piernas como camisones de dormir, pero parecía que no les importaba. Drew, que apenas comenzaba a hablar, no podía expresar realmente su agradecimiento a Todd en oraciones. Sin embargo, la sonrisa de su cara lo decía todo.

«Ahora estamos en el mismo equipo», le decía David a su hermanito.

También le trajimos a Drew un trencito de madera con su nombre. A Drew le gustaban los trenes y, sobre todo, ¡disfrutaba cuando David no tenía lo mismo que él!

Todd también le dio a David la pequeña réplica de la famosa escultura del rey David que vimos en Florencia. David lo miró interrogativamente, como si dijera: «¿Qué tiene que ver este hombre desnudo, papá?»

Todd trató de explicarle. «¿Conoces a *David*? ¿El hombre en la Biblia que mató al gigante Goliat con una pequeña piedra?»

David conocía bien la historia de la Biblia. Solo que no se podía imaginar que este hombre de porcelana sin ropas tuviera algo que ver con esto.

Todd, con amabilidad, le quitó de las manos la estatua a David. «De acuerdo, la guardaremos por algunos años...»

Después de la cena, le dije a Todd: «Quiero pedirte algo. Lleva arriba a los niños y dales un baño, mientras yo friego y limpio la cocina».

«Me parece bien», dijo Todd. A él le encantaba ayudar a los niños a bañarse. Por lo general, salía del baño más mojado que ellos.

Cuando llegamos esa noche, nuestro amigo Doug MacMillan estaba en nuestra casa. Conocido entre el grupo del desayuno de los viernes como el hombre permanente en resolver cualquier cosa, Doug era capaz de arreglar casi todo. Su lema era: «Los amigos rompen y yo lo arreglo». Disfrutaba haciendo toda clase de tareas y estaba ocupado en instalar los azulejos de la parte de arriba del mostrador de la cocina mientras estábamos en Italia. Esperaba terminar el trabajo antes que regresáramos, pero no pudo hacerlo. Doug a menudo bromeaba con Todd por su incapacidad cuando se trataba de la carpintería u otras reparaciones de la casa. A Doug le gustaba hacer chistes de que cuando abría la caja de herramientas de Todd, se encontraba un pedacito de papel con el número de su teléfono escrito en él. Mientras él y Todd conversaban en la cocina, Todd notó que Doug había quitado un enchufe de la pared cuando estaba poniendo los azulejos y que estaba colgando y todavía conectado a la electricidad.

—¿Podrías poner esto de nuevo en la pared? —preguntó Todd agarrando la caja por ambos lados.

Doug esperó unos segundos antes de contestar, sabiendo bien que todavía pasaba por allí corriente y Todd sostenía una caja eléctrica «viva». Sabía que Todd no corría mucho peligro de que se dañara, pero Doug también sabía que de la forma en que Todd sostenía la caja, el circuito se cerraba por completo y sentía bastante el cosquilleo.

—Un poco de hormigueo, ¿no es así? —censuró finalmente Doug.

Poco a poco, Todd soltó la caja como si nada malo pasara, sonrió un poco y dijo:

—Creo que tendrás que terminar esto.

Luego se encaminó al piso superior para darles a los niños su baño.

Después que Todd metió a los niños en la cama y oró con ellos, bajó las escaleras y se fue directo a su oficina. Las vacaciones habían terminado; era tiempo de regresar al trabajo.

«Tengo que hacer algunas llamadas por mis reuniones de mañana y revisar todos mis correos electrónicos», me gritó Todd. Luego, un poco mordaz, dijo: «Ya sabes, ¡no lo hiciera si me hubieras dejado llevar mi computadora a Roma!»

Los dos nos reímos. Estaba feliz de que no la hubiera llevado y él también... aunque nunca lo admitió.

Subí a los cuartos, saqué nuestras ropas,

229

limpié un poco y me preparé para ir a dormir. Estaba muerta de cansancio. Eran solo las nueve de la noche, pero en Roma eran cerca de las tres de la mañana, donde comenzamos el día. Me senté en la cama, pero antes de meterme debajo del cobertor, llamé a mamá.

Mamá quería saber todo de nuestro viaje, pero yo estaba muy cansada para conversar mucho. «Lo siento, pero has tenido un día muy ajetreado», dijo mamá. «Apenas tuve tiempo para saludar a Todd».

«Ah, no te preocupes, mamá», dije soñolienta. «Tendrás un montón de tiempo para hablar con él la próxima vez que lo veas».

Me despedí de mamá y apagué la luz. Desde abajo, escuchaba vagamente a Doug y Todd hablando mientras me quedaba dormida.

—Quisiera ayudarte, amigo —le dijo Todd a Doug—, pero tengo que volar mañana con los primeros rayos del sol para un viaje relámpago a San Francisco.

—Hombre, Todd, si acabas de llegar a casa.

La voz de Doug revelaba preocupación y sorpresa. Como un miembro del grupo de los viernes, Doug oraba con Todd a menudo acerca del equilibrio entre su deseo de estar en casa con los niños y conmigo y los viajes requeridos por su carrera.

—Sí, lo sé —dijo Todd—, pero estaré de regreso el miércoles por la mañana.

■ ■ ■ ■

A la mañana siguiente, Todd se levantó temprano y condujo hasta el Aeropuerto Internacional de Newark. Sin duda, él iba a toda prisa a través del largo y encristalado pasillo de la Terminal A. Lo más probable que no notara a los cuatro jóvenes del Oriente Medio, que miraban a los pasajeros que pasaban apurados por el restaurante a la izquierda del pasillo para inscribirse en el mostrador A-17 y abordar su vuelo hacia San Francisco... en el vuelo 93 de la aerolínea United.

Todd, listo para
ver el mindo desde
su cochecito
Flint, MI 1969

Tratando de ser
tan alto como su
hermana Melissa
Flint, MI 1972

En posición
para batear un
cuadrangular
*Glen Ellyn, IL,
1978*

Mamá y papá
Brosious con
Lisa antes
de entrar
a la iglesia
Albany,
NY, 1969

Lisa, Holly
y Paul,
vestidos con
disfraces
hechos por
mamá
Peekskill,
NY, 1975

Papá, Lisa y
el gato Tatsy
Shrub Oak,
NY, 1979

Pronunciando
un discurso
a los graduados
de la Academia
Wheaton
*Wheaton, IL,
1986*

Keith Franz,
Stan Ueland, y
Todd de regreso
de un paseo
en esquí acuático
Littleton, NC, 1989

Todd,
Keith Franz,
y Dave
Rockness en el
apartamento
de la
universidad
de Wheaton
*Wheaton, IL,
1991*

Todd y su
nuevo portafolio;
todo es negocio el
día de la
graduación de
la universidad
Wheaton, IL, 1991

Todd regresa «victorioso» a casa
Wheaton, IL, 1991

Grace Hutter, Pam Hill, Kara Lundstrom,
Lisa, Sandy Oyler y Stacey Shrader el día
de su graduación de la universidad
Wheaton, IL, 1991

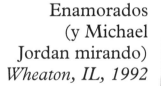

Enamorados
(y Michael
Jordan mirando)
Wheaton, IL, 1992

Trabajo arduo
en Wilson
Sporting Goods
*Rosemont, IL,
1992*

Navidad con los Beamers en California:
Papá, Coco, Todd, Mamá, Greg (esposo
de Melissa), Melissa, y Michele
Los Gatos, CA, 1993

Paul, Todd, Lisa, Jonathan y Holly después de
una larga caminata
New Paltz, NY, 1993

Lisa y Janet Odland, después de quince años de amistad *Shrub Oak, NY, 1993*

Formalizando el compromiso en Turkey Mountain *Yorktown, NY, 1993*

La mudada a Nueva Jersey *Iselin, NJ, 1994*

Los nuevos
esposos, Todd
y Lisa Beamer
Peakskill, NY,
1994

Paula Daniels,
Joe Urbanowicz
y Lisa, celebrando
nuestra boda
Peakskill, NY, 1994

Por fin nos
vamos a nuestra
luna de miel
Nueva York,
NY, 1994

Primera visita de Todd
al último piso del
edificio Empire State
Nueva York, NY, 1994

Primer apartamento y
primera Navidad juntos
Princeton, NJ, 1994

Visita al parque nacional Yellowstone,
nuestras vacaciones favoritas
Yellowstone, WY, 1995

Pasando un buen tiempo en una reunión en la universidad de Wheaton cinco años después de la graduación *Wheaton, IL, 1996*

Buscando el árbol de navidad perfecto, una tradición del Día de Acción de Gracias *Red Hook, NY, 1996*

El orgulloso papá
con su bebé, David
*Somerville, NJ,
1998*

Papi y David listos para el Super Bowl
(no importa si los Bears no juegan)
Hightstown, NJ, 1999

David y papá acampan por primera vez
(mamá tiene mucho que enseñarles)
Phoenicia, NY, 1999

Papi y David honran a Estados Unidos en la
parada del día de los caídos en la guerra
Hightstown, NJ, 1999

Los varones
Beamer dan
la bienvenida
a un nuevo
miembro,
Drew
Hamilton,
NJ, 2000

Dedicación de Drew en
la iglesia Princeton Alliance
Plainsboro, NJ, 2000

Recuerdos
de Navidad
*Nueva York,
NY, 2000*

Día de los
Padres con dos
adorables fanáticos
Cranbury, NJ, 2001

Jugando golf con el grupo de hombres de
los viernes en la mañana: Doug MacMillan,
Axel Johnson, George Pittas, Todd, Tony
McAnaney, John Edgar Caterson
Ocean City, MD, 2001

Explorando
las ruinas
Roma, Italia,
8 de
septiembre
de 2001

Nuestra última
noche en Roma
Roma, Italia,
9 de septiembre
de 2001

Memorias
de Todd
dejadas en el
lugar donde se
estrelló el avión
Shanksville, PA,
17 de septiembre
de 2001

Michele, Lisa
y Melissa
reflexionen en
el lugar donde
cayó el avión
*Shanksville,
PA, 17 de
septiembre
de 2001*

Morgan y mamá
en el hospital listas
para ir a casa
*Princeton, NJ,
11 de enero de 2002*

David, Drew, mamá
y Morgan celebran el
Domingo de
Resurrección
*Shrub Oak, NY,
31 de marzo de 2002*

15

DENTRO DE LA PESADILLA

MIENTRAS ESTABA SENTADA EN la cama ese martes por la mañana del 11 de septiembre, mi mundo se detuvo de repente. Durante mucho tiempo, después que vi el lugar del accidente por la televisión y escuchara las noticias de que había sido un vuelo de United el que se había estrellado en Pensilvania, me quedé mirando inexpresivamente por la ventana el campo exterior, tratando de darle sentido a todo esto. Solo unas pocas horas antes, Todd estaba acostado a mi lado. Ahora tenía la certeza de que estaba muerto. Mi día comenzó tan... *ordinariamente*, con una ducha, el desayuno y el lavado de ropas. Y entonces, llegó la llamada telefónica. De algún modo mi mente no podía conciliar las dos realidades.

Observé cómo grandes pájaros, algunos del tipo de las águilas, caían en picada y picoteaban algo en las malezas. No me parecía que tuvieran prisa alguna. Era como si las aves de rapiña reinaran libremente en este día.

Mantuve la puerta de mi cuarto abierta todo el día, pero les dije a mis amigos íntimos: «Si entran a la habitación, deben estar tranquilos. Por favor, no tengamos ningún ataque de nervios aquí». No trataba de ser especialmente una heroína ni una estoica. Solo sabía que no podría enfrentarlo emocionalmente si la gente que me rodeaban perdía la compostura, así que de algún modo pronto decidí mantener la calma en todo lo que fuera posible. Al parecer, nuestros amigos corrieron la voz porque la mayoría de la gente que entró a la habitación mantuvo su compostura.

El esposo de mi amiga Elaine, Brian, llegó en cuanto subí a mi cuarto, así como lo hizo nuestro buen amigo Doug MacMillan. Brian y Doug llamaron a todo tipo de personas, tratando de encontrar alguna información. Ya estaban suponiendo que Todd había tomado el vuelo 93 de United. Finalmente, lograron comunicarse con la aerolínea, pero United no confirmó nada. «Déjenos su número telefónico en caso de que nos haga falta», dijeron de United.

Brian y Doug entraron en la habitación y suavemente comentaron: «No estamos muy seguros, pero es muy probable que Todd fuera en ese avión».

«Ya lo sé», repliqué con suavidad.

Un rato más tarde, Brian volvió. «Lisa, Oracle llamó». Se detuvo y trató de aclarar la garganta. «Su personal de viaje confirmó que Todd abordó ese vuelo».

¿Qué hacer? ¿Qué hacer?

¿Qué *hace* uno cuando de repente todo nuestro mundo se pone patas arriba?

En medio de mi confusión, mi lógica natural fue a lo que tenía programado en mi mente, recordándome que necesitaba informar del accidente a esos más allegados a mí. Primero llamé a mi mamá.

Traté de darle las noticias con delicadeza.

—Estoy casi segura de que Todd iba en ese vuelo que cayó en Pensilvania.

—No, eso no puede ser —protestó mamá.

—Así es, mamá.

—Recogeré algunas ropas y me voy para allá ahora mismo.

—Bueno, ahora no puedes venir para acá. La autopista de Nueva Jersey está cerrada.

En realidad, aunque no lo sabía, todas las principales autopistas entre Nueva York y Washington D. C. estaban cerradas al tránsito público, puesto que a las autoridades les preocupaban la posibilidad de actividades terroristas en túneles o puentes.

—Iré para allá de algún modo —dijo mamá.

Después llamé a la mamá de Todd en Washington D. C., con el mismo mensaje.

—Estoy casi segura...

El papá de Todd estaba dirigiendo una reunión de negocios, irónicamente en San Francisco, así que Peggy estaba sola. Con voz temblorosa y suavemente preguntó:

—¿Qué podemos hacer para confirmarlo?

Le dije que Brian y Doug me lo habían dicho.

—United nos va a llamar y yo te llamaré en cuanto sepa algo.

■ ■ ■ ■

Poco después del mediodía United llamó. Todavía me encontraba sentada en una esquina de nuestra cama, levanté el teléfono que estaba en la mesa de noche.

«Señora Beamer, mi nombre es Nick Leonard de la aerolínea United. Lamento informarle que su esposo era un pasajero a bordo del vuelo 93 que se estrelló en Pensilvania».

«Ya lo sé...», contesté con calma. No rompí a llorar histéricamente. No grité, ni chillé, ni en modo alguno tuve ningún otro arrebato emocional. El representante de United sonaba casi sorprendido de que estuviera tan calmada. Entonces, no me daba cuenta por completo, pero Dios ya me estaba dando un increíble sentido de paz.

El representante de United me dio un número telefónico donde podría localizarlos y me aseguraron que la aerolínea haría todo lo posible por ayudarme. Ese fue el número al que a menudo llamé en los días siguientes.

Colgué el teléfono y poco a poco asentí con la cabeza a los amigos que estaban a mi alrededor. «Fue United», dije con calma, «dicen que definitivamente Todd estaba en ese avión...». Mi voz se desvaneció. No hacían falta más palabras. Brian Mumau dejó caer la cabeza en el pecho. Las lágrimas corrieron por nuestros rostros, pero hubo poco despliegue emocional. Todo el mundo en la habitación ya sabía en su corazón que Todd se había ido.

Aunque el representante de la aerolínea no hizo referencia a actividades terroristas a bordo del vuelo, nunca pensé que este hubiera sido un accidente casual. Ninguno de los que me rodeaban pensó que el accidente se debió a fallos técnicos ni a errores del piloto. Casi de inmediato los reporteros circularon las noticias de que las autoridades federales de aviación tenían razón para creer que el avión fue secuestrado de una manera similar a esos que se estrellaron en el Centro Mundial de Comercio y en el Pentágono. Incluso, hubo informes de que algunas personas llamaron desde el avión antes que cayera.

Extrañamente, sentí cierto alivio al saber que Todd iba a bordo del avión que se estrelló sin dañar un edificio ni algún otro monumento nacional, causando más muertos y destrucción o calamidades en nuestro país. A pesar de lo trágico que fue, el avión cayó en un campo que una vez fue una mina de carbón y que ahora era un prado enyerbado en un área rural de Pensilvania. Este fue el único ataque terrorista ese día en el que no se perdieron vidas en tierra como resultado del accidente.

En Washington, personas con expresiones atónitas circulaban por las calles a medida que se evacuaban muchas oficinas gubernamentales. Aunque, algunas personas aterrorizadas corrían por las calles de la ciudad hacia sus vehículos, tratando de llegar a sus hogares hasta donde estaban sus seres queridos. A menudo se encontraban que las autoridades habían bloqueado las autopistas conocidas o que estaban congestionadas por el tránsito.

Peggy Beamer trató con desesperación de localizar a la hermana menor de Todd, Michele, quien trabajaba en la Universidad George Washington, no lejos del Pentágono. Las líneas de los teléfonos de la nación estaban congestionadas. Al final, Peggy se pudo comunicar con Michele a través de un correo electrónico. Mientras tanto, la tía de Todd, Bonnie, una dentista, cuyo consultorio estaba a una cuadra y media de la Casa Blanca, recibió una llamada de Peggy.

Cuando Peggy le contó acerca de mi llamada telefónica, Bonnie dijo: «Buscaré a Michele y saldremos enseguida».

«Yo estoy bien. No se preocupen por mí», respondió Peggy con valentía.

En el camino a la casa de Peggy, Bonnie y Michele se preguntaban cómo se lo iban a decir a David, el papá de Todd, que todavía seguía en California dirigiendo una importante reunión de sus negocios. No querían que supiera las noticias acerca de Todd por la televisión. Ya en la casa de Peggy, su pastor y otros amigos estaban reunidos, dándole condolencias y consuelo, cuando yo llamé por segunda vez confirmando nuestros temores de que Todd iba en el avión.

Ya en esos momentos, nuestra casa en Cranbury estaba también llena de gente. El Rvdo. Bob Cushman, el pastor de Todd y mío, estuvo entre los primeros que llegaron, junto con el Dr. Al Hickok, el consejero profesional de la iglesia. Subieron a mi habitación y oraron conmigo. Sin saber en qué estado podrían encontrarme, parecían casi sorprendidos de que estuviera firme y un tanto capaz de actuar de manera racional.

El teléfono sonaba constantemente y dado que esperábamos alguna otra información de la aerolínea United, pronto decidimos que era mejor contestar las llamadas que dejarlas en el contestador automático. Doug MacMillan y Brian Mumau atendían los teléfonos y las cuestiones logísticas. Los miembros de nuestro Círculo del Cuidado y otros de la comunidad y la iglesia llevaban alimentos todo el día, alimentando a las muchas personas reunidas en nuestro hogar, limpiando y recogiendo, haciendo diligencias y cuidando a los niños. Gracias a Dios que los niños no eran conscientes del horror del día. Jugaron todo el día con los hijos de los visitantes y de los amigos, dentro y fuera de la casa. Debido a que teníamos la costumbre de tener otras personas de visita en nuestro hogar y a que disfrutaban teniendo amigos para jugar con frecuencia, probablemente no detectaron alguna cosa fuera de lo común, a no ser el excesivo número de personas que nos rodeaban.

Mamá llegó el martes por la tarde, acompañada por el pastor de su iglesia de Peekskill. El viaje que por lo general es de noventa minutos tomó cerca de cuatro horas debido a las calles bloqueadas y a los desvíos que se agenciaron para llegar a Nueva Jersey. Antes de dejar la casa, mamá llamó a Paul y a su esposa, Jet, y les contó las horribles noticias. «No puedo llamar a Jonathan por teléfono», le dijo a Paul. «Por favor, ve a la universidad Gordon, recoge a Jonathan y nos encontramos en la casa de Lisa». Paul y Jet manejaron de Albany, Nueva York, a Boston, con la esperanza de interceptar a Jonathan antes que oyera las noticias por alguna otra persona. Sin embargo, fue demasiado tarde. En el momento que llegaban a su dormitorio, alguien le dijo a Jonathan que Todd había muerto.

La respuesta de mi hermano menor fue de una ira incontenible. Vociferaba y daba golpes contra la pared, descargando su furia a un desconocido pero profundamente sentido enemigo. Paul y Jet se quedaron a pasar la noche y, con Jonathan, manejaron hasta Cranbury al día siguiente.

Entretanto, mi hermana Holly, venía manejando en el área de Chicago cuando escuchó las noticias del vuelo 93. Aunque no tenía ni idea de que Todd viajaba ese día, tuvo «un presentimiento acerca de Todd». Cuando mamá confirmó sus temores, Holly estaba abrumada, pero su primera reacción fue venir para estar conmigo a ver si podía ayudarme en algo. Sin embargo, no había aviones para volar; tuvo que esperar.

La mayoría de estas cosas pasaban sin que lo supiera, puesto que estaba aislada en mi cuarto, aunque sabía que la gente que se encontraba en nuestra casa, se ocupaban de un sinfín de detalles. Nunca sería capaz de agradecer a tantas personas que vinieron a darnos una mano de ayuda durante esos días. Sin embargo, Dios lo sabe. Más importante aun, amigos en todas partes del mundo nos rodearon con su amor, llevándonos en oración.

En un momento determinado a mitad del día, en un tiempo de calma en mi habitación, clavé los ojos inexpresivamente en el espacio. Miré de un lado al otro de la cama de Todd y mía, y allí estaba Jan Pittas, una de nuestros amigos más serenos, sentada en la esquina opuesta de la cama, orando en voz baja por mí, casi sin emitir palabras. Apenas se oía. Yo no quería hablar; era incapaz de hacerlo y, con su dulce y amable espíritu, Jan hizo algo mejor que tratar de hablar conmigo. Por lo tanto, su presencia en la habitación era consoladora. *Gracias, Señor, por enviarme a Jan,* oré.

En esos días que siguieron al accidente, esta verdad se convirtió aun más real para mí: Dios conocía exactamente *qué* necesitábamos... y *cuándo* lo necesitábamos.

Incluso, en el momento que trataba de descansar, me resultaba difícil dormir por más de una hora y, como estaba embarazada, no quería tomar ningún medicamento que me ayudara a dormir. Rompía a llorar esporádicamente y entonces me enfrentaba a mí misma por algún tiempo. Estaba acostada, con los ojos fijos en la nada, algunas veces mi mente andaba a la deriva, pero nunca conciliando un sueño profundo. Cuando no podía dormir, me levantaba de la cama y me sentaba por horas en una silla de nuestra habitación.

Los momentos más estremecedores venían cuando pensaba en el bebé que llevaba dentro. Todd y yo nos entusiasmábamos mucho a medida que progresaba el embarazo. Ahora, cuando pasaba mis manos por el vientre, recordaba que era una madre soltera con dos hijos y en espera de otro. Siempre sentía que mientras Todd estuviera aquí, todo marcharía bien. Ahora se había ido y a veces esta idea me abrumaba. «No puedo hacer esto», sollozaba quietamente. «Ah, Dios, ¿cómo voy a criar a este bebé sin Todd?»

■ ■ ■ ■

En San Francisco, Rob Simons, un amigo de Peggy y David, interrumpió la reunión de David y le comunicó que había una emergencia y que necesitaba llamar a Peggy al instante. El papá de Peggy, Judd Jackson, de noventa y dos años de edad, no andaba muy bien, ni tampoco el padre de David, así que en cuanto él oyó que se trataba de una emergencia, temió que hubiera un problema con uno de sus padres. Cuando Peggy le explicó al padre de Todd la razón de su llamada, se aferró al teléfono y se estremeció. No podía comprender que la vida de su hijo, su único hijo varón, se apagara de repente y con violencia.

David y los amigos Rob Simons, David Wright y Chuck Fonner comenzaron a formular un plan para que David regresara a casa. No había aviones porque la seguridad nacional había prohibido los viajes en avión, poco después del ataque al Centro Mundial de Comercio y al Pentágono. La aerolínea

United le aseguró a David que le conseguirían un vuelo en cuanto se reabrieran los cielos, pero nadie sabía en qué momento sería esto. Cuando David decidió conducir su auto de la compañía, Rob dijo: «Si vas a ir manejando a través de todo el país, yo voy contigo».

Los dos hombres manejaron literalmente de mar a mar, todo el camino de San Francisco a Washington D. C., y luego a Nueva Jersey. «A medida que cruzábamos el país, tuve la oportunidad de ver una vez más cuán vasta y bella es nuestra nación, y lo mucho que valía la pena luchar por nuestra libertad y nuestro estilo de vida», observó más tarde David.

Este fue un buen recordatorio para todos nosotros... y uno que se necesitó en los siguientes días, a medida que se revelaban más detalles acerca del vuelo 93 de United.

■ ■ ■ ■

El amigo de toda la vida de Todd y ahora pastor de jóvenes en el centro de Pensilvania, Keith Franz, escuchó primero las noticias en la radio de su auto. A una velocidad de ciento treinta y cinco kilómetros por hora llegó a la casa y se encontró a Sandy delante del televisor. Alrededor de dos horas estuvieron mirando las escenas que se desarrollaban, sin pensar jamás que Todd iba a bordo de uno de los aviones. Keith salió para la iglesia a prepararse para su reunión de los martes por la noche con el grupo de jóvenes, y se preguntaba: *¿Qué puedo hacer para que los muchachos se den cuenta de algo tan absurdo como esos ataques terroristas?* La reunión de jóvenes se uniría a una vigilia de oración que la iglesia planeó para esa noche, como muchas otras iglesias lo hicieron a través de Estados Unidos.

Alrededor de la una de la tarde, Keith fue a su escritorio a preparar sus notas para el culto de la noche cuando Sandy llamó. «Keith, tienes que venir ahora mismo», dijo. Por la voz de Sandy, Keith se dio cuenta de que estaba alterada. Incluso, no le preguntó nada; simplemente dijo: «De acuerdo». Dejó lo que estaba haciendo y manejó los cinco minutos que lo separaban de su casa.

En cuanto dio un paso dentro de la casa, Sandy se encontró con él en el vestíbulo.

—El vuelo 93 que se estrelló en Pensilvania...

—Sí, ya sé...

—Keith, Lisa llamó. Todd iba en ese vuelo.

Keith entró tambaleando en la sala familiar y se dejó caer en una silla. No podía hablar; simplemente lloraba y lloraba.

—Creo que debo llamar a Lisa —dijo al poco rato.

Cuando marcó mi número, uno de los amigos de la familia contestó y me dijo que él estaba en la línea. Keith y yo tratamos de hablar, pero las palabras se negaban a salir.

—No me imaginaba estar en esta situación... —decía Keith una y otra vez llorando por teléfono.

—Lo sé, Keith; lo sé —le dije.

■ ■ ■ ■

Stan Ueland, quien nos acompañó a Todd y a mí en el viaje a Roma, regresaba al trabajo en su oficina en el piso cuarenta y cinco de la torre de Sears en Chicago cuando escuchó por primera vez las noticias de los ataques terroristas. A la torre de Sears, uno de los principales blancos en el medio oeste, la evacuaron enseguida. Stan se dirigió directamente al hogar, donde él y su esposa, Kathleen, se sentaron pegados a la pantalla del televisor. Al enterarse del accidente del vuelo 93, Stan le dijo a Kathleen: «Con tanta gente de Oracle viajando a nuestras oficinas centrales de la corporación, me parece que voy a oír que alguien asociado con Oracle iba a bordo de uno de esos vuelos».

Cuando el teléfono sonó y Stan vio el nombre de Keith Franz en su identificador de llamadas, supo al instante por qué llamaba Keith.

«Todd iba en ese vuelo, ¿no es así?», dijo Stan incluso antes de que Keith lo saludara.

«Sí, así fue», confirmó Keith.

■ ■ ■ ■

Más tarde esa noche, Keith me volvió a llamar. Hablamos durante veinte minutos y en el curso de la conversación cubrimos toda la gama desde el inmenso pesar hasta ser verdaderamente capaces de reír por algunas de las cosas que Todd dijo o hizo. Los dos sabíamos que él estaba en el cielo y no dudábamos que lo veríamos de nuevo. Fue bueno reír un poco en medio de nuestro dolor y pérdida. Para mí, quizá para Keith también, ser capaz de reír frente a la muerte fue una terapia.

Llegó el momento de preparar lugares para que todos durmieran ese martes por la noche, los colchones de aire parecían venir de todas partes. El Círculo del Cuidado pensó en todo y sin alardes ni esperando el agradecimiento, crédito ni anuncio fueron a hacer todo lo que hiciera falta. David y Drew estaban encantados de tener tanta compañía en casa. No tenían la menor idea de lo que estaba pasando y yo no me sentía en condiciones de contárselo, aunque sabía que no podía esperar mucho tiempo.

16

¿CÓMO SE LO DIGO A LOS NIÑOS?

EL MIÉRCOLES POR LA mañana, 12 de septiembre (cumpleaños de Peggy Beamer y de mi papá también), me levanté al amanecer y me preparé mental y espiritualmente para una de las experiencias más desafiantes de mi vida: decirles a mis hijos que su padre nunca más volvería a casa. Sabía que este iba a ser un día difícil y deseaba hablar con los niños en privado antes de que se complicaran demasiado las cosas. Sobre todo David. Drew solo tenía diecinueve meses de edad, así que no me preocupaba mucho por explicárselo. Apenas comenzaba a comprender cuando le decía cosas como: «Ve al refrigerador y toma tu taza de leche». David, sin embargo, tenía tres años y medio y lo preguntaba todo.

Cuando mamá bajó las escaleras, le dije lo que planeaba hacer. Me vi forzada a pasar por alto la visión de cuando, a los diecisiete años de edad, mamá nos dijo a mi hermano Paul, a Holly y a mí que nuestro padre había muerto. Todo me parecía conocido. Al mismo tiempo, saqué fuerzas de esa experiencia, sabiendo que Dios hace que todas las cosas obren para bien de los que le amamos. Estaba preparada para ver cómo iba a usar la experiencia de la inesperada muerte de nuestro papá como ayuda para enfrentar la pérdida de Todd. Y ya me imaginaba a los miembros de mi familia siendo un amparo para mis hijos algún día. En lo más profundo de mi corazón, podía incluso imaginar que algún día mi hermano Jonathan, quien tenía más o menos dos años cuando murió papá, sentado con David y Drew les dijera algo así: «Comprendo lo que significa perder a tu papá cuando eres tan pequeño y que nunca lo conocerás. Yo sentí lo mismo a medida que crecía».

La voz de mamá me trajo de nuevo al presente. «¿Quieres que vaya contigo?», me preguntó con suavidad.

«No, creo que hablaré sola con David». Quería que David atendiera bien lo que le iba a decir y eso sería difícil si mamá estaba con nosotros.

En cuanto escuché que David se movía, entré a su habitación para hablar con él. Vestía su pijama favorito de «Buzz Lightyear» que le había comprado unos meses antes. El pijama me trajo recuerdos en cuanto lo vi. A los niños les encanta

«Buzz Lightyear» de la película animada de Dysney *Toy Story* [Historia de juguetes], así que cuando encontré los pijamas, no podía dejarlos. El día que los compré, Todd estaba trabajando en su oficina en la casa, mientras los niños dormían la siesta. No podía esperar para enseñarle a Todd mi hallazgo, así que saqué los pijamas en su oficina y se los puse delante. «*¡Mira lo que encontré!*», le susurré porque Todd estaba en una llamada de conferencia con un cliente.

Los ojos de Todd brillaron y sonrió ampliamente cuando vio los pijamas. Asintió con la cabeza y me hizo una señal de aprobación con su mano como si dijera: *¡A los muchachos les van a encantar!*

Sin duda, los pijamas «Buzz Lightyear» fueron un gran acierto con los muchachos.

Ahora, vistiendo su pijama especial, David se enjugaba los ojos para despertarse. Lo abracé y señalé con la cabeza hacia su grande y anaranjado balón-almohadón de baloncesto en el piso.

—Siéntate un minuto, David. Quiero hablar contigo.

Estaba preocupada en comunicarle las horribles nuevas como era debido porque sabía por la práctica de consejería de mamá, y por nuestra experiencia después de la muerte de papá, que a veces los niños tienen dificultades en comprender el carácter definitivo de la muerte. Es duro para ellos entender que la persona que murió no va a regresar en esta vida.

Nos sentamos juntos en el almohadón y sujeté a David cerca de mí en mi regazo. Comencé hablando de aviones. David había volado antes en aviones y comprendía lo que significa aterrizar y levantar vuelo. Volamos juntos en familia a Orlando y David recordaba ese viaje mejor que ningún otro. También sabía que Todd volaba mucho en aviones.

—David —le dije—, papá voló en un avión ayer... y tú sabes que casi siempre los aviones son seguros... pero a veces hay accidentes.

David me miró como si dijera: *Qué bueno, mamá. ¿Por qué razón estamos hablando de aviones antes de desayunar?*

»David, el avión en que iba papá ayer tuvo un accidente y... el golpe al caer a la tierra fue muy grande. Todo el mundo se hizo mucho daño... y murieron.

Luchaba por la manera en que tenía que describir lo que significaba morir, pues en el entorno de David nunca estuvo la experiencia de la muerte. En sus tres años y medio de edad no conocía a ninguna persona que hubiera muerto.

—Cuando una persona muere —traté de explicarle—, no puede regresar de nuevo al hogar, ni nos puede llamar por teléfono. No puede hablar con nosotros, ni nosotros podemos hablarle a ella. Como papá amaba a Jesús, se fue a estar con Dios en el cielo... y tú, Drew y yo vamos a estar allí con papá algún día, pero hoy, todavía no...

—Pero papá va a venir en el avión, ¿verdad? —preguntó David.

—No, esta vez no.

Con suavidad, destaqué el punto de que Todd no podía regresar.

—Papá quiere regresar, pero no puede —le dije a David—. Él nos ama y nosotros lo amamos a él, y podemos seguir hablando de él, pero papá no va a venir a la casa y no podemos verlo aquí nunca más.

Me esforzaba mucho por estar en calma. Sin embargo, todo el tiempo oraba en silencio: *¡Oh Dios! Por favor, ayúdame a hacerle entender esto a David porque no creo que pueda* *hacerlo una vez tras otra.* Me alegraba de responderles cualquier pregunta que tuvieran los niños, pero no quería que buscaran a Todd, ni que pensaran que iba regresar, ni que se podían comunicar con él. Y no quería tener que repetir todas las cosas.

David no gritó; tampoco se enojó; solo me miró con amor y confianza. No estuve segura de si en verdad comprendió, hasta que la hermana mayor de Todd, Melissa, y su esposo, Greg, llegaron a nuestra casa a finales de semana desde su hogar en Michigan. Ellos no nos habían visitado en nuestra nueva casa, y David les dio un recorrido por la casa. Cuando llegaron al cuarto de Todd y mío, Greg preguntó: «Y este es el cuarto de tu mama y tu papá?»

«No», contestó David. «Ahora este es el cuarto de mamá porque mi papá se fue».

■ ■ ■ ■

Puedo decir que, en los días que siguieron al 11 de septiembre, David estaba tratando de comprender lo que le pasó a su papá. Esa era una realidad que ninguno de nosotros deseaba aceptar. A veces, David venía con lo que pensaba que era una buena idea. «Si el avión de papá hubiera chocado con un trampolín, mamá, nadie se hubiera hecho daño. Pudo haber saltado, saltado y saltado y dar marcha atrás en el aire».

¿Cómo una madre debe responder a esto?

Otro día, David jugaba con un avión de juguete. Sujetaba el avión en el piso como si fuera a volar a través del cuarto. «Mamá, cuando fuimos a Disney World, nuestro avión era como este». David puso su avión en el piso. «Cuando el avión de papá aterrizó, fue como este...» David dejó caer su avión derecho hasta el piso. Mi corazón cayó junto con él.

A veces, alcanzaba a oír a David hablando solo o con algún otro, diciendo: «Casi todos los aviones son seguros, pero el de papá no estaba seguro».

Desde ese día tuvimos muchas conversaciones de lo que significaba morir y David tenía muchas preguntas, a veces algunas de ellas me dejaban casi sin aliento. Sin embargo, hay una cosa que me asombró por completo: En ese tiempo, David nunca cuestionó el carácter definitivo de la muerte de Todd. Una de sus preguntas que me resultaban muy difíciles de responder era esta:

—¿Por qué, si papá nos amaba tanto, quiso irse y vivir con Jesús?

Trataba de explicarle que, si le hubieran dado a elegir ese día, papá habría preferido regresar a casa.

—Donde papá está ahora es un lugar maravilloso, pero si pudiera, quisiera estar con nosotros —le dije a David—. Papá quería ir al cielo algún día porque sabía que estar juntos con Dios sería mejor que cualquier cosa que nos podamos imaginar aquí. Aun así, primero quería terminar de ser tu papá y esto lo pone triste porque no pudo terminar su trabajo.

—¿Qué pasa cuando papá está triste ahora? —preguntó David.

—Bueno, la Biblia dice que en el cielo Dios viene y nos seca las lágrimas. Y le recuerda a papá que él nos verá de nuevo y que estaremos juntos en el cielo. Eso ayuda a papá a estar muy feliz.

Hablamos acerca de cómo una persona logra hacer algunas decisiones importantes en la vida.

—Cuando una persona muere, los que aman a Dios deciden ir a donde está Dios; esos que no aman a Dios deciden ir a donde no está Dios y ese es un lugar muy triste porque allí no hay amor —traté de explicarle con delicadeza.

Al parecer, David entendía mis palabras. Entonces volvió sus ojos a mí con toda la inocencia de la niñez y contestó:

—Mami, cuando me muera, voy a decidir venir para la *casa*.

17

UNA LLAMADA TELEFÓNICA DESDE EL CIELO

DESDE EL MIÉRCOLES de septiembre hasta el viernes 14, nuestra casa estuvo llena casi las veinticuatro horas del día. Este fue un tiempo extraño, ya que además del luto que tiene una familia por la pérdida de un ser querido, toda la nación también estaba de luto como resultado de los hechos del 11 de septiembre. Muchas de las personas de duelo estaban también airadas, decididas y preparadas para responder de cualquier manera que los líderes de la nación creyeran conveniente.

Durante esos días, nunca encendí la televisión, pero otros en la casa querían estar al tanto de los noticieros. El número de víctimas por los ataques al Centro Mundial de Comercio y al Pentágono se actualizaban y revisaban casi a cada hora, puesto que nadie parecía saber con exactitud cuántas vidas se perdieron en esos lugares. Se confirmó que el número de personas que murieron en la caída del vuelo 93 ascendió a treinta y siete pasajeros, cuatro de ellos eran terroristas, más el piloto, el copiloto y cinco auxiliares de vuelo.

■ ■ ■ ■

Por lo general, me encargo por completo de la casa. Sin embargo, en los días que siguieron al 11 de septiembre, nuestros amigos se hicieron cargo de todo: incluyendo limpiar, arreglar la casa y cocinar para el que lo necesitara. Cada mañana bajaba las escaleras mientras todo estaba oscuro y trataba de ordenar un poco la casa. Recogía los platos y también guardaba las cosas que no pertenecían a nuestra familia en un armario que designé como el área de las «cosas perdidas y encontradas».

Mi tipo de personalidad exige algún tiempo a solas, algo casi imposible en nuestra casa durante esa semana. De modo que para mis tiempos de quietud y a solas en la mañana, ponía en orden y en su sitio toda la casa como de costumbre, dándome un sentido de normalidad en un tiempo muy anormal.

Mamá se preocupaba de que tratara de hacer tanto. «No tienes necesidad de hacer la limpieza de la casa», decía. «Tenemos un montón de personas que pueden hacer esas cosas».

«No te preocupes, mamá», le decía. «*Necesito* hacer algo. Si algún día me ves sentada cuando toda mi casa está hecha un desastre, preocúpate. Entonces sabrás que perdí la mente. Mientras me veas tratando de mantener las cosas limpias y en orden, ¡sabrás que estoy bien!»

La mamá de Todd, su tía Bonnie y su hermana menor, Michele, llegaron el miércoles, así como Keith Franz. Junto con el pastor Cushman, Elaine Mumau y algunos otros amigos, comenzamos a planear un culto conmemorativo especial por Todd a fin de celebrarlo el domingo a las tres en punto de la tarde. Era de esperar que las aerolíneas ya estuvieran volando para ese entonces o que al menos los que deseaban asistir pudieran estar a tiempo para el culto. Buscamos algunos recuerdos y fotografías para exponer y para usarlas en una presentación en vídeo durante el servicio de recordación y seleccionamos algunas canciones y pasajes bíblicos que fueron especialmente significativos para Todd y para mí.

A diferencia de las víctimas en el Centro Mundial de Comercio o el Pentágono, no teníamos esperanza de encontrar a nadie vivo entre los restos. Sin lugar a dudas, el avión prácticamente se desintegró en las llamas que provocó la caída. La aerolínea United apuntó con claridad que había muy pocos, si es que lo había, restos que enterrar, y que no se encontraría ningún artículo personal en el lugar del accidente hasta los próximos meses. Por consiguiente, pensé que era importante tener una ceremonia lo más pronto posible que nos permitiera a todos reconocer la muerte de Todd. Por lo general, cuando muere un miembro de la familia, el culto fúnebre se celebra tres o cuatro días después. Puesto que no lo podíamos exponer, y puesto que la mayoría de los miembros de la familia y amigos estaban con nosotros o en camino, tenía sentido hacer enseguida un culto de recordación.

A esta altura, la familia escuchó que otros pasajeros a bordo del vuelo 93 tuvieron contacto con sus seres queridos por el teléfono celular y que los pasajeros planearon un tipo de atentado para derrocar a los secuestradores. Todo el mundo especulaba acerca de la posible participación de Todd.

Una pregunta me molestaba: *Si otros hicieron llamadas a bordo del avión, ¿por qué Todd no me llamó?* Él vivía prácticamente con un teléfono celular pegado a sus oídos. No podíamos imaginarnos lo que debió haber pasado durante los minutos finales de ese fatídico vuelo. No obstante, si otros encontraron los medios y tiempo para llamar, ¿por qué no lo hizo él?

En mis momentos de abatimiento, incluso llegué a pensar que quizá los terroristas habían matado a Todd. No me atrevía a quedarme en tales deprimentes pensamientos, pero esa quizá fuera la explicación al porqué no llamó a nadie.

Oí por casualidad a varios hombres en la casa que discutían lo que pudiera haber pasado cuando los pasajeros trataron de recuperar el avión. «Sé que Todd estaba en el mismo medio de ellos, encargándose de todo», dijo un amigo. Sonreí ligeramente ante el comentario de nuestro amigo. Eran puras conjeturas; no teníamos razones tangibles para creer que Todd hubiera hecho algo para contraatacar a los secuestradores. Sin embargo, conociendo la personalidad y el carácter de Todd, parecía lógico suponer que si alguien a bordo del avión hizo algún intento de frustrar la operación de los terroristas, Todd habría participado de algún modo. Así era él.

Interesantemente, desconocido para mí en ese tiempo, Larry Ellison, el dinámico líder de la Corporación Oracle, envió un correo electrónico a todos los empleados de la compañía el jueves 13 de septiembre. En una carta circular, Larry informó a la compañía el número de empleados de Oracle afectados en la tragedia del 11 de septiembre y al menos siete empleados todavía estaban perdidos entre los escombros del Centro Mundial de Comercio. Además, Larry le comunicó a la compañía que Todd murió en el choque del vuelo 93.

Luego, para asombro de muchos, Larry continuó elogiando a Todd de una manera casi profética: «Sabemos que Todd Beamer está muerto», informó Larry. «Creemos que murió cuando él y otros pasajeros a bordo del vuelo 93 trataron de recuperar el avión secuestrado de manos de los terroristas [...] Las acciones valerosas de Todd quizá no salvaron la vida de sus compañeros de viaje, pero ayudaron a impedir que el avión alcanzara su blanco: el Capitolio de nuestra nación. Considerando la devastación provocada por la otra aeronave, no cabe duda que las valientes acciones de Todd y [aquellos] de sus compañeros de vuelo, salvaron innumerables vidas en tierra».

Sin lugar a dudas, Larry estaba convencido de la participación de Todd. ¿Cómo lo supo Larry? El FBI [Servicio de Investigación Federal] no hizo ningún anuncio a tales efectos. El nombre de Todd no aparecía en ningún informe que indicara su participación de alguna manera. Sin embargo, Larry, como muchos de nosotros, no podía imaginarse que Todd Beamer se quedara de brazos cruzados mientras que los terroristas amenazaban con hacerles daños a otros.

El viernes por la noche, alrededor de las nueve en punto, la casa estaba llena una vez más con amigos y familiares cuando recibí una llamada de Nick Leonard, nuestro enlace familiar con la aerolínea United.

—Lisa, tengo alguna información para ti —dijo Nick—, pero antes de hablar contigo debieras ir a un lugar tranquilo.

Nick fue la primera persona que me informó que Todd iba en el vuelo 93. ¿Qué posibilidad había que me dijera alguna otra cosa peor que esa?

—Y debieras tener a alguien contigo —añadió Nick.

De acuerdo, ¿qué tendrá que decirme este señor?, pensé.

A pesar de todo, le hice una señal con la

mano a mi hermano Paul y subimos a mi cuarto y tomamos la llamada de Nick allí. Poco a poco y con cuidado, Nick comenzó a darme las noticias. Puedo decir que él no estaba seguro cómo iba a tomarlas.

—Lisa, el FBI publicó la información de que Todd hizo una llamada telefónica desde el avión. Llamó desde el avión a la compañía GTE Airfone y la llamada le llegó a una telefonista del área de Chicago. El FBI guardó la información en privado hasta que tuvieran una oportunidad para revisar el material. Sin embargo, ahora lo dieron a conocer.

A medida que Nick hablaba conmigo, le iba transmitiendo la información a Paul. Nick continuó.

—Tengo un resumen escrito de la llamada y no estoy seguro de lo que quieres que haga con esto.

—¿Lo tienes frente a ti?

—Sí, lo tengo.

—Pues bien, ¡léemelo! —dije expresamente.

Nick leyó un resumen escrito de una supervisora de la GTE, Lisa Jefferson, quien tomó la llamada que vino a través de una de las telefonistas de la centralita. Estaba claro, por la información que Nick leyó, que a Todd no lo mataron los terroristas. Todo lo contrario, participó activamente en comunicarse con alguien en tierra, brindando información acerca de los secuestradores en espera de que, en algún modo, él y algunos de los demás pasajeros pudieran idear un plan para frustrar la misión de los terroristas.

A medida que Nick transmitía el resumen de la telefonista, garabateaba unas notas y destacaba rápidamente algunas cosas:

¿Se está grabando la llamada? No, ella no puede dejar su puesto para grabar una llamada y teme que se corte. Es un milagro que su llamada se quede conectada debido al volumen de llamadas ¿Saben dónde está sentado?

10 al frente

27 al fondo

El auxiliar de vuelo cerca de él. Le dice qué pasó en primera clase

¿Qué quieren? ¿Rescate?

Todd–Jeremy Glick discutieron juntos «saltar» [secuestrador]

Dicho, vamos a bajar, estamos bien, vamos a regresar, estamos dando vueltas. Creo que rumbo norte

Completado el Padrenuestro con él

Pide ayuda a Jesús. No se sabe lo que va hacer...

Sobre la familia de Todd, hace una promesa de llamarme para decir que nos ama mucho
Todd dice: ¿Listos, muchachos?... ¡Vamos a rodar! Pone el teléfono abajo, pero nunca vuelve
Se escuchan gritos en el fondo
Siente como si ella hiciera un buen amigo.

Para cuando Nick terminaba de contarme el contenido de la llamada de Todd, estaba llorando. La información me confirmó lo bueno «que era» Todd hasta el mismo final de su vida. Fue tremendo alivio saber que en sus últimos momentos, su fe en Dios permaneció fuerte y su familia, su amor por nosotros, éramos los primeros en sus pensamientos. Estaba contenta de saber que Todd sintió que tenía algún control de su destino, que podía ser capaz de realizar un cambio incluso al final. Las palabras «¡Vamos a rodar!» fueron especialmente importantes para mí. Con solo oírlas me hizo sonreír, en parte porque «así era Todd», pero también porque esto mostró que todavía sentía hacer algo positivo en medio de una situación tan crítica.

Por supuesto, su último «Te amo» vivirá conmigo para siempre.

—Si quieres hablar con la telefonista, te responderá con gusto —me dijo Nick.

—Sí, me encantaría hablar con ella.

Nick me dio el número de teléfono donde podría localizar a Lisa Jefferson, la última persona conocida que habló con mi esposo. ¿Quería hablar con ella? ¡Sin lugar a dudas!

Paul y yo bajamos y llamamos a todo el mundo. A través de nuestras lágrimas, le volvimos a contar el mensaje que Nick Leonard nos dio. El cambio en el estado de ánimo de la familia y de los amigos fue casi palpable. Todavía seguíamos afligidos y, aunque la información nunca cambiaría el horrible sentido de pérdida que experimentábamos, nos dio un poco de alegría saber que Todd no murió como un mártir indefenso y que incluso pudiera impedir que otros se convirtieran en víctimas.

En algún lugar Larry Ellison debe haber sonreído.

Eran demasiadas noticias las que teníamos que contar. Llamé a la mamá de Todd, quien había vuelto a Washington para esperar el regreso de David, el papá de Todd, que aún seguía conduciendo a través de la nación. Con David pudimos comunicarnos a través de su teléfono celular mientras hacía su viaje. Para todos nosotros, incluso más significativo y alentador que las acciones heroicas de Todd a bordo del vuelo 93, fue saber que su fe, y la nuestra, resistieron la última prueba.

El sábado por la mañana llamé a la supervisora de GTE Airfone, Lisa Jefferson, y por primera vez me enteré lo que Todd dijo e hizo, y lo que en realidad pasó a bordo del vuelo 93.

18

VIVIR DE NUEVO LA TOMA DEL CONTROL

COMO EL MUNDO AGUARDABA la reapertura del espacio aéreo estadounidense después de las tragedias del 11 de septiembre, Nick Leonard, nuestro útil enlace de la familia con la aerolínea United, le reservaba a mi hermana, Holly Brosious, un vuelo tras otro, solo para darse cuenta de que estaban cancelados. Finalmente, ella llegó el viernes por la noche, justo a tiempo de oír las buenas nuevas acerca de la llamada telefónica de Todd.

Esa misma noche, para darnos más aliento, mi hermano Paul y su esposa, Jet, informaron a la familia que esperaban un bebé. Todos nos entusiasmamos con la noticia, sobre todo yo estaba contenta de saber que el bebé que llevaba dentro iba a tener un miembro de la familia de la misma edad.[1] Quizá aun más importante, aunque nadie lo expresara con palabras en ese momento, nos recordó que la vida continuaba. En medio de la trágica pérdida, Dios nos traía nuevos milagros.

El sábado por la mañana temprano, nuestro amigo Doug MacMillan me acompañó a la oficina de Todd en la casa para llamar a Lisa Jefferson. Como hice la noche antes con Nick y Paul, deseaba darle la información a Doug según la recibía de Lisa, así sería capaz de recordarla mejor. Con nerviosismo, marqué el número de teléfono.

Aunque ansiaba hablar con ella, no esperaba la sobrecogedora emoción que experimenté durante nuestra conversación. Sentí mucha más emoción al hablar con Lisa Jefferson que la que tuve al hablar con Nick Leonard la noche antes. Creo que se debió a que ella fue la última persona que se comunicó con Todd y sabía que no podría hablar

---

[1]La pequeña de Paul y Jet, Emmalyn Kathleen Brosius, nació el 17 de abril de 2002, así que Morgan, nuestra hija, ¡tiene una prima de su misma edad!

de nuevo con él. Nick podía leer las palabras de la página, pero Lisa podía darme información de primera mano de lo que Todd dijo e hizo. Me habló de la conducta de Todd, el sonido y la modulación de su voz, y la fe que emergió de su interior durante esos últimos momentos.

Ya estaba llorando antes que Lisa atendiera el teléfono.

—Le habla Lisa Beamer —sollocé, tratando en vano de mantener mi compostura. Parecía que Lisa no entendía. Así que esperó con paciencia hasta que estuviera preparada.

Primero, me hizo algunas preguntas basadas en la información que le dio Todd, informándome lo que en verdad habló con él por teléfono.

—¿Tienes dos hijos que se llaman David y Andrew? —preguntó.

—Sí, los tengo.

—¿Estás esperando un bebé?

—Sí, lo espero para enero. ¿Todd le dijo todo eso? —pregunté.

—Sí, me lo dijo —replicó Lisa.

Pronto descubrí, a medida que hablábamos más, que Lisa estaba tranquila y hablaba con suavidad, pero con mucha objetividad y elocuencia. No entendía muy bien por qué Todd hablaría con ella ni confiaría en ella en las críticas circunstancias que enfrentaba. Era una mujer enérgica, aunque también parecía ser una persona muy preocupada y compasiva.

■ ■ ■ ■

Con la información que Lisa Jefferson me dio y los siguientes informes que me llegaron, fui capaz de reconstruir lo que Todd experimentó la mañana del 11 de septiembre.

Pude representármelo a bordo del avión e instalado en su asiento de la fila 10 durante seis horas de vuelo desde Newark a San Francisco. No tenía duda de que cuando Todd entró en la nave, una de las primeras cosas que hizo fue sacar su computadora portátil y ponerse a trabajar. Por grabaciones del teléfono celular sabemos que habló con Jonathan Oomrigar de Oracle acerca de la siguiente reunión de ese día. Además, dejó algunos otros correos hablados para los asociados de empresas.

Estaba programado que el avión despegara a las ocho de la mañana y, en realidad, el Boeing 757 retrocedió a la Puerta A-17 a las ocho y un minuto. Sin embargo, como es común en el Aeropuerto Internacional de Newark, el tránsito en la pista retrasó el despegue. El avión permaneció en tierra cuarenta minutos.

Entretanto, en Boston, el vuelo de American despegó del aeropuerto Logan a las ocho en punto; el vuelo 175 de United le siguió detrás. Estaba programado que ambos aviones de Boston volaran a Los Ángeles esa mañana. En Washington D. C., el vuelo 77 de American, también en dirección a Los Ángeles, despegó del aeropuerto Dulles a las ocho y diez de la mañana. De los cuatro vuelos cargados de combustible para atravesar el país, solo uno permaneció en tierra: el vuelo 93.

A veces, la mayoría de nosotros nos frustramos con los embotellamientos de tránsito, sobre todo cuando nuestros aviones están suspendidos. Sin embargo, la congestión del tránsito en que se encontraba esa mañana el vuelo 93 quizá fue un factor clave en salvar miles de vidas... y tal vez el Capitolio de nuestra nación.

Sin tener en cuenta la irritación que causaba en otros, Todd quizá la tomó con calma y vio la congestión del tránsito como una oportunidad de trabajar un poco más, algún tiempo para hacer una de las últimas llamadas por el teléfono celular antes que los auxiliares de vuelo pidieran que apagaran los equipos electrónicos hasta que el avión estuviera en el aire.

El avión llevaba prácticamente poca carga

esa mañana: siete miembros de la tripulación, incluyendo el capitán Jason Dahl, el primer oficial LeRoy Homer y cinco auxiliares de vuelo; y treinta y siete pasajeros, la mayoría eran hombres y mujeres de negocios, unas pocas parejas de vacaciones y varios estudiantes que regresaban a la escuela. Mientras que para casi todos los pasajeros era un viaje de rutina, algunos de los viajeros menos experimentados quizá estaban un poco nerviosos por la seguridad de la aerolínea en el despegue. Sin embargo, ninguno sabía que cuatro hombres, en sus veinte años, planeaban morir en ese avión.

Los cuatro pasajeros del Oriente Medio, hombres jóvenes y profundamente religiosos, estaban dirigidos por Ziad Samir Jarrah, quien se sentó en primera clase en el asiento 1B, cerca de la puerta de la cabina del piloto. El libanés de veintisiete años de edad era un piloto licenciado que tomó lecciones de vuelo y clases de defensa personal en la Florida, menos de un año antes. Los cómplices de Jarrah iban en los asientos 3C, 3D y 6B.

Al menos uno de los fanáticos jóvenes religiosos llevaba una copia de las instrucciones específicas escritas a mano por Mohamed Atta, el cabecilla egipcio de los cuatro grupos de terroristas islámicos asignados a los aviones estadounidenses ese día. En cinco páginas de instrucciones de Atta (encontradas después en el lugar del accidente) se incluían lecturas espirituales en las que los terroristas meditaron la noche antes de los ataques, además de asuntos prácticos tales como «báñense bien, aféitense el exceso de cabellos en el cuerpo» y «asegúrense de estar limpios, así como sus ropas, incluyendo los zapatos». Posiblemente esas instrucciones eran para la purificación espiritual o quizá para evitar que los notaran. Lo que Atta más les recalcó era que recordaran llevar «cuchillos, los que quisieran, sus identificaciones, sus pasaportes, todos sus papeles».

A los terroristas se les dijo que apretaran los dientes cuando llegara el momento del golpe. Tenían que «gritar *Allahu akbar* ["Dios es grande" en árabe] porque esto amedrentaría los corazones de los incrédulos [...] Cuando comience el enfrentamiento, ataquen como campeones que no quieren regresar a este mundo».

Las instrucciones estaban muy bien hechas para los cuatro jóvenes en una misión de la que no habría regreso. Especialmente desconcertante y algo alarmante eran las engañadoras referencias a Dios, no al Dios de la Biblia, sino a un dios que respaldaba la muerte y el odio, un dios que sin duda forjó en las mentes de esos hombres la justificación de sus propias malas intenciones. De principio a fin, junto con las notas de la misión suicida, había exhortaciones como estas: «Obedezcan a Dios y su mensajero, y no peleen entre [ustedes] cuando se debiliten. Y permanezcan firmes; Dios estará con esos que permanecen firmes.

»Deben orar; deben estar prestos. Pidan la dirección de Dios; pidan la ayuda de Dios [...] Oren durante toda la noche [...] Purifiquen sus corazones y límpienlos de todos los asuntos mundanos. Terminó el tiempo de diversión y derroche. Llegó el tiempo del juicio. Por lo tanto, necesitamos utilizar esas pocas horas para pedirle perdón a Dios».

Las instrucciones de Atta incluían varias promesas de vida eterna para los terroristas. «Entrarán en el paraíso. Entrarán en la vida de felicidad, la vida eterna».

La última página de las instrucciones, comenzaba con: «Cuando entren al avión», los secuestradores tenían que decir oraciones especiales. «Oh Dios, ábreme todas las puertas. Oh Dios, quien contesta las oraciones y responde a quienes te imploran, pido tu ayuda. Te pido perdón. Te pido que alumbres mi camino. Te pido que me quites la carga que siento. Oh Dios, quien abre todas las puertas, por favor, abre todas las puertas para mí...»

El documento termina con esta declaración: «Dios, confío en ti, me pongo en tus manos. No hay otro Dios, sino Dios [...] Somos de Dios y a Dios regresamos».

■ ■ ■ ■

Después del retraso (no lo podía evitar, pero me preguntaba qué habría pasado si hubieran contado con unos pocos minutos más) el vuelo 93 de United despegó del Aeropuerto Internacional de Newark, atravesando el río de la ciudad de Nueva York, a las ocho y cuarenta y dos minutos de la mañana. El avión todavía estaba ascendiendo sobre la costa de Nueva York y Nueva Jersey cuando, solo seis minutos después, el vuelo 11 de la aerolínea American estalló en la torre norte del Centro Mundial de Comercio. Los cielos estaban claros en la mañana del 11 de septiembre, un absolutamente bellísimo día en Nueva York, y uno de los hombres en la cabina del piloto del avión de Todd notó el humo que se levantaba desde abajo. «¿Anda todo bien en tierra?», preguntó al controlador del tránsito aéreo.

«Todo está bien», le dijo.

El vuelo 93 continuó ascendiendo a su altitud de desplazamiento y se encaminó al oeste, a través de Nueva Jersey hacia el interior de Pensilvania. A las nueve y tres minutos de la mañana, el vuelo 175 de United se estrelló en la torre sur del Centro Mundial de Comercio. Con ambos edificios ardiendo en Nueva York, la aerolínea United transmitió un aviso a todos los monitores de las computadoras de las cabinas de los pilotos: «Tengan cuidado con la intrusión en la cabina del piloto». Desde lo alto y encima de Harrisburg, Pensilvania, no lejos del lugar en que crecieron mis padres y donde ahora vivía Keith Franz, el vuelo 93 respondió: «Confirmado».

Irónicamente, las actividades en la cabina eran bastante normales, mientras los auxiliares de vuelo servían el desayuno y los pasajeros descansaban o trabajaban. Alrededor de las nueve y veinticinco, uno de los pilotos verificó con el centro de control del tránsito aéreo de Cleveland, el cual normalmente se encarga de la dirección de los vuelos así como del movimiento a través del medio oeste. «¡Buenos días!», dijo con energía uno de los pilotos desde la cabina del vuelo 93. A esta altura, los pilotos se habían enterado de que algo extraño pasaba en Nueva York y con calma le pidieron a Cleveland más información.

En aquellos momentos los controladores de Cleveland estaban recibiendo amenazas de bombas en tierra, así como los controladores en Boston, posiblemente con la intención de crear más pánico y caos y distraer a los controladores para que no rastrearan los planes de los secuestradores. Un minuto después, a las nueve y veintiocho, los controladores de Cleveland oyeron claramente gritos por el micrófono abierto a bordo del vuelo 93.

En Sarasota, Florida, el presidente Bush les estaba leyendo a una clase de escolares cuando le interrumpieron y le dijeron que habían sufrido un «aparente ataque terrorista». A bordo del vuelo 93 y los otros tres aviones destruidos, el ataque no era aparente; era mortal.

Los controladores se comunicaron por radio con el avión, pero no hubo respuesta. Después de aproximadamente cuarenta segundos, los controladores de Cleveland oyeron más gritos apagados. «¡Fuera de aquí!», imploraba una voz en inglés. «¡Fuera de aquí!» No está claro si se trataba de un miembro de la tripulación gritando con desesperación a los secuestradores o si le advertía a algún otro que quizá intentaba brindar ayuda. Lo que sí es cierto, sin embargo, que al capitán y al copiloto los sacaron bruscamente de la cabina. Los pasajeros, incluyendo a Todd, informaron más tarde que vieron dos personas que yacían inmóviles en el piso cerca de la cabina, posiblemente decapitados.

Nadie sabe con certeza cuántos terroristas entraron a la cabina del piloto. Algunos especulan que atacaron a un auxiliar de vuelo de edad, amenazándolo con cortarle la cabeza si los pilotos no salían de la cabina. O quizá simplemente rompieron la delgada puerta que separaba la cabina del piloto de la otra cabina. A lo mejor esperaron que abrieran la puerta, para entonces irrumpir en la estrecha cabina del piloto, decapitando a los pilotos mientras estaban atados a sus asientos. En una grabación de la cabina del piloto se oyen sonidos de que estrangulaban a alguien.

En cuanto los secuestradores tomaron el control del avión, desconectaron el piloto automático. El avión daba tumbos y se podían escuchar voces árabes que se daban ánimo unos a otros: «Todo está bien». Al parecer, los secuestradores no se dieron cuenta de que el micrófono todavía seguía abierto y sus voces eran audibles a otro avión, así como para los controladores en tierra.

Entonces, los controladores en Cleveland escucharon a uno de los secuestradores, sin aliento debido a la lucha o posiblemente por arrastrar al piloto y al copiloto fuera del camino. La voz con un fuerte acento, lo más probable que fuera la de Jarrah, dijo: «Señoras y señores, les habla el capitán. Por favor, tomen sus asientos».

La mayoría de los capitanes de los aviones comerciales de American dominan bastante bien la gramática inglesa. Este hombre no, pero su siniestro mensaje, no obstante, dejó estupefactos a los pasajeros. «Permanezcan sentados», dijo. «Tenemos una bomba a bordo».

Las personas en la torre de control y en otros aviones cercanos escucharon a los secuestradores decirles a los pasajeros que permanecieran en sus asientos, aunque pocos minutos después los auxiliares de vuelo y los pasajeros en la cabina principal, incluyendo a Todd, se agruparon en la parte de atrás del avión, entre las filas 30 a la 34, cerca de la cocina.

La voz con un fuerte acento se escuchó otra vez en el aire. «Este es el capitán. Permanezcan en sus asientos. Hay una bomba a bordo. Vamos a regresar al aeropuerto para tener nuestras demandas, así que, por favor. Permanezcan tranquilos».

En ese momento la grabación de la voz revela que los secuestradores se dan cuenta de su error. Cierran el micrófono, dando por sentado que pueden parar el flujo de información a tierra. Sin embargo, atrás en la cabina, las ondas radiofónicas de comunicación estaban sonando...

19

COMPLOT A BORDO
DEL VUELO 93

LA PRIMERA LLAMADA telefónica que se supo vino de Tom Burnett de San Ramón, California, un padre de tres niñas pequeñas y ejecutivo de Thoretec, una compañía de atención de la salud. Un gran hombre que fue «quarterback» de su equipo de fútbol en la escuela secundaria, Tom iba sentado en la cabina de primera clase, cerca de Mark Bingham, un publicista de San Francisco que iba rumbo a su casa. Esa mañana, Mark durmió más de lo previsto y llegó al pasillo A-17 en el preciso momento que el auxiliar de vuelo iba a cerrar la puerta del avión. Si hubiese llegado unos minutos más tarde, hubiera perdido el vuelo.

Tom Burnett llamó a su esposa, Deena, a la casa. Como ex auxiliar de vuelo, enseguida que levantó el auricular se dio cuenta de que algo andaba mal. «¿Estás bien?»

«No», contestó Tom. «Estoy en el avión, el vuelo 93 de United, y lo secuestraron». Habló rápido y quedo. «Un tipo tiene un cuchillo y hay una bomba a bordo. Por favor, Deena, llama a las autoridades». Y colgó.

■ ■ ■ ■

Lisa Jefferson estaba trabajando en el Centro de Atención al Cliente de GTE Airfone en Oakbrook, Illinois, un suburbio de Chicago, cuando escuchó por primera vez las noticias de los ataques terroristas en Nueva York y Washington, D. C. Como supervisora con más de dieciocho años de experiencia en su trabajo, salió de su oficina en busca de más información. En ese momento, alrededor de las ocho y cuarenta y cinco, hora estándar central (nueve y cuarenta y cinco hora estándar del este), la operadora de la estación número quince recibió una llamada urgente. Con una señal, la operadora pidió la ayuda de Lisa.

«Ella me dijo que tenía una verdadera situación de piratería aérea en la línea», dijo Lisa. «Le pregunté cuál era la aerolínea y el número del vuelo. Me dijo que se trataba del vuelo 93 de United. Parecía traumatizada, así que le dije que me encargaría del asunto.

»Cuando tomé la llamada, había un caballero en el teléfono. Tenía mucha calma y hablaba con suavidad. Me presenté como la señora Jefferson y le dije: "Comprendo que ese avión está secuestrado. ¿Me puede dar una información detallada de cómo ocurrió?"» Luego Lisa pasó a su manual de llamadas de socorro, preguntándoles cosas como: «¿Cuántas personas hay a bordo? ¿Cuántos secuestradores hay? ¿Están armados? ¿Hay niños a bordo?» El hombre también le contestó a Lisa con mucha calma. Estaba sentado cerca de una auxiliar de vuelo que lo ayudó a transmitir la información: veintisiete en la cabina de los pasajeros, diez en primera clase, cinco auxiliares de vuelo y no se veían niños. «Me dijo que tres personas asaltaron el avión», dijo Lisa, «dos con cuchillos y uno con una bomba atada con un cinturón rojo a la cintura. Los dos con cuchillos se encerraron en la cabina del piloto. Les ordenaros a todos que se sentaran, mientras que los auxiliares de vuelo seguían parados. Uno de ellos de casualidad se sentó junto a Todd en la parte de atrás del avión. El secuestrador con la bomba haló la cortina que divide la cabina de primera clase con el resto de los pasajeros de manera que no pudieran ver lo que estaba pasando».

Sin embargo, Todd vio a dos personas en el piso. «No pudo decir si estaban muertos o vivos», dijo Lisa. «La auxiliar de vuelo le dijo que estaba casi segura de que eran el piloto y el copiloto.

»Le pregunté el nombre del que me llamaba y me dijo: "Todd Beamer". Me contó que era de Cranbury, Nueva Jersey.

»Al principio, creía que Todd susurraba o hablaba en voz baja para impedir que lo detectaran, así que le dije que si en cualquier momento pensaba que su vida corría peligro por estar en línea conmigo, bajara el teléfono, pero que tratara de no colgarlo, para mantener la línea abierta a fin de que pudiera escuchar lo que estaba pasando.

»Sin embargo, él no parecía preocupado. Dijo que estaba bien. Al principio dijo: "A lo mejor trato de llamar a mi esposa". Luego dijo: "No, quiero que alguien sepa lo que está pasando". Pensaba que los terroristas iban a regresar al aeropuerto y el avión aterrizaría con seguridad».

Después, Lisa Jefferson me dijo: «No quiso llamarte y darte malas noticias si todavía él no las tenía. Yo me ofrecí para tratar de comunicarte con él. Varias veces dudó antes de decidirse a no hacerlo».

Me alegré mucho de que no lo hiciera. Sin duda, al tener que enterarme de las circunstancias de Todd oyendo su voz desde el avión, habría perdido la comunicación. Siento tremendo respeto por los miembros de las familias y los amigos que recibieron llamadas desde los vuelos secuestrados ese día y que fueron capaces de mantener su compostura. Sin embargo, con toda sinceridad, no creo que yo hubiera respondido de la misma manera. Y Todd lo sabía. Todd era un hombre prudente. Sabía que estaba en casa sola con los niños y sin posibilidades de ayudarlo; más aun, quizá se preocupó por nuestro próximo hijo y de que me alterara mucho. Por lo tanto, no me sorprendió que Lisa me dijera que consideraba llamarme y que después se negó a hacerlo. No fue para ofenderme ni herirme. De la única manera que podía, Todd siguió cuidándome, protegiéndome, incluso en circunstancias tan terribles.

Es muy probable que, al principio, Todd pensara que estos secuestradores terminarían de manera similar a otros en nuestra historia, haciendo demandas, aterrizando el avión en alguna parte que apoyaran su causa y que los negociadores fueran capaces de encontrar una solución. Aunque reconocía el peligro, nunca se desesperó.

«Todd estuvo en calma durante nuestra conversación», me dijo Lisa. «Me preguntó: "¿Usted conoce sus intenciones? ¿Quieren dinero, o rescate, o qué?"

»"En realidad, no sé", le dije. No tenía ningún indicio de lo que querían. En ese momento, no le hablé de los otros secuestradores y no creo que estuvieran al tanto de ellos todavía. No quería perturbarlo, ni molestarlo, ni hacer que se pusiera nervioso, y que siguiera teniendo esperanza».

En ese momento, el FBI estaba en otra línea, escuchando, desde que se les informó parte del angustioso procedimiento de GTE.

«De repente, Todd cambió un poco el tono de su voz y dijo: "¡Estamos bajando! ¡Estamos bajando! ¡Qué va! Estamos regresando. No, estados dando vueltas, vamos rumbo norte... En realidad, no sabemos a dónde vamos. ¡Oh Jesús, por favor, ayúdanos!"»

Solo diez minutos antes, a las nueve y treinta y seis minutos hora estándar del este, los controladores del tránsito aéreo en tierra observaban las pantallas del radar con horror a medida que el avión hacía un giro muy cerrado hacia la izquierda sobre Cleveland, cambiando bruscamente de rumbo y girando primero al sur y luego al este. ¿Adónde iba este avión?

No está claro lo que en realidad pasó en

los próximos minutos. Al parecer, el piloto automático y el transmisor del avión, el dispositivo que recibe y transmite una señal mediante el radar que detecta el avión, estaban desconectados y los secuestradores volaban de manera irregular. El avión comenzó a bajar en picada, a dar bandazos y a dar sacudidas por la altura que mantenía anteriormente. Tal vez los secuestradores solo trataban de mantener fuera de guardia a los pasajeros avanzando más o menos a empujones. Todd siempre habló acerca de «volar debajo del radar»; ahora, con el transmisor apagado, lo estaba en realidad.

Tom Burnett llamó a Deena por segunda vez.

—¡Ahora están en la cabina del piloto! —le dijo. Luego le preguntó a Deena acerca del Centro Mundial de Comercio—. ¿Eran los aviones que se estrellaron de aerolíneas comerciales de pasajeros?

—No sé —contestó Deena.

—Vamos de regreso a Nueva York —le dijo—. No, vamos rumbo sur.

Tom le dijo que tenía que dejarla y colgó de nuevo.

Tres minutos más tarde, un avión chocó contra el Pentágono. La Agencia Federal de Aviación ordenó el cierre inmediato de todos los aeropuertos del país y que todos los aviones regresaran a tierra, pero el vuelo 93 se mantenía en su nueva ruta, rumbo al sudeste... directo hacia Washington, D. C.

En un lugar cerca de Todd estaba sentado Jeremy Glick, un nuevo papá procedente de Hewlett, Nueva Jersey, a una hora y media de donde vivía Todd. Un hombre fuerte y de aspecto atlético que medía un metro y ochenta y cinco centímetros y pesaba noventa y un kilos, Jeremy era un campeón de judo de la Asociación Deportiva Universitaria Nacional y le encantaba el esquí acuático. El tipo de hombre con el cual Todd hubiera entablado amistad al instante bajo otras circunstancias. Así fue, pronto los dos hombres encontraron algunos intereses en común. Todd le mencionó específicamente el nombre de Jeremy a Lisa Jefferson.

Jeremy planeaba volar a San Francisco el día antes para una reunión de negocios, pero debido al fuego en el aeropuerto, su vuelo se reprogramó para el Aeropuerto Internacional Kennedy. En su lugar, Jeremy decidió regresar a casa y tomar un vuelo que salía de Newark el martes temprano: el vuelo 93 de United.

Puesto que Jeremy planeaba salir, su esposa, Lyz, tomó a su bebé de tres meses de edad, Emmy, para visitar a los padres de Lyz en Windham, al norte del estado de

Nueva York. Jeremy llamó a Lyz alrededor de las siete y media esa mañana antes de abordar el avión, solo para darle un rápido saludo. El papá de Lyz contestó la llamada y le dijo a Jeremy que Emmy se había pasado la noche quejándose, así que Lyz seguía durmiendo. Ellos decidieron dejarla dormir. «Que tengas un buen viaje», le dijo el papá de Lyz a Jeremy.

Ahora, Jeremy llama de nuevo, esta vez desde alguna parte encima de Cleveland. «Tres hombres de apariencia iraní y con turbantes rojos, uno con una caja roja atada a la cintura, dicen que tienen una bomba y se apoderaron del avión», le dijo a Lyz.

Cuando Lyz oyó que Jeremy mencionó una bomba, se aterrorizó. Jeremy la calmó y la pareja permaneció en el teléfono por casi veinte minutos. Una y otra vez se dijeron el uno al otro: «Te amo».

Jeremy quizá se dio cuenta que la situación no iba a terminar bien. Le dijo a Lyz que deseaba que ella y Emmy fueran felices y que iba a respetar cualquier decisión que hiciera en el futuro.

—Lyz —le dijo después Jeremy—, necesito saber algo. Uno de los pasajeros habló con su esposa y le contó de los aviones que se estrellaron en el Centro Mundial de Comercio. ¿Es cierto?

Lyz temía decirle a Jeremy lo que estaba viendo con sus propios ojos. Parada en la sala, mirando la televisión, podía ver el humo que produjo el derrumbe del Centro Mundial de Comercio.

—Por favor, sé fuerte, pero sí, hicieron eso.

—¿Es hacia ese lugar que vamos también? —le preguntó Jeremy.

Lyz le dijo que no creía que quedara algo del Centro Mundial de Comercio.

Cuando Tom Burnett llamó a Deena por tercera vez, ella le dijo: «Tom, acaban de estrellarse en el Pentágono. Parece que tomaron aviones y los dirigieron hacia puntos clave sobre toda la costa este».

Tom le dijo a Deena que desconfiaba de la bomba de los secuestradores. «Creo que nos están engañando», le dijo a su esposa. «Vamos a hacer algo. Me tengo que ir».

Aproximadamente al mismo tiempo, Jeremy Glick le dijo a Lyz que algunos de los hombres al final del avión estaban hablando acerca de caerles encima a los secuestradores.

Mientras tanto, otras personas a bordo del vuelo 93 llamaban también a sus amigos y seres queridos. Esa mañana temprano, Lauren Grandcolas estaba encantada al enterarse de haber conseguido un billete en lista de espera a bordo del vuelo 93; esto le permitiría llegar a su casa más temprano de lo previsto. Por eso, llamó y dejó un mensaje para su esposo. Después, llama de nuevo y deja otro mensaje: «Tenemos un pequeño problema en el avión, pero estoy bien y cómoda... por ahora».

Joseph DeLuca llamó a su papá. Su novia, Linda Gronlund, llamó a sus hermanas y les dijo la combinación de su caja de depósito de seguridad y cuánto las amaba. Marion Britton pidió prestado un teléfono para llamar a una amiga, diciéndole que estaba segura que iba a morir. «Ya decapitaron a dos personas», dijo.

Mark Bingham, de un metro y noventa y un centímetros, era un ex jugador de rugby en un equipo campeón nacional. En cierta ocasión se enfrentó a un asaltante armado en las calles de San Francisco. Unos meses antes, el audaz y arriesgado hombre, corrió con los toros en Pamplona. Sin embargo, cuando Mark llamó a su mamá, Alice Hoglan, desde el avión, parecía perturbado y abatido. «Mamá, te habla Mark Bingham», dijo. «Solo quería decirte que te amo, en caso de que no te vuelva a ver de nuevo». Durante la llamada, la mamá de Mark escuchó sombrías voces a los lejos, posiblemente estableciendo los planes iniciales para un contraataque.

La auxiliar de vuelo Sandy Bradshaw llamó a su esposo, un piloto de USAirways, desde el pasillo de la cabina de los pasajeros. «Nos secuestraron», le dijo. También le dijo que ella y algunos otros auxiliares de vuelo llenaron las cafeteras con agua hirviendo para tirárselas a los secuestradores.

Más de dos docenas de llamadas telefónicas se hicieron desde el avión esa mañana. ¿Por qué los secuestradores permitieron el libre acceso con el mundo exterior? Algunos especularon que los terroristas querían que en verdad los pasajeros llamaran, incrementando el miedo que les estaban produciendo y que se difundiera el caos. Es posible que sobreestimaran su control de la situación, o a lo mejor subestimaron a los estadounidenses a bordo, considerándolos demasiado débiles y timoratos para defenderse. Cualquiera que sea la razón, los terroristas no se esforzaron en impedir las llamadas telefónicas que salían. Ninguna de las personas que se comunicaron con familiares o amigos en tierra dieron muestras de sentir temor de que los capturaran, castigaran o mataran si los veían intentando comunicarse con el mundo exterior.

Desconozco si los pasajeros a bordo del vuelo 93 en verdad supieron que ellos representaron una formidable fuerza esa mañana y cuán buenas, y grandes, hubieran sido sus oportunidades de aterrizar con seguridad si hubieran retomado el control de la cabina del piloto.

Además de la serie de deportistas universitarios tales como Jeremy Glick, Tom Burnett y Mark Bingham, otros cuantos pasajeros también eran capaces de defenderse. CeeCee Ross-Lyles, una de las auxiliares de vuelo, fue agente de la policía. Lou Nacke era una persona bajita, pero fuerte, que medía un metro y seis centímetros y pesaba noventa y un kilos. Lou, el fornido gerente de la compañía de juguetes KB Toys y levantador de pesas, tenía un tatuaje de Supermán en sus hombros. Cuando era pequeño, una vez intentó atravesar una ventana de cristal mientras vestía su capa de Supermán.

Rich Guadagno era un alto empleado en función con la California Fish and Wildlife [Pesca y fauna silvestre de California] y estaba preparado para el combate cuerpo a cuerpo.

Linda Gronlund, abogada, tenía cinta marrón en kárate.

Aunque tenía sesenta años de edad, William Cashman fue un soldado paracaidista de la división aérea 101 y seguía en buena forma.

Alan Beaven, con más de un metro y

ochenta centímetros de estatura, era un ex fiscal de Scotland Yard quien escalaba montañas como pasatiempo. Tenía un cartel en su escritorio: «Temor... ¿y a mí qué?»

Y, después, estaba Todd: el hombre fuerte, atlético, deportista y emprendedor.

Además, para completar las fuerzas, algunos de los pasajeros tenían una grande y sorprendente agudeza en aeronáutica. Don Greene volaba aviones de un solo motor antes de tener la suficiente edad para votar. Era el vicepresidente de Safe Flight Instrument Group [Agrupación de Instrumentos Seguros de Vuelos], una compañía que fabrica dispositivos de seguridad para las aerolíneas y con cierta preparación de controladores aéreos en tierra, era muy probable que hubiera podido aterrizar el jet de la United. Andrew García era un controlador de tránsito aéreo para la Guardia Nacional Aérea. Trabajando juntos, probablemente habrían traído el avión a tierra con seguridad... si...

20

UN EQUIPO UNIDO...
EN LA VIDA Y EN
LA MUERTE

JEREMY GLICK HABLABA TODAVÍA con su esposa Lyz, cuando el plan de contraataque comenzó a gestarse entre los del vuelo 93 de United. Jeremy le dijo a Lyz que los pasajeros discutían qué hacer, que lo llevarían a votación. «¿Qué piensas que debemos hacer?», le preguntó a su esposa.

«Ataquen», le dijo Lyz. En verdad, sabía que no había otra opción. Cada vez era más claro que este no era un tipo de secuestro del que la gente escapa sin daños. Los terroristas no iban a aterrizar el avión y se iban a marchar pacíficamente. Lo más probables es que alguien muriera. Y tal vez un montón de personas.

A diferencia de los pasajeros a bordo de los otros vuelos secuestrados el 11 de septiembre, a los pasajeros a bordo del vuelo 93 se les dio un insólito obsequio: el inconveniente y la demora causados por la congestión de tránsito en la pista de despegue de Newark, lo cual les brindó tiempo e información. Los pasajeros se atrevieron a no quedarse de brazos cruzados mientras que el avión iba como un rayo hacia otro punto nacional importante. Lo mejor era hacer algún intento para recuperar la cabina del piloto.

Jeremy le dijo a Lyz que algunos de los pasajeros discutían sobre lo que podrían usar como armas. Rió con nerviosismo. «Yo tengo mi cuchillo de la mantequilla del desayuno».

■ ■ ■ ■

Al mismo tiempo, Tom Burnett llamó de nuevo a Deena, su esposa.

—Vamos a hacer algo —le dijo.

Como una experimentada auxiliar de vuelo, Deena supo que esa resistencia no era el método prescrito para tratar con asaltantes. Todo lo que decía el libro era: «No se enfrenten. No se agiten. Solo dejen que el avión aterrice y permitan que las autoridades se ocupen del caso». Con razón, ella le recalcó ese procedimiento a su esposo.

—Siéntate, Tom. ¡Por favor! Quédate tranquilo. Guarda silencio. No llames la atención. Espera por las autoridades.

—No podemos esperar, Deena —contestó Tom sin rodeos—. Si van a llevar el avión a tierra, tenemos que hacer algo.

—Te amo, Tom. ¿Qué más puedo hacer?

—Solo ora, Deena, ora.

Y, entonces, Tom colgó el teléfono por última vez.

■ ■ ■ ■

En la grabación de la cabina del piloto, se puede escuchar la voz de uno de los secuestradores que le dice a otro terrorista: «Dejen entrar a los hombres ahora». Es probable que los otros dos terroristas, el papel del cuarto nunca se determinó, se percataron de que iba a ser más difícil controlar a los pasajeros y se retiraron hacia el área de la cabina del piloto.

Uno de los secuestradores en la cabina del piloto comenzó a orar. Entonces los secuestradores discutieron sobre usar un hacha, la cual se tiene con el único propósito de romper el cristal alrededor del extinguidor en caso de fuego en la cabina del piloto, para doblegar a los pasajeros. En lugar de eso, desconectaron el piloto automático y comenzaron a mover el jet, quizá en un intento de lograr que cualquiera que quisiera atacar perdiera la estabilidad.

■ ■ ■ ■

Lisa Jefferson me indicó que en varios momentos, durante sus quince minutos de llamada telefónica, Todd puso el teléfono hacia abajo, se iba hacia otro lugar del avión para hablar con otros pasajeros y luego volvía a su conversación. Lisa me dijo: «De no haber sabido que era un verdadero secuestro, hubiera pensado que era una llamada loca porque Todd fue muy racional y metódico con lo que estaba haciendo».

Me contó sobre la participación de Todd en el contraataque y el mensaje que pidió que me transmitiera a mí. Lisa recordó: «Todd me pidió: "En caso de que no pase esto, ¿podría llamar a mi familia y decirles cuánto los amo?" Yo le prometí que lo haría.

»Me dijo que tenía dos niños, David y Andrew, y que su esposa esperaba otro bebé en enero.

»Después de eso el avión bajó de nuevo en picada y comenzó a volar de manera irregular. Hubo otra conmoción emocional y puedo decir que la voz de Todd se sentía nerviosa, pero que estaba en calma. Cuando el avión avanzaba a empujones, Todd gritó:

»—¡Oh Dios! —exclamó—. ¡Lisa!

»No le había dado mi nombre, puesto que me presenté como la señora Jefferson.

»—¿Sí? —le dije.

»—Ah, es el nombre de mi esposa —me dijo.

»—Ese es mi nombre también, Todd —le dije.

»Entonces me pidió que si él no lo hacía, le prometiera que iba a buscar a su esposa y sus hijos y que les dijera que amaba mucho a su familia. Incluso, me dio el número del teléfono de su casa. Cuando el avión comenzó a volar de manera irregular, pensó que había perdido la comunicación conmigo.

»—¡Lisa! ¡Lisa! —gritaba.

»—Estoy todavía aquí; no me he ido a ninguna parte. Estaré aquí todo el tiempo que quieras.

»Parecía preocupado de haber perdido la comunicación y solo quería que me quedara en el teléfono.

»—No voy a ir a ninguna parte —le dije—. Voy a estar aquí contigo.

»—Voy a hacer algo... Creo que no voy a salir de esta —dijo Todd—. Voy a salir en fe.

»Me dijo que había estado hablando acerca de que le caería encima al hombre de la bomba.

»—¿Estás seguro de que eso es lo que quieres hacer, Todd? —preguntó Lisa.

»—Es lo que tengo que hacer —le contestó Todd.

»Me pidió que recitara el Padrenuestro con él —dijo Lisa—, y lo hice. Lo recitamos de principio a fin:

Padre nuestro que estás en los cielos, santificado sea tu nombre.
Venga tu reino. Hágase tu voluntad, como en el cielo, así también en la tierra.
El pan nuestro de cada día, dánoslo hoy.
Y perdónanos nuestras deudas, como también nosotros perdonamos a nuestros deudores,
Y no nos metas en tentación, más líbranos del mal; porque tuyo es el reino, y el poder, y la gloria, por todos los siglos. Amén.[1]

Al final de la oración a bordo del vuelo 93, Todd dijo: «Jesús, ayúdame».

«No sé si Todd lo hizo», me dijo Lisa, «no cabe duda de que fue al mejor lugar».

---

[1]Mateo 6:9-13 (Reina-Valera 1960).

Aunque nunca antes había escuchado que Todd recitara el Padrenuestro en situaciones de presión, no me sorprendió oír que lo citara. Hacía poco que nuestro pastor había impartido una serie de doce lecciones sobre el Padrenuestro. Todd conocía la oración desde la niñez, pero cada línea era cada vez más especial para él a medida que descubría cuán llena de significado estaba en verdad. Al final de la serie, el pastor entregó marcadores con el Padrenuestro y Todd puso el suyo en el libro de Tom Clancy que estaba leyendo en Roma la semana antes. La parte de la oración que intrigaba a Todd era la línea en que Jesús nos enseña a pedir que perdone nuestras deudas, o pecados, así como nosotros perdonamos a nuestros deudores. Cuando Lisa me dijo que Todd oró esa oración en particular, sentí la seguridad, de alguna manera, que Todd perdonó a los terroristas por lo que hicieron.

Después de la oración, Todd recitó el Salmo 23. *Aunque ande en valle de sombra de muerte, no temeré mal alguno....*[2] Al parecer, otros hombres se le unieron o recitaron el salmo para sí mismos. Es interesante, pero el Salmo 23 no era una letanía que Todd re-

---

[2]Salmo 23:4 (Reina-Valera 1960).

citaba a menudo, sino que estaba en su espíritu porque la aprendió cuando era niño. Cuando llegó la crisis, Todd fue capaz de explotar en una profunda reserva de fe que hacía años tenía almacenada.

Lisa Jefferson recuerda: «Después de eso, suspiró y respiró profundamente. Seguía en el teléfono, pero no puedo decir si se alejó del teléfono y estaba hablando con algún otro. Dijo: "¿Están listos? De acuerdo. ¡Vamos a rodar!" Era casi las diez de la mañana, hora estándar del este. El avión se encontraba a quince o veinte minutos de Washington, D. C.

Jeremy le dijo a Lyz: «Espera en la línea. Ya regreso». Lyz no soportaba escuchar más, así que le dio el teléfono a su papá.

«¡Lo están haciendo!», dijo él.

Cuando le doy cabida, lo puedo imaginar...

Del pasillo del fondo de un 757 hasta el frente del área del copiloto hay una distancia de más de treinta metros... Los hombres grandes se movían con rapidez por un pasillo estrecho, quizá acompañados por uno o dos auxiliares de vuelo que llevaban cafeteras llenas de agua hirviendo a medida que corrían. Algunos saltaron de sus asientos para lograr que hubiera el máximo de personas posibles en el frente del avión. Un carro de alimentos se usó para atacar al enemigo.

Todo el avión está inundado de gritos y confusión.

La auxiliar de vuelo Sandy Bradshaw está en el teléfono con su esposo, Phil. «Me tengo que ir», le dijo. «Vamos corriendo para primera clase ahora».

Elizabeth Wainio, quien le acababa de pedir prestado un teléfono celular a otro pasajero, estaba hablando con su madrastra. «Me tengo que ir», le explicó, cortando su breve llamada. «Están irrumpiendo en la cabina del piloto. Te amo. Adiós».

CeeCee Ross-Lyles está en uno de los teléfonos con su esposo, Lorne, cuando comienzan los gritos. «¡Lo están haciendo!», grita. ¡Lo están haciendo!»

Nunca se sabrá lo que hicieron ni cómo lo hicieron. La voz grabada en la cabina del piloto contiene ruidos de platos que se quiebran con violencia y de otros objetos al lanzarse. Los secuestradores escucharon gritos de unos y otros que sostenían la puerta de la cabina del copiloto.

Alguien grita en inglés: «¡Acabemos!»
Uno de los secuestradores intenta frenéti-

camente cortar el oxígeno para calmar la pelea de los pasajeros. Otro de los terroristas le dice a su cómplice: «¡Cálmate!»

Se escuchan duros golpes en la puerta de la cabina del copiloto... un pasajero grita... ¡Más gritos!

El avión comienza a caer.

Los secuestradores gritan: «¡Allahu akbar!» [¡Dios es grande!].

Ruidos de papeles dentro de la cabina a medida que los secuestradores comienzan a luchar entre ellos por el control del avión. «¡Dámelo a mí!», ordena uno de ellos. Demasiado tarde.

El avión se bambolea de un lado para el otro y luego da un vuelco antes de caer como un rayo con gran velocidad, haciendo un hoyo de más de quince metros de profundidad. Al instante, miles de galones de combustible se dispersan por los árboles, abrasando la línea de árboles como si fuera un furioso fuego del bosque acabado de apagar.

El avión está destruido...

Sin embargo, el vuelo 93 de United no se estrelló en el Capitolio; ni tampoco se hizo pedazos en la Casa Blanca, Camp David, ni en ningún otro monumento histórico. En su lugar, se estrelló el 11 de septiembre a las diez y tres minutos de la mañana en un campo abierto con solo una cabaña de piedras a poca distancia y aproximadamente con la casa más cerca a medio kilómetro de distancia.

■ ■ ■ ■

Mientras tanto, Lisa Jefferson permaneció en la línea, esperando que Todd regresara. Oyendo todo el tumulto a bordo del avión, recuerda: «Entonces todo quedó en silencio. No escuché nada más de él. Mantuve la línea abierta alrededor de quince minutos más, con la esperanza de que regresara al teléfono. Alrededor de diez minutos más tarde, oí que el avión se había estrellado cerca de Pittsburgh y supe que era su avión. Se trataba del vuelo 93 de United.

«Cuando me quité los auriculares esa mañana, sentí que en los quince minutos que estuvimos juntos, Todd y yo entablamos una buena amistad... Sentí como que tenía un amigo de toda la vida y que simplemente había perdido a un amigo».

Le dije a Lisa que no dudaba que Todd sintiera lo mismo. Luego le di las gracias por haber sido como una roca para Todd, un consuelo para él y para mí. Y le agradecí por el maravilloso regalo que nos dio a mi familia y a mí con las noticias de su conversación con Todd. Cuando Lisa me contó lo que Todd dijo: «¡Vamos a rodar!», sonreí. Ese era «mucho Todd».

—¿Dijo eso? —le pregunté para estar segura.

—Sí, lo dijo. Él dijo: "¿Están listos? De acuerdo. ¡Vamos a rodar!" —repitió Lisa. Esas fueron las últimas palabras de Todd.

—Esa era su frase —dije—. La usábamos siempre con nuestros niños. Cuando escuchaban: "¡Vamos a rodar!", iban derecho hacia la puerta. Sabían lo que significaba, algo así como: "Prepárense para la próxima cosa que vamos a hacer». Y Todd dijo: "¡Vamos a rodar!"

Es interesante, pero Lisa me dijo que fue un milagro que la llamada de Todd no se interrumpiera. Debido al enorme número de llamadas de ese día, los sistemas de GTE estaban sobrecargados y se habían desconectado todas las llamadas a su alrededor en la centralita a las afueras de Chicago, mientras hablaba con Todd. *¡Esta llamada se va a caer!*, no dejaba de pensar. Sin embargo, Todd se mantuvo conectado... en todo momento hasta el fin.

Las llamadas que describían lo que pasó a bordo del vuelo 93 significaron mucho para mí y para millones de estadounidenses.

Las acciones valerosas de los pasajeros y la tripulación me recuerdan que un día en que el pueblo alrededor del mundo se sintió violado, indefenso, solo y temeroso, todavía había personas de carácter, personas que en medio de la crisis se atrevieron a vivir el último segundo con esperanza. En verdad, los valientes héroes a bordo del vuelo 93 lucharon la primera batalla en la guerra que el presidente Bush le declaró al terrorismo... y vencieron.

21

EL ADIÓS A TODD...
POR AHORA

LA INFORMACIÓN QUE RECIBÍ de Lisa Jefferson, operadora de Airfone, sobre la llamada de Todd desde el vuelo 93 trajo alivio de muchas maneras. Durante los primeros días después del 11 de septiembre, todo el que hablaba conmigo por algún tiempo casi siempre andaba con cautela en torno a preguntas embarazosas: «Bien, ¿qué crees que hizo Todd? ¿Qué piensas respecto al papel que representó?»

La mayor parte de los miembros de nuestra familia y amigos ya daban por sentado que si alguien sentó las bases para un contraataque en el aire, Todd participó. Lo sabíamos en nuestros corazones. Sin embargo, nadie deseaba decir tales cosas por temor a parecer jactancioso, tonto o ambas cosas a la vez.

Cuando Lisa Jefferson nos brindó información basada en los hechos de que Todd sin duda participó, fue una maravillosa bendición. Aun así, ese también fue el principio de una total y nueva saga en nuestra vida.

Era obvio que nosotros no fuimos los únicos en saber del heroísmo de Todd y sus inspiradoras palabras y hechos. Otras personas supieron sus últimas palabras: «¡Vamos a rodar!» Muchas personas llamaban a Todd un héroe.

¿Un *héroe*? Él siempre fue un héroe para nosotros; sin duda, David y Drew siempre pensaron que su papá era un héroe. Las hermanas de Todd y los miembros de su familia siempre lo respetaron como un héroe. Del mismo modo mis hermanos, en especial Jonathan, quien veía a Todd como un mentor y alguien que se esforzaba en estimularlo. Y Todd fue el amor de mi vida. ¿Pero un héroe? ¿Como Abraham Lincoln, Jesse Owens o Michael Jordan? ¿Como John Wayne, Tom Landry o Billy Graham? ¿Era Todd un héroe como ellos? En los años recientes, la mayoría de nuestros «héroes» estadounidenses han sido las estrellas del cine. Atletas o músicos. Al parecer, el término *ce-*

lebridad se aplica más apropiadamente a ellos que a un *héroe*.

En mi vida, solo a partir del 11 de septiembre es que en nuestro país se considera una vez más a los bomberos y policías como héroes: hombres y mujeres que voluntariamente ocuparon lugares de peligro para ayudar a salvar la vida de otros. En los lugares públicos comenzó a aparecer este versículo de la Biblia: *Nadie tiene amor más grande que el dar la vida por sus amigos* (Juan 15:13). Es interesante, pero la declaración la hizo originalmente Jesús la noche antes de dar su vida de forma voluntaria, no solo por sus amigos, sino también por sus enemigos.

Ahora todo el mundo se refiere a los pasajeros y a la tripulación del vuelo 93 como héroes. Y los representantes de las noticias de los medios de comunicación de todas partes me llamaban para hacer comentarios y entrevistas acerca de mi esposo, ¡el héroe! Esto era penoso y abrumador.

La primera entrevista que acepté fue en nuestro hogar la noche del sábado siguiente a los hechos del 11 de septiembre. El periódico *Pittsburgh Post-Gazette* (PPG) fue uno de los medios principales de información del vuelo 93, puesto que el avión cayó a casi ciento treinta kilómetros al sudeste de Pittsburgh. Mientras que otros medios nacionales enfocaron su atención en Nueva York y Washington, el *PPG* realizó un hercúleo trabajo para reportar el accidente en Shanksville. Por lo tanto, cuando sus representantes llamaron y preguntaron si podía hablar con ellos, lo permití con gratitud.

Esa misma noche, un equipo de noticias de televisión de Filadelfia vino a nuestro hogar para entrevistarme. Mientras subía a mi cuarto para cambiarme de ropa para la entrevista, pensaba: *¿Qué estoy haciendo?* No sabía nada de cómo enfrentarme con los medios de comunicación. ¡Nunca había concedido grandes entrevistas de prensa en mi vida! ¡Jamás había tenido a nadie que me enseñara qué debo o no decir!

De modo que no tenía otra opción, sino ser yo misma. No traté de presentarme de alguna manera en particular. Solo contesté lo mejor que pude las preguntas de los reporteros, con sinceridad y directamente como lo sabía. Cuando no sabía la respuesta a una pregunta, simplemente lo decía.

En esos abrumadores días después del accidente no tenía (y aún no lo tengo) deseos de publicidad. Lo hice, sin embargo, con la esperanza de que concediendo entrevistas tendría un pequeño recuento público de quién fue Todd y alguna documentación de lo que hizo a bordo del vuelo 93... por amor a nuestros hijos. Sé que hice poco de lo que al final tuve en miles de vídeos y en los montones de materiales impresos para que nuestros hijos examinen algún día.

También me di cuenta enseguida de que una de las mejores maneras para obtener información acerca de Todd y el vuelo 93 era a través de los medios de comunicación masiva. A pesar de la ayuda de la aerolínea United, sin duda contaban también con una gran cantidad de asesores legales que los instruían de que tuvieran mucho cuidado en brindarles a los familiares de las víctimas demasiada información.

Y las agencias del gobierno seguían investigando, de modo que obtener información de ellos era igualmente dificultoso. Sin embargo, de algún modo los medios eran capaces de penetrar ambos bastiones y sacar informaciones valiosas. No siempre fueron exactas, pero por lo general eran interesantes. Por lo tanto, a medida que los reporteros me entrevistaban, yo investigaba para enterarme de cada información delicada acerca del vuelo 93.

Pronto descubrí que había reporteros extremadamente profesionales, sinceros y precisos en el negocio, y había esos que no lo eran tanto. Algunos medios a quienes les di entrevistas tenían casi toda la historia escrita antes de que hablaran conmigo. Otros tomaban un grano de verdad y lo torcían, lo adaptaban o le daban la vuelta de alguna manera que escogían. Por ejemplo, un artículo decía que el saber de la llamada de Todd «hizo que mi vida valiera la pena vivirla otra vez».

Mientras valoraba la opinión, cualquiera que me conocía sabía enseguida que yo no había hecho esa declaración. Mi vida, al igual que Todd, vale la pena vivirla debido a mi relación con Dios. Tengo abundantes razones para vivir, aun mucho antes de saber acerca de la llamada de Todd, incluyendo los dos pequeños y el bebé en camino. Por lo tanto, aunque saber el contenido de la llamada de Todd fue una tremenda bendición, ¡esta no era mi razón de vivir!

El conocimiento acerca de la llamada que hizo, sin embargo, creó un ligero y diferente énfasis durante nuestro culto en memoria de Todd, alivianando nuestros espíritus. De todas maneras, teníamos planeado conmemorar su vida y su influencia. El hecho de que ahora se supiera el papel que representó en impedir que el vuelo 93 matara a cualquier persona en tierra simplemente fue otro ejemplo del Todd que siempre conocimos.

Nick Leonard, nuestro representante de la aerolínea United, ayudó inmensamente en arreglar los vuelos para que los familiares pudieran llegar a tiempo a Nueva Jersey para el culto conmemorativo planeado para el domingo. Dos familiares volaron desde Jamaica. Otros manejaron cientos de kilómetros para estar con nosotros. El papá de Todd llegó el sábado por la tarde después de conducir casi cinco mil kilómetros para estar con nosotros y asistir al culto. En total, más de mil personas asistieron a la iglesia Princeton Alliance el domingo por la tarde en honor y recordación de Todd... y aún los medios nacionales de comunicación no habían dado a conocer todas las noticias de su participación en el vuelo 93.

Durante el culto conmemorativo, todavía seguía bastante conmocionada. A través de gran parte del culto me senté al frente del santuario, con la mirada fija y sonriendo a una foto de Todd que colocamos al frente del púlpito. Todos los que participaron en la conmemoración estuvieron de acuerdo en que deseábamos que fuera una respetuosa recordación de Todd. Más que eso, deseábamos celebrar su vida en la tierra y el hecho de que sabíamos que estaba disfrutando de la presencia de Dios en el cielo, a pesar de que llorábamos aquí por él. Fue también una expresión de la fe de nuestra familia y amigos de que un día estaríamos junto a él.

Deseaba que la conmemoración fuera un retrato exacto de lo que fue Todd, una equilibrada presentación que dijera: «Sí, aquí hay muchísima tristeza y aflicción, pero también hay muchísimo gozo». Como cristianos, nos entristecemos, pero no como esos que no tienen esperanza.[1] Por consiguiente, no solamente dijimos lo que deseábamos decir sobre *quién* fue Todd, sino también *dónde* está y el gozo que sabemos que tiene hoy.

Desde el principio, cuando la gente reconoció a Michele Beamer tocando el preludio en el culto conmemorativo de su propio hermano, era obvio que este no iba a ser un velorio «normal». La lectura de apertura de las Escrituras fue la última que citó Todd, el Salmo 23, seguida por el Padrenuestro. Mi hermano Paul leyó una versión parafraseada de la conversación de Todd con Lisa Jefferson, información que muchos en el lugar la escuchaban por primera vez.

Paul expresó algunos pensamientos personales acerca de Todd y después mi hermano de dieciocho años de edad, Jonathan, habló de la influencia de Todd en su vida. El pastor Cushman presentó una versión

---

[1]Véase 1 Tesalonicenses 4:13.

abreviada del evangelio que Todd creía y la fe por la que vivió... y murió.

Se mostró un collage vídeo basado en fotografías de Todd a través de su vida, acompañado por la grabación de música de Keith Green, quien murió en un avión que se estrelló durante la primavera de su vida y ministerio.

Luego los amigos y los miembros de la familia ofrecieron pensamientos especiales acerca de Todd. Las personas del Círculo del Cuidado y del grupo de los desayunos de los viernes se pararon juntas en la plataforma, cada uno diciendo recuerdos de Todd. Todo el que habló añadió algo muy significativo de la persona que era Todd. Escuchar sus palabras era maravilloso y muy doloroso al mismo tiempo.

En las declaraciones que quizá fueron las más intensas del día estuvieron las de David Beamer, el padre de Todd, quien se hizo eco de lo que muchas personas pensaban en el lugar.

«Servimos al único y verdadero Dios. Todd y los nuevos amigos que encontró ese martes por la mañana, los que en verdad son los nuevos combatientes por la libertad, hicieron el bien... Ciertos engendros del mal iban en ese avión en particular. Por supuesto, me he dicho muchas veces: "¿Por qué nuestro bello hijo iba en ese avión?" Sin embargo, sabemos por qué. Las criaturas del mal, esos secuestradores, escogieron el avión equivocado... Las acciones de Todd y de los otros hombres y mujeres jóvenes... frustraron esa parte de la misión...

»Mientras estamos afligidos... y también celebramos la vida de Todd... debo confesar que como padre de Todd, tengo un cierto consuelo en saber que en alguna otra parte del mundo... las fuerzas detrás de este mal, los que planearon el complot, y se prepararon para celebrar una victoria total, tienen hoy sus propias conmemoraciones. Tampoco celebran en las calles el derrumbe del Capitolio ni de la Casa Blanca. Además, sé con certeza que los secuestradores no tuvieron a Jesús en sus labios en los momentos finales. Y ahora es un hecho el asunto de que saben que no solamente escogieron el avión equivocado. Escogieron el bando equivocado».

El papá de Todd concluyó: «No digo que Todd fuera perfecto. Sin embargo, puedo decir en nombre de la familia de Todd, que quizá ninguno fuera más bueno ni ideal. Así que Todd, gracias por todo lo que fuiste mientras estuviste aquí. Sin duda, representaste muy bien a tu familia, tus hermanos cristianos, tu Dios y a nuestro país».

Luego David hizo una oración que conmovió nuestros corazones. «Poderoso Dios, gracias por Todd Beamer... Gracias una vez más por tu precioso don, tu Hijo Jesucristo, quien murió por nosotros. Padre celestial, sé lo que esto significa, pero es solo en estos últimos días que comprendo un poco más lo que se siente.

»Te doy muchas gracias porque nuestro hijo Todd, tiene la promesa de la eternidad debido al regalo de tu Hijo... También... oramos, Padre celestial, que el testimonio y las acciones de Todd se usen para tu gloria en las cosas que más importan».

Después del «amén», David hizo un alto y ofreció una última expresión de fe. «Tengo una cosa más», dijo. «Dios, por favor, bendice a Estados Unidos... y Todd, te veremos más adelante».

22

VISITA A SHANKSVILLE

DURANTE ESE PRIMER FIN de semana hablamos a menudo con el enlace de nuestra familia con la aerolínea United, Nick Leonard. En un momento determinado, Nick mencionó la posibilidad de visitar el lugar en que cayó el vuelo 93 en Shanksville, Pensilvania, un pequeño pueblo del Condado de Somerset al sudeste de Pittsburgh. Mi respuesta inicial fue: «No, ¡de ninguna manera! No voy a ir. No necesito ver eso». En un principio, recibimos la información de que era posible visitar el lugar el viernes, pero luego el FBI se negó a conceder el permiso. No lo entendía. Incluso no estaba segura de que deseara visitar el lugar, pero varios familiares de las víctimas pidieron a United que hiciera los arreglos para tal visita. Al pensar en esto, concluí: *Si no voy ahora, quizá nunca lo haré y a los mejor me arrepienta algún día. Si voy, no me sentiré peor de lo que ya estoy experimentando, así que si surge la oportunidad, iré.*

United fue capaz de hacer los arreglos para un viaje al lugar el lunes 17 de septiembre. La aerolínea suministró microbuses y conductores que nos fueran a buscar a Cranbury, puesto que la familia de Todd seguía en la ciudad por el acto de recordación. Joe Urbanowicz, nuestro antiguo amigo de la familia, y George Pittas, uno de los compañeros de Todd los viernes por la mañana, nos acompañaron también. En total, eran cerca de treinta y cinco personas de nuestra familia las que hicimos el viaje. Nos embarcamos antes del amanecer, alrededor de las cinco de la mañana, y nos dirigimos a través de la autopista de Pensilvania. Me desplomé en el asiento detrás del conductor y traté de dormir en el camino.

¿Por qué hago esto?, pensé. *¿Qué espero ver? ¿Seré capaz de enfrentarme a esto? ¿O será la gota final que colme mi copa?*

Antes del viaje, ya había recibido las instrucciones de la oficina de investigación de muertes violentas en Pensilvania, que de ser posible debía llevar conmigo muestras de ADN, para usarlas en el intento de examinar los restos encontrados en el lugar. Mamá y yo anduvimos por la casa buscando cualquier cosas que pudiera proveer muestras del ADN de Todd: cabellos en su cepillo, algún recorte de uñas, cualquier fibra que revelara el ADN. Tratamos de mantener un sentido de dignidad a medida que cumplíamos esta tarea surrealista, mirándonos de vez en cuando como si dijéramos: *¿Qué raro es esto?*

Eran alrededor de las diez en punto cuando llegamos al centro de esquiar Seven Springs, un hotel grande en el área que se convirtió en el comando central para los investigadores federales y locales, así como para los cientos de miembros de los medios nacionales e internacionales de comunicación masiva. Los hombres de la Guardia Nacional se veían por todas partes del hotel. Mientras caminábamos, los diversos militares, la policía del estado de Pensilvania y otros agentes del orden, nos saludaban. Era un sentimiento extraño; al fin y al cabo, ¿quiénes éramos para que nos saludaran? Sin embargo, aprecié el gesto, así como lo hicieron otros miembros de la familia. Durante todo el día, en cualquier parte que estuviéramos, los agentes nos saludaban.

En el hotel, fuimos directamente a un punto de control de seguridad, luego nos condujeron a algunas mesas donde los investigadores recogían nuestras muestras de ADN. Los padres de Todd dieron muestras de sangre y llenaron un montón de modelos con fines de identificación. Fue una escena poco común. Aun así, cuando legué a la mesa con las muestras de Todd, mis ojos se encontraron con los de la mujer que estaba archivándolo todo. Expresaba tal interés y compasión que supe al instante que tenía nuestra fe y esperanza. No dijo ni una palabra; en su semblante irradiaba el amor de Dios. Nos llevó a otro edificio y fue con nosotros hacia un salón privado para recoger la información que necesitaba. Nos dijo que formaba parte de un equipo disponible de investigadores traído de Texas para ayudar en el lugar del accidente. Nos dijo que estaba orando por los familiares del vuelo 93 y que haría todo lo posible por devolvernos los restos de nuestros seres amados. El equipo de investigaciones de muertes violentas, dirigido por Wally Miller, el investigador local del condado Somerset, cumplió su promesa y en los próximos meses se interesó por nosotros y nuestros seres amados perdidos con compasión y dignidad. Es asombroso, pero al final cada familia del vuelo 93 recibió restos y el conocimiento de que en alguna pequeña manera sus seres amados volvieron a casa.

En Seven Springs abordamos un ómnibus, junto con otros familiares de las víctimas, para un viaje de treinta y cinco a cuarenta minutos hasta el lugar del accidente. Poco después que cayó el vuelo 93, vi el lugar por la televisión y tenía una impresión imborrable en mi corazón. Ahora, a medida que el ómnibus se acercaba al lugar, sentía que mi estómago comenzaba a estremecerse.

Durante el trayecto, pasamos a través de varios pueblos pequeños, y las personas de Shanksville y sus alrededores estaban parados a lo largo del camino en un saludo silencioso. Algunos saludaban con la mano mientras pasábamos, pero la mayoría de ellos simplemente permanecían de pie con reverencia. Muchos de ellos sostenían carteles caseros para expresar sus condolencias y prometer que orarían por nosotros. Fue una increíble e impactante escena y muchos de nosotros en el ómnibus luchábamos por contener las lágrimas. Otros ni siquiera intentaron contenerlas. En el centro de Shanksville, a unos pocos minutos del lugar, alguien había erigido una enorme pancarta con los nombres de los pasajeros y la tripulación a bordo del vuelo 93 que perecieron como resultado de la piratería aérea de los terroristas. Las amables expresiones de pésame y dolor de esta diminuta y poco conocida comunidad, la cual de repente se convirtió en centro de atención nacional, eran humildes y conmovedores tributos.

En el mejor de los casos, se trataba de un pequeño pueblo de Estados Unidos. Pero ahora, las noticias de lo que pasó a bordo del vuelo 93 se habían esparcido rápidamente. Aunque las personas estaban tristes por esa tragedia que pasó en su patio, también estaban orgullosas de estar asociadas con el vuelo de los héroes que impidieron que hubiera mayor destrucción y caos en nuestro país.

Cuando llegamos al lugar, me sorprendió de cuán común parecía. Se asemejaba más a un área de construcción que al sitio del choque. Había grandes maquinarias a los lados del verdadero lugar del accidente y hombres en trajes blancos por las sustancias tóxicas todavía buscaban rastros por toda el área.

El avión cayó en un campo abierto, un área en la que una vez hubo una mina con una veta de carbón y que desde entonces se recuperó, cortó y reforestó. A lo lejos se divisaba una casa de granja, pero no había edificios en ninguna otra parte en kilómetros a la redonda. En silencio, di gracias a Dios por eso. Comparado con las horribles escenas de la devastación en la Zona Cero y el Pentágono, este lugar parecía casi plácido.

Las autoridades federales no nos permitieron acercarnos mucho al lugar exacto en que se estrelló el avión en tierra, pero se esmeraron mucho en describirlo y en contestarnos cualquier pregunta acerca de cómo consideraban que el avión se había precipitado. El sitio donde cayó el avión tenía un color ceniciento y se parecía a una grande y gruesa cruz en la tierra.

No vi ni una sola pieza del avión en ninguna parte. Las autoridades dijeron que habían encontrado algunas partes del motor, una pieza grande en un estanque a más o menos un kilómetro de distancia y algunos fragmentos pequeños aproximadamente del tamaño de un cuaderno de apuntes. Aparte de eso, el avión quedó desintegrado por completo. Diminutas piezas de los restos del avión estaban incrustadas en los árboles que rodeaban el lugar. Más de cuatrocientos socorristas barrieron el área en busca de fragmentos de cualquier cosa que pudiera identificar a las víctimas. Poco se encontró. Debido a la recuperación de la veta en la mina, el terreno estaba más blando que las otras áreas circundantes. El avión perforó la tierra como una cuchara en una taza de café: la cuchara hace que el café retroceda y luego este se cierra de inmediato alrededor de la cuchara como si nada hubiera alterado la superficie. Cualquier cosa del vuelo 93 quedó enterrada en lo profundo de la tierra.

En la cima de un risco se dominaba el lugar, donde se construyó un altar provisional con varios fardos de heno. Allí se pusieron dos banderas pequeñas y una grande. Una cruz de estambre blanco se colocó a un lado del monumento conmemorativo de heno.

Con anterioridad, acordamos llevar coronas, flores, notas, fotos u otros artículos personales al lugar del accidente para un área de recordación, así que después de una breve ceremonia, con las lágrimas corriéndonos por el rostro, familiares y amigos colocamos las ofrendas en el altar de fardos de heno.

Como mis recuerdos especiales de Todd, dejé un bolígrafo de Oracle, una gorra de los Toros de Chicago, algunas fotos de Todd y los niños, un envase de M&M (uno de los confites favoritos de Todd), notas de los miembros de la familia expresando nuestro amor y cuán orgullosos estábamos de Todd y cuánto esperábamos que se sintiera orgulloso de nosotros, también, y un libro, *A Life of Integrity* [Una vida de integridad] de Howard Hendricks, que usaron Todd y los hombres del grupo de los desayunos de los viernes. Pensé dejar una Biblia, pero no me gustaba dejarla a la intemperie.

Fue un soleado día de septiembre, con cerca de veintiún grados centígrados. Cuando le di una ojeada al lugar por última vez, vi un halcón remontándose en el cielo encima del campo donde se estrelló el avión. De repente, un sentido de paz fluyó por mí. No puedo explicarlo, pero me recordó a Isaías 40:30-31:

Aun los jóvenes se cansan, se fatigan,
y los muchachos tropiezan y caen;
pero los que confían en el Señor
renovarán sus fuerzas;
volarán como las águilas:
correrán y no se fatigarán,
caminarán y no se cansarán.

En mi vida, nunca antes fue tan obvio para mí la diferencia entre esos que ponen su esperanza en Dios y los que ponen su esperanza en el mundo. Después del 11 de septiembre, presencié de primera mano muchas personas queridas que trataban de la mejor manera posible enfrentar la pérdida, la herida, la ira, el temor y un montón de otros sentimientos. Algunos habían perdido un esposo, un padre, una hija, una madre o un amigo. Deseaban remontarse como las águilas; deseaban profundamente seguir con la vida. Querían ver el lado bueno y hacían los clichés recomendados, pero no tenían fuerzas. Peor aun, no tenían *esperanza*. Mi familia y yo nos angustiamos profundamente por la pérdida de Todd ese día... y todavía lo hacemos. Sin embargo, debido a que esperamos en el Señor, sabemos sin lugar a dudas que un día veremos de nuevo a Todd. Siento dolor por las personas que no tienen esa misma *esperanza* y oro que de algún modo los hechos del 11 de septiembre las alienten a investigar la posibilidad de que en verdad la fe en Jesús es la respuesta a todas las preguntas de la vida.

Permanecimos en el lugar del accidente por alrededor de una hora. Apenas hablé con alguien allí. La mayoría de los familiares de las víctimas guardaron su propio duelo y no se comunicaron entre sí. Después, fuimos a un servicio de recordación en otro lugar, a unos kilómetros de distancia. Allí nos recibieron varios miembros del Congreso y otros dignatarios de Pensilvania, incluyendo el gobernador Tom Ridge. La primera dama, Laura Bush, fue la oradora especial de la ceremonia. Ofreció sus sinceras palabras de condolencia y aliento a cada miembro de las familias, luego nos dijo algunas palabras. «Quiero que cada uno de ustedes sepa hoy que no está solo. Siempre recordaremos lo que pasó ese día y a quienes les pasó».

Algunos otros expresaron nobles sentimientos. «Que a partir de este momento, solo haya paz y amor en todos nosotros», dijo una mujer.

No pude ayudar, pero comparé este servicio con el de Cranbury el día anterior. El culto en memoria de Todd fue tan edificante, tan inspirador, porque el énfasis se hizo en la esperanza que provee Dios, sobre todo en medio de la crisis. El lunes, a medida que escuchaba a oradores bienintencionados, quienes hacían lo mejor para consolar pero con poca o casi ninguna referencia al poder de Dios que nos sostiene, sentía que me deslizaba impotentemente desde lo alto de una montaña hasta un profundo hoyo. Por mucho que apreciara la amabilidad de las maravillosas personas que trataban de alentarnos, esta tarde fue en verdad uno de los puntos más bajos en mi aflicción.

No se trataba de las personas, ni siquiera del lugar. Todo lo contrario, en vez de eso se me ocurrió cuán falto de esperanza está el mundo que saca a Dios de la ecuación. Mi hermano Paul lo notó también. Más tarde, un hombre profundamente compasivo, dijo: «Se me estremeció el corazón al ver el dolor de las personas sin esperanza. Nunca vi una ilustración más vívida de esta verdad: Nos entristecemos, pero no como esos que no tienen esperanza».

Cuando regresamos al hotel, donde nos reunimos con nuestro chofer de la aerolínea, un productor de televisión nos pidió que le contestáramos algunas preguntas ante la cámara. Estaba cansada, fatigada y a punto del derrumbe, pero de todas maneras concedí la entrevista. Más tarde supe que fue para *Inside Edition* [Edición Interior], un programa de alcance nacional.

Esa misma noche hicimos todo el viaje de regreso a Nueva Jersey, llegando a las dos y media de la madrugada. Estaba contenta por haber ido, pero fue un día que nunca quisiera repetir.

Cuando llegué a casa, descubrí dos agradables sorpresas. La primera, nuestro círculo limpió la casa de punta a cabo mientras estábamos fuera. Eso quizá parezca insignificante, pero la casa estuvo desbordada de personas hasta bien tarde el domingo por la noche, después del culto de recordación; luego salimos temprano el lunes por la mañana. Para una persona tan ordenada como yo, regresar a la casa después de un día tan difícil y encontrarla toda limpia y con todas las cosas en su lugar era un tremendo regalo.

La segunda fue que encontré varios vestidos nuevos en mi armario. Desde que salí embarazada, tenía un limitado vestuario de ropas de maternidad, la mayoría de las cuales eran pantalones vaqueros, camisetas o ropas informales de verano. Sin embargo, había concedido varias entrevistas en Nueva York para la mañana siguiente, así que mis amigas salieron y me compraron algunas ropas nuevas de maternidad. Incluso, las plancharon y las dejaron colgadas con esmero en mi armario.

Rápidamente recogí algunas cosas para el viaje a Nueva York, y David Beamer, mis amigos Doug y Chivon MacMillan y yo salimos en el auto. Llegamos a la ciudad aproximadamente a las cuatro de la mañana y dormimos más o menos una hora antes de levantarnos a las cinco a fin de prepararnos. Este iba a ser otro largo día.

23

¡SOY SENCILLAMENTE YO!

CUANDO CONTÉ LA HISTORIA de Todd en los noticieros de las cadenas de televisión el 18 de septiembre, esperaba que muchas personas no solo entendieran lo que pasó a bordo del vuelo 93, sino también que comprendieran la persona que fue Todd. Sin embargo, nunca pensé el impacto que tendría la historia en todos los Estados Unidos... y en el mundo.

Estaba tan cansada y abrumada por los acontecimientos que se concentraban a mi alrededor que, aunque hubiera querido, no tenía la manera de prepararme por adelantado. Solo pude decir: «Dios mío, ayúdame. No sé lo que estoy haciendo aquí. No tengo nada que decirle al mundo. Sin embargo, por alguna razón, estoy aquí. Dependo por completo de ti».

La oración constante de Chivon por mí durante mis entrevistas era que Dios llenara mi mente con su Palabra y las cosas que él quería que dijera en cada situación. Por cierto, lo hice en varios momentos de las muchas entrevistas, sentía como si creyera que miraba y escuchaba a otra persona. Escuchaba mi voz hablando y entonces me detenía y pensaba: *¿Quién dijo eso?* Francamente, Dios guiaba mis pensamientos y palabras en maneras que a duras penas me puedo imaginar.

Una de las primeras entrevistas que concedí fue para *Good Morning America* [Buenos Días, América] de ABC, con Diane Sawyer. También en el programa de esa mañana estaba Lyz Glick, la esposa de Jeremy. Nos vimos por primera vez antes del programa y, en cuanto nos vimos, nos sentimos identificadas al instante. Teníamos mucho en común. No solo teníamos más o menos la misma edad y vivíamos en la misma área del país, sino que nos casamos con fanáticos del deporte que eran padres que mimaban en exceso y que ahora los aclamaban como héroes. Por cierto, según los informes confirmados de lo que ocurrió a bordo del vuelo, llegó a ser más claro que Jeremy y Todd contribuyeron positivamente en elaborar y llevar a cabo el contraataque. Otros hombres y mujeres también participaron, pero debido a las prolongadas llamadas de Jeremy y Todd, contábamos con más información acerca de sus pensamientos, palabras y acciones. Lisa Jefferson lo resume bien: «Todos fueron héroes. Todos dieron la mano e hicieron lo que había que hacer».

Vestía una blusa nueva azul y una falda oscura, gracias a mis amigas del Círculo del Cuidado. Ni Lyz ni yo jamás nos imaginamos encontrarnos en esta situación. Pasamos por entre las sillas del estudio de televisión y, cogidas de la mano, Diane Sawyer presentó el segmento contándole a la audiencia acerca de las acciones de Todd y Jeremy a bordo del vuelo. Mencionó que se había recomendado que a ellos y a otros en el vuelo 93 se les concedieran la Medalla de la Libertad, la más alta condecoración civil de la nación.

Revisamos los detalles de las llamadas de Jeremy y Todd, sus últimas palabras y su participación durante los momentos finales del vuelo 93. Diane subrayó la frase de Todd: «¡Vamos a rodar!»

Le expliqué, como lo haría a tantos otros en las semanas y meses siguientes: «En cuanto escuché esas palabras, supe que era Todd». Esa frase era algo que él decía siempre en casa. A menudo la usábamos con nuestros niños pequeños. «A veces, resultaba difícil encerrarlos, de modo que decíamos: "Vengan, chicos. ¡Vamos a rodar!" Eso significaba: vamos hacia la puerta, pongámonos los zapatos, salgamos y hagamos lo que sea necesario hacer. Por lo tanto, cuando oía la frase, sabía que era la señal de Todd, diciendo: "Vamos a hacer lo que nos haga falta hacer aquí; pongámonos en marcha"».

Diane le dijo a la audiencia que iba a tener un bebé en enero, entonces me preguntó lo que significaba para mí hablarles a nuestros hijos de lo que hizo su papá.

«Durante los primeros tres días después del accidente, desconocía el papel que representó Todd», contesté. «Todo el mundo me preguntaba: "¿Qué crees que hizo?", yo decía: "Conozco a Todd; no se quedaría con los brazos cruzados ni permitiría que les pasara algo como eso a otras personas y a él. Era un competidor y habría luchado". Y ahora tenemos la evidencia concreta de su carácter que puedo pasar a mis tres hijos. La gente puede decirles cuán grande era su papá y ahora podemos mostrarles cuán grande fue. Ese es un magnífico legado para que tengan ellos... y para mí conservarlo... y al que tuve aferrarme estos siete días pasados».

Al final de la entrevista, cuando las cámaras dejaron de filmar, Diane, la consumada profesional, expresó su agradecimiento con cortesía. Durante la mañana fue en extremo amable con Lyz y conmigo, ayudándonos a través de las angustiantes y emocionalmente cargadas entrevistas.

Después de la entrevista «en directo», Diane nos grabó largos segmentos a Lyz, David Beamer y a mí para *Primetime* [horas de máxima audiencia]. En el desayuno, entre los dos programas, conocí a Emmy Glick, la pequeña de doce semanas de Lyz y Jeremy.

Al ver a Emmy recordé cómo se vería nuestro bebé en solo unos meses, cuán vulnerable sería ese pequeño ser humano y cuánta responsabilidad tenía ahora. Cuando nos separamos, Lyz y yo prometimos mantenernos en comunicación, lo cual hicimos.

Poco después ese día, David y yo grabamos un largo segmento con Stone Phillips para *Dateline* de la NBC. Era bien obvio que Stone, al igual que Diane, estaba personalmente conmovido por la historia del vuelo 93. Me sentí confiada en que usaría nuestras palabras a fin de pintar un cuadro que reflejara cuánta influencia pueden tener incluso las «personas pequeñas» cuando actúan con carácter, fe y valor.

En la cena con Doug, Chivon y David, hablábamos de cosas triviales, cosas normales... cuando de repente esto me golpeó: nada en mi vida volvería a ser normal jamás. ¡Cuán inmensamente diferente era la vida solo una semana atrás! Sentí como si fuera a romper en llanto en cualquier segundo, así que rápidamente me excusé y me retiré a mi habitación del hotel. Chivon me siguió de cerca y una vez dentro de la habitación, las dos rompimos a llorar. Oramos por paz en nuestros corazones y por fuerza y sabiduría.

Esa noche tenía programado estar en una entrevista para *Larry King Live* [Larry King en Directo] de la CNN, el cual sale al aire en la costa este a las nueve de la noche. Aunque Larry King transmitía desde Los Ángeles, me llevaron al estudio de CNN en Nueva York. Mi ya poco nivel de energía estaba incluso más bajo y el largo programa de Larry esa noche estaba lleno. Planificaron que fuera la última en la lista de invitados, después del rey Abdullah y la reina Rania de Jordania; del admirado alcalde de la ciudad de Nueva York, Rudy Giuliani; del ex gobernador Mario Cuomo; del ex senador de Maine, George Mitchell, quien estaba en Washington; y desde la Florida, Lorne Lyles, el esposo de CeeCee Ross-Lyles, una de las auxiliares a bordo del vuelo 93.

El alcalde Giuliani fue el primero que entró antes de estar en el aire. Había estado en la Zona Cero e iba a regresar después del programa. Solamente el alcalde, el gobernador Cuomo y yo estábamos en el estudio de Nueva York; los demás invitados estaban localizados en otras partes. Mientras esperábamos en el «salón verde», tuve el privilegio de conocer y hablar con el alcalde Giuliani. Hizo un alto para darme un abrazo y expresarme cuán orgulloso estaba de los héroes a bordo del vuelo 93, y cuán determinado estaba en ayudar a todo el que había pasado por la pesadilla. Como la mayoría de los estadounidenses en medio de la crisis, estaba profundamente impresionada por la indoblegable valentía y resistencia del alcalde. Sudado y con la camisa remangada, y con el espíritu emprendedor. Su actitud de «acabaremos con esto» era contagiosa.

Fue lamentable, pero no logré escuchar mucho de la entrevista del alcalde Giuliani con Larry King. Mientras esperaba salir, me senté en el salón verde al lado del ex gobernador, Mario Cuomo, y... ¡me dormí! Mi sueño no era una declaración política; ¡estaba cansada, embarazada y francamente destruida!

Todavía estaba frotándome los ojos por el sueño cuando el productor me pidió que ocupara mi posición para la entrevista. Como un talentoso entrevistador, Larry King me trató como si fuera tan importante como el rey y la reina de Jordania o el elogiado alcalde de Nueva York. Además de hacerme preguntas acerca de los detalles del accidente y mi conversación con Lisa Jefferson, Larry me abrió las puertas para que hablara sobre la fe de Todd y mía.

—Entonces, ¿no se sorprendió usted de la oración? —preguntó Larry.

—De ninguna manera —respondí—. Todd era un hombre de fe. Sabía que esta vida no lo era todo, que esta vida era solo una preparación para la eternidad en el cielo con Dios y con Jesús. Todd hizo lo mejor que pudo cada día. Él no era perfecto, ni yo tampoco. Sin embargo, se esforzó al máximo para tener una vida que agradara a Dios y que le permitiera conocerle mejor, y así actuó hasta el final de sus días.

Larry mencionó a David y Drew, y el hecho de que esperaba nuestro tercer hijo. La tácita pregunta era:

—¿Cómo va a enfrentar esto? ¿Qué va a hacer?

—A veces la gente me mira y se pregunta: "¿Está ella en choque? ¿O es poco realista en cuanto a la situación que está pasando?" —le dije a Larry—. Ellos no ven todas las veces que me quebranto y pierdo la compostura. Sin duda, la fe que tengo, al igual que la de Todd, me ayuda a comprender todo el panorama aquí. Y esa justicia de Dios al fin y al cabo prevalecerá. Tengo más para esperar con ansias que solo lo que vemos aquí en la tierra.

—Admiro su fe y valor —dijo Larry—. Esta noche aquí le está dando a un montón de personas muchísima esperanza.

El programa terminó con el himno nacional cantado bellamente por la esposa de King, Shawn, mientras que en la pantalla se veían escenas de los valientes esfuerzos de los bomberos, los policías y los socorristas voluntarios en medio de los escombros de lo que fueran el Centro Mundial de Comercio y el Pentágono.

El estudio estaba casi vacío cuando David, Doug, Chivon y yo abandonamos el edificio y salimos hacia la cálida noche de septiembre. Había pasado una semana completa desde los ataques a nuestra nación y el humo todavía se elevaba hacia el cielo desde la Zona Cero.

■ ■ ■ ■

De regreso a casa el miércoles, tuvimos por mucho tiempo a alguien que siempre deseaba levantar el teléfono cuando sonaba. Doug MacMillan se convirtió en el explorador oficial del teléfono. El teléfono sonaba sin cesar, incluso mucho más después que hice las entrevistas para la televisión. Personas deseándonos lo mejor y las peticiones de más entrevistas mantenían las líneas ocupadas. Pero entonces recibimos una sorprendente llamada.

John Vandenheuval, un graduado de la universidad de Wheaton y ahora el jefe del personal en la oficina del representante J.C. Watts de Oklahoma, me llamó e invitó a que asistiera al discurso del Presidente de la nación en Washington, D. C., el martes 20 de septiembre por la noche. Además de darme el pésame, John indicó que también llamó a petición de Dennis Hastert, el presidente de la Cámara de los Representantes.

«Seguro», dije, más bien con ingenuidad. ¿Quién rechazaría tal invitación? Todavía estaba con la adrenalina al máximo, hacía más de una semana que no dormía bien, así que no me sentía en buen estado. «¿Ir a oír al Presidente? Claro, ¿por qué no?»

Una vez más, me enfrenté con la decisión acerca de qué vestir. No tenía tiempo ni el deseo de salir de compras y la ropa nueva que compraron mis amigas para mi viaje a Nueva York era más bien informal. Me di cuenta de que incluso no tenía un vestido formal de maternidad, ¡ni ningún otro que fuera apropiado para un discurso del presidente de los Estados Unidos en una sesión conjunta del Congreso!

Elaine Mumau vino al rescate cuando me vi en una situación parecida el domingo anterior en el culto de recordación de Todd.

—Tengo una amiga que tuvo un bebé en agosto y creo que tiene tu misma talla —sugirió—. Estoy casi segura de que la vi con un sencillo pero elegante vestido negro. Sé que te lo prestará.

—¿En verdad lo crees? —pregunté.

—¡Por supuesto!

Así que le pedí prestado el vestido para el culto de recordación y una vez más para el discurso presidencial.

El presidente de la Cámara de los Representantes, Dennis Hastert, me invitó oficialmente al discurso presidencial, quien además hizo los arreglos para que pudiera asistir. Doug y Chivon, mis compañeros de viaje, estuvieron de acuerdo en acompañarme de nuevo. Fuimos conduciendo las tres horas de viaje desde nuestra casa en Nueva Jersey hasta el hotel en Washington donde planearon que pasáramos la noche. Todo el camino nos estuvimos mirando sin dar crédito a lo que pasaba, como si dijéramos: *¿Está pasando en verdad? En realidad, vamos rumbo al Capitolio como invitados de un congresista.* Habría sido una maravillosa experiencia de no haber sido por las circunstancias que nos llevaban allí.

Doug y Chivon no planeaban asistir al discurso del Presidente. Sin embargo, cuando llegamos, descubrimos que Dennis Hastert los había incluido en nuestra invitación, ¡y se sentarían a mi lado!

También encontramos que nos esperaba otra sorpresiva invitación. El congresista Watts nos invitó a cenar. Doug, Chivon y yo nos miramos asombrados. ¡Esto era demasiado irreal!

Fuimos a cenar a Union Station con el congresista J.C. Watts, John Vandenheuval y algunos amigos. Desconocía que J.C. Watts era un congresista, nunca me imaginé que era un político. Un ex pastor, era un hombre amable, modesto, de hablar suave y humilde que en verdad tenía interés en servir antes que ser servido. Ni una sola vez en toda la noche el representante proclamó sus logros en el Congreso ni se vanaglorió de ninguna manera.

El congresista Watts, John Vandenheuval, Doug, Chivon y yo fuimos de la cena al Capitolio. Cuando llegamos al edificio esa noche, con su majestuosa rotonda iluminada por completo, recibí una impresionante señal. No me podía imaginar lo que hubiera pasado si Todd y los demás «combatientes por la libertad» a bordo del vuelo 93 no hubieran actuado como lo hicieron. ¿Habrían estado aquí estos históricos edificios? Por otra parte, seguirían aquí muchas de las personas que trabajaban en el Capitolio? Viendo el Capitolio todavía en pie me hizo comprender el verdadero valor del sacrificio que hicieron Todd y los demás.

No es de sorprender que la seguridad fuera en extremo fuerte a pesar de que íbamos con un congresista. El congresista Watts nos llevó a la oficina de Dennis Hastert y nos presentó al presidente de la Cámara. Un fotógrafo tiró algunas fotos mientras el presidente de la Cámara y yo nos estrechábamos las manos. Supuse que solo estaba allí para una rápida «sesión de fotos» y me sacarían hacia otra área en espera del discurso del Presidente. Al fin y al cabo, como presidente de la Cámara, Dennis Hastert estaba en una posición que sabía mucho más acerca de la gravedad del discurso del Presidente que casi todas las demás personas. Sin duda, era probable que pasara los minutos hablando con muchas figuras importantes de la política y los medios de comunicación que lo asediaban.

En lugar de eso, el presidente de la Cámara pasó más de veinte minutos hablando conmigo acerca de la vida de Todd, de nuestra fe y de los hechos que nos llevó a esa noche. Salimos hacia la terraza que dominaba la larga avenida Washington Mall y, mientras hablábamos, recordé de nuevo que los héroes del vuelo 93 lo salvaron.

Antes de que lo supiéramos, uno de los ayudantes de Hastert nos indicó que había llegado el momento de encaminarnos a la Cámara para escuchar el discurso del presidente Bush. El ayudante nos guió a Chivon, a Doug y a mí a través de los pasillos del Capitolio hasta la misma puerta. Justo antes de que entráramos al lugar, el ayudante me dijo: «Cuando el presidente se dirija a usted, puede ponerse de pie y agradecérselo; puede saludar con la mano, con una reverencia, inclinación o de la manera que considere más agradable».

En ningún sentido estaba preparada para el hecho de que el presidente supiera incluso quién yo era, mucho menos que me incluyera en su discurso. *Me has llevado muy lejos, Dios,* pensé. *Confiaré también en ti para esto.* Cuando entré en la Cámara, se detuvo el cosquilleo en el estómago.

Me sentaron en el balcón más bajo y próximo a Joyce Rumsfeld, la esposa de Donald Rumsfeld, el Secretario de Defensa. La señora Rumsfeld fue amable y casi maternal conmigo, al darme el pésame y al preguntar por mis niños y cómo estaban. Me contó de cómo ella y su esposo disfrutaban del retiro después de sus servicios en el gabinete del padre del presidente Bush, pero cuando George W. Bush llamó, sintieron la necesidad de responder por el bien del país. Ella fue muy amigable y afectuosa y, hasta más tarde, a mí ni me pasaba por la mente que el esposo de la señora Rumsfeld fuera el mismo hombre que ahora debía atrapar y llevar a la justicia a los terroristas que perpetraron los nefastos crímenes acerca de los cuales el Presidente se preparó para hablar.

Aunque todavía estaba muy concentrada en mi propio sentido de devastación, fue impresionante, sin embargo, cuando se llamó al orden y el sargento armado gritó: «Damas y caballeros, el Presidente de los Estados Unidos».

El presidente Bush entró rápidamente y de una manera muy formal. La multitud compuesta por senadores y personal del Congreso de Estados Unidos y sus invitados se paró instintivamente con una ovación. Era obvio que una unidad excepcional se respiraba en el salón; habían atacado a nuestra nación y la política partidista se sustituyó con un espíritu de cooperación diferente a cualquier otro experimentado por la nación en los últimos sesenta años.

El presidente Bush hizo sus presentaciones y empezó su discurso. Me recosté lo mejor que pude y centré mi atención en lo que el Presidente iba a decir. Este era un discurso importante para nuestra nación; marcaría la pauta de nuestra respuesta a los ataques terroristas que cobraron la vida a más de tres mil personas, incluyendo el hombre que amaba, el padre de mis hijos. Quería escuchar lo que el Presidente planeaba que hiciéramos.

«En el curso normal de los acontecimientos, los presidentes vienen a este recinto para informar sobre el estado de la unión», comenzó el presidente Bush. «Esta noche, no hace falta tal informe. Ya lo presentó el pueblo estadounidense. Lo hemos visto en el valor de los pasajeros que atacaron a los terroristas para salvar a otros en tierra. Pasajeros como un excepcional hombre llamado Todd Beamer. Les ruego que me ayuden a dar la bienvenida a su esposa, Lisa Beamer, que se encuentra aquí esta noche».

El salón prorrumpió en un aplauso.

¡Estaba conmocionada! Cuando el asistente mencionó que el Presidente pudiera reconocer mi presencia, pensé que quizá se trataría de algunas referencias a Todd y al vuelo 93. Estaba asombraba de que lo hiciera de una manera tan pública al principio de este importantísimo discurso.

Todo el Congreso de los Estados Unidos de América se levantó al mismo tiempo, de modo que casi por instinto, me paré también. El Congreso aplaudió una y otra vez, y esta fue la experiencia más desconcertante de mi vida al saber que me aplaudían a mí, en un esfuerzo indirecto de expresar su agradecimiento a Todd y a los otros héroes a bordo del vuelo 93. Estaba anonadada.

Parada allí con mi vestido prestado, con los ojos de todo el mundo puestos en mí, de algún modo logré permanecer de pie. Incluso, les ofrecí un discreto saludo con la cabeza al Presidente de los Estados Unidos y a los miembros del Congreso. La señora Rumsfeld y Connie Clark, esposa del Almirante en Jefe de las Operaciones Navales, Vern Clark, quienes estaban sentados frente a mí, se dieron la vuelta y sonreían y aplaudían. Podía escuchar a Doug y a Chivon aplaudiendo detrás de mí. Recorrí con la mirada todo el salón y vi los rostros de nuestros líderes nacionales que se daban vuelta hacia mí aplaudiendo. Fue un extremadamente raro sentimiento.

No cabía duda de que si Todd estuviera vivo, se hubiera reído y dicho: «¿Puedes *creer* esto?»

Me senté como si estuviera en un sueño y el Presidente continuó: «Hemos visto el estado de nuestra nación en la resistencia de los socorristas, quienes trabajan más allá del agotamiento. Hemos visto el despliegue de banderas, las velas encendidas, la donación de sangre, las oraciones que se han hecho en inglés, hebreo y árabe. Hemos visto la decencia de un pueblo afectuoso y generoso, que ha hecho suyo el duelo de los extraños. Mis conciudadanos, durante los pasados nueve días el mundo entero ha visto por sí mismo el estado de nuestra nación, ¡y está fuerte!»

El Congreso se puso de pie y aplaudió de nuevo, como se hizo muchas veces en esa noche. A pesar de mi embarazo, siempre me levantaba y aplaudía también. El discurso del presidente Bush fue magistral, firme, aunque lleno de esperanza, y la respuesta del Congreso no fue el de un aplauso educado que se da por considerarse adecuado en las funciones bipartidistas. Todo lo contrario, esta fue la declaración de la nación al mundo de que sin dudas eran los Estados *Unidos*. Esta fue una increíble e histórica experiencia, y me sentí muy honrada de estar allí en nombre de Todd y del resto de los pasajeros, la tripulación y los familiares del vuelo 93.

Cuando concluyó el discurso del Presidente, el salón se desocupó más bien rápido, al igual que muchos senadores y congresistas que hicieron sus propias declaraciones en respuesta. Me paré con cuidado y hablé brevemente con la señora Rumsfeld, agradeciéndole que me hiciera sentir acogida. Otras personas vinieron a saludarme y a estrecharme las manos, y les correspondí.

De repente, escuché aplausos de nuevo desde el piso bajo de la Cámara del Congreso. La señora Rumsfeld tomó mi mano y con un gesto me indicó que mirara hacia abajo. Observé con atención el pasamano del balcón y allí, en el vestíbulo del Congreso, había docenas de congresistas, aplaudiendo y mirando hacia arriba... ¡a mí! Me di cuenta de que esa era una de sus maneras de expresar su sincera gratitud por lo que Todd y los otros hicieron... que, de una manera real, los pasajeros y auxiliares del vuelo 93 no solo pudieron salvar un monumento nacional, sino también la vida de los líderes de nuestra nación. Una vez más me sentí abrumada y empequeñecida por las acciones tan amables del personal del Congreso.

Fue una sensación agridulce que el presidente de los Estados Unidos me presentara y que los congresistas me ovacionaran puestos de pie. Incluso aun más cuando el Presidente se refirió a Todd como «un hombre excepcional». Seguía tratando de darle sentido a todo esto mientras caminaba hacia fuera y comenzaba a bajar los escalones del Capitolio.

Temprano ese mismo día, había aceptado la invitación de participar en el programa *Larry King Live* [Larry King en Directo] de la CNN, después del discurso, así que un productor nos condujo por unos pasillos subterráneos. Pronto estuve esperando en línea detrás del senador John Warner y el senador Kay Bailey Hutchison para darle a Larry mi opinión del discurso. Hicimos una entrevista en directo desde la misma colina del Capitolio.

Una vez más Larry King parecía sobrecogido por la historia del vuelo 93 y fue muy cortés y amable en sus comentarios sobre mí.

—¿Cómo se sintió? —preguntó Larry, después de mostrar un fragmento del momento en que me aplaudieron en el Congreso.

Contesté lo que pude recordar.

—Me sentí maravillada. Ya sabía lo que hicieron Todd y los demás... su supremo sacrificio... no fue en vano. En esta noche, sin embargo, lo que más aliento me dio fue ver el edificio del Capitolio en pie y a tanta gente que levantaba su mirada y decía: "Gracias porque estoy hoy en el Capitolio".

Larry King me pidió que resumiera de nuevo la llamada de Lisa Jefferson. Entonces me llevó a varias preguntas espiritualmente orientadas.

—¿Cómo se sostiene? —preguntó Larry—. Sé que en todo esto hay una parte de dedicación y heroísmo involucrados, pero usted dice que la fe es lo que le conduce [logra] a esto, ¿no es cierto?

Chivon debía haber estado orando porque solo abrí mis labios y dije:

—Es cierto. Sé que la muerte de Todd no fue en vano. Veo la evidencia de todo esto a medida que las personas se me acercan y me dicen la inspiración que resulta para ellas la fe de Todd y la mía. Solo espero que esto conduzca a un avivamiento de la fe en nuestro país.

—Parece que está enfrentando de una manera muy diferente su aflicción. ¿Cómo explica eso?

—Sé que Todd está en el cielo ahora mismo y sé también que voy a verlo de nuevo, y que sus esfuerzos no fueron en vano. Esto fue parte del plan de Dios. Al final, Dios conquistará el mal en el mundo... Esto es algo a lo que me aferro durante esos momentos cuando no estoy serena, calmada, ni dueña de mí misma, los cuales son muchos, se lo aseguro.

Después de estar con el Presidente, concedí varias entrevistas más y casi todos los entrevistadores me preguntaron lo que pensaba de su discurso. A la mañana siguiente me invitaron de nuevo al programa *Good Morning America*. ¡Era una locura! *¿Y quieren saber mi opinión?*, pensé. *¡Soy sencillamente yo! Soy una mamá y ama de casa de una pequeña ciudad en Nueva Jersey.* Sin duda, ¡a veces me atemorizaban esas personas sumamente inteligentes y astutas, desde el punto de vista político, que *me pedían* que opinara acerca de lo que dijo el líder de nuestro país! Sin embargo, en la mayoría de los casos, solo contestaba las preguntas lo mejor que podía.

¡Sabía que Todd se estaba riendo desde el cielo!

■ ■ ■ ■

De regreso a casa, intenté restablecer algún sentido de rutina y normalidad en la vida por David, Drew y por mí... tanto como fuera posible.

Habíamos faltado al primer día de escuela de David el 10 de septiembre y la vida fue muy confusa después del 11 de septiembre, así que cuando finalmente llevé a David al preescolar, traté por todos los medios de que pareciera normal. «Mami te va a dejar en la escuela y después te va a ir a recoger», le dije. David esperaba con ansias ese día y yo deseaba que él disfrutara todo el acostumbrado entusiasmo asociado con el comienzo de la escuela.

El primer día de escuela puede ser un tiempo cargado de emociones y traumático para un niño, sin mencionar a los padres, así que entré con David para ayudarlo a que se ubicara en su salón de clases. En verdad, no conocía a nadie allí, pero a medida que subía las escaleras, notaba que la gente me miraba. Pensé: *Todo lo que quiero es dejar a mi hijo en su primer día de escuela, sonreírle y darle un beso de despedida. Deseo pasar por esto sin abatimiento y sin llanto. Quiero ser una mamá normal.*

Las maestras de David, la señora Edwards y la señora Iorio, lo recibieron en la puerta y le dieron la bienvenida. Nos miramos a propósito, pero ninguna dijo nada acerca de la experiencia de nuestra familia. Trataron a David como a los otros niños, los cuales fueron exactamente como esperaba. Al poco rato, David se les unió y entró con los demás niños.

Unos meses más tarde, en la primera reunión de padres de David, una de sus maestras me dijo: «Si no supiera lo que pasó en la vida de su familia, nunca lo hubiera sabido al ver cómo se comporta David cada día».

Esa fue una de las cosas más maravillosas que podría haberme dicho. Desde el 11 de septiembre, había hecho todo lo que podía para asegurarme que los niños sintieran tanto amor y seguridad como fuera posible. Sé que habrá dolor para ellos al enfrentar el futuro, durante muchas etapas de la vida, pero confío en que Dios nos ayudará a enfrentarlas cuando vengan. Por ahora, la mejor cosa que me puedo figurar es verlos reír y jugar como es el derecho de todos en el mundo.

24

MOMENTOS INTENSOS... Y DECISIONES CLAVE

VOLVER A LA VIDA «normal» era mucho más fácil de decir que hacer. Unos días después del discurso del Presidente, recibí otra llamada de Washington. El Presidente nos invitaba a la Casa Blanca a todos los familiares más allegados de las víctimas del vuelo 93 para una reunión en privado y sin publicidad el lunes 24 de septiembre.

Mi mamá, Paul, Jet y yo viajamos, así como Peggy, Michele y David Beamer. En la Casa Blanca nos reunimos alrededor de cuatrocientas personas, todas habían perdido en el accidente a alguien cercano a ellas. Los integrantes de los medios de comunicación masiva brillaban por su ausencia. El Presidente y la señora Bush querían reunirse con los familiares fuera de las deslumbrantes luces de la televisión y de los lentes de las cámaras fotográficas.

Primero, el presidente Bush con amabilidad y compasión se dirigió a todo el grupo en el Salón del Este de la Casa Blanca. No usó notas y habló de corazón, casi en forma de conversación. Luego él y su esposa Laura, se trasladaron a un salón adjunto, donde se reunieron con cada una de las familias por separado.

El Presidente y la Primera Dama se reunieron con nuestra familia por aproximadamente ocho o diez minutos, saludándonos a cada uno y brindándonos palabras de aliento. En un giro más bien renovador, el presidente Bush no nos dio las acostumbradas condolencias tales como: «Siento su pérdida», o algo parecido. En su lugar nos ofreció palabras de elogio y aprecio, agradeciéndonos la manera en que estábamos enfrentando la situación que nos vino encima como resultado del 11 de septiembre. A medida que hablaba, sin embargo, sus ojos se humedecían con las lágrimas.

Mi hermano Paul habló brevemente con el Presidente. «Quiero que sepa», le dijo, «que nuestra familia está orando por usted».

«Gracias», dijo el presidente Bush. «Sé que lo están haciendo y, en verdad, lo agradezco mucho».

Cuando el Presidente saludó a mi mamá, hizo un gesto con la cabeza hacia mí. «La ha educado muy bien». Por lo general, mi mamá es muy modesta, pero podría decir que estaba orgullosa de ese cumplido. Según la opinión de mi familia, mamá se merece un montón de premios por la crianza de sus hijos.

Antes de salir de la Casa Blanca, un fotógrafo del personal del Presidente tomó una foto de nuestra familia con el presidente Bush. ¡No hay como tener al Presidente de los Estados Unidos en el álbum de fotos de la familia de uno! A pesar de todo, el Presidente y la Primera Dama nos hicieron sentir cómodos, nos sentimos como vecinos. No parecían apurados, dedicándole tiempo a cada persona.

Al final de nuestra visita, todas las familias salimos por el largo vestíbulo de la Casa Blanca. Preparados para nosotros, el personal de la Casa Blanca se alineó a ambos lados del vestíbulo en una especie de guardia de honor improvisada, aplaudiéndonos mientras caminábamos. Había lágrimas en los ojos de muchos de ellos. Fue un sincero gesto y nosotros estábamos profundamente conmovidos mientras pasábamos.

Además de las amables e inspiradoras palabras del Presidente, para nuestra familia dijo mucho el hecho de que nos dedicara tiempo para reunirse con nosotros en medio de una crisis tan seria. Temprano en la mañana, el Presidente se reunió con Tony Blair, Primer Ministro de Gran Bretaña, antes de que viniera a saludar a los miembros de la familia y llevar a cabo su horario repleto de reuniones de alto nivel que siguen a las sesiones. Todavía, en medio de una crisis nacional, el Presidente tomó casi tres horas para reunirse con los miembros de las familias de los integrantes del vuelo 93. Y hacerlo de modo que no participaran los medios era una expresión muy significativa y edificante para nuestra familia.

■ ■ ■ ■

Nosotros siempre teníamos un montón de fotos de la familia por toda la casa, así que en un esfuerzo por conservar vivo el recuerdo de Todd en nuestros hijos, y de que supieran que era bueno hablar acerca de su papá, amplié y puse en cuadros varias de nuestras fotos favoritas de la familia. Entonces las coloqué en lugares a la altura de los ojos de los niños. Por ejemplo, puse varias fotos en la base de nuestra chimenea, en las mesas de noche y otros lugares en que los muchachos las vieran con facilidad.

Quería que los niños hablaran de su papá con toda confianza, así que les hablaba de él siempre que podía. «¿Recuerdas cuando papi y tú arreglaron juntos una lámpara?» «¿Qué crees que papi diría acerca de tu programa de gimnasia?» «Mira la pelota de baloncesto que papi te compró». A veces me sentía un poco forzada, pero casi siempre era más bien natural. Todd *sigue* siendo parte de nuestra familia y siempre lo será. Su influencia vivirá por décadas en mí y en nuestros hijos.

Un reportero también me entregó un libro en hojas sueltas que les permitía a los niños llenarlos con las descripciones de sus cosas favoritas, así como algunas de las cosas favoritas de su papi. David y yo trabajamos juntos en su libro, hablando acerca de Todd cada vez que terminábamos una página. Luego yo llené el de Drew, a fin de que algún día pudiera comparar lo que le gustaba o disgustaba a él con esos de su papá. Incluso hice uno para el bebé.

Mi hermano Paul me hizo una promesa después de la muerte de Todd. Similar al compromiso de Joe Urbanowicz con nuestra familia después de la muerte de papá, Paul prometió: «Lisa, voy a ser una persona importante en la vida de tus hijos. Estaré junto a ti y los niños». Y él y su esposa, Jet, han hecho eso, aunque ha habido tiempos en que la separación es emocionalmente dolorosa.

Un fin de semana a principios de octubre, Paul, Jet y mamá nos visitaron a los chicos y mí en Nueva Jersey. Paul jugó con David y Drew todo el fin de semana, y los chicos tuvieron un juego de béisbol con su tío. El sábado fuimos a un sembrado de calabazas donde cada persona recogía la suya.

Al final del día, de regreso a casa, yo conduje y Paul se sentó en el asiento del pasajero del frente; mamá y Jet iban en el medio del asiento de atrás y los chicos estaban en sus asientos de autos del microbús.

De repente, David llamó a Paul.

—¿Verdad, tío Paul, que tú puedes ser mi papá?

El silencio en el vehículo era casi palpable. Me quedé mirando fijamente hacia delante, asustada de volver la cabeza hacia David por temor a que rompiera a llorar. Paul, también, mantuvo los ojos fijos en la carretera en un intento de ocultar las lágrimas que le corrían por el rostro.

—Bueno, tío Paul no puede ser tu papi, pero puede hacer un montón de cosas que tú y tu papi acostumbraban hacer —dijo al final mamá viniendo en nuestro rescate.

—Está bien —intervino David desde la parte de atrás del auto. Eso era todo lo que necesitaba escuchar.

■ ■ ■ ■

A mediados de octubre recibí una llamada telefónica de Kathy Tedeschi, una de las mujeres que perdió a su esposo en el ataque terrorista que derribó el vuelo 103 de la Pan Am en Lockerbie, Escocia, trece años atrás. Hablamos brevemente, y le dije que ella entendía el daño, la frustración y las preguntas que enfrentamos día por día. Kathy describió su deseo de formar un grupo de apoyo para la gente del área de Princeton que perdieron sus seres queridos en los ataques del 11 de septiembre. Ella me invitó a la primera reunión del grupo para la semana siguiente.

Muchas de las ciudades en nuestra área perdieron a alguien el 11 de septiembre. Lorrayne Bay, una de los auxiliares a bordo del vuelo 93 era de Hightstown, donde Todd y yo establecimos por primera vez nuestra casa después de la boda. LeRoy Homer, uno de los pilotos, también vivía cerca. La mayoría de las víctimas, sin embargo, eran empleados del Centro Mundial de Comercio que fueron a trabajar el 11 de septiembre y nunca regresaron a su hogar.

Nunca antes había formado parte de un grupo de apoyo y estaba un poco nerviosa por eso. Pronto descubrí, sin embargo, que las personas que una vez fueron desconocidas por completo, se convirtieron en las más confiables de las confidentes. Teníamos en común una única y dolorosa experiencia que incluso nuestros amigos íntimos y familiares no podían comprender a fondo ni ayudarnos a atravesarlas en algunas ocasiones. En poco tiempo el grupo se convirtió en una parte importante de mi propia sanidad; nuestras reuniones eran el oasis que esperaba con ansias cada semana. Una amiga del grupo y yo cumplimos años de edad el mismo día, así que decidimos salir a cenar juntas esa noche. Ambas notamos que una de las inesperadas bendiciones de esta tragedia fue la oportunidad de conocer personas con las que de otra manera nunca nos hubiéramos encontrado, y contarlas como nuestras amigas. Esa era otra cosa por la que debíamos dar gracias.

En las reuniones con los familiares de las otras víctimas a través del grupo de apoyo y otros contactos, me impactaba una vez tras otra ver cuántos niños pequeños, incluso los que aún no habían nacido, se quedaron el

11 de septiembre sin uno de los padres. En este aspecto, esta tragedia no tenía precedente en nuestra nación. Al mismo tiempo, desde que la nación escuchó el nombre de Todd, comencé a recibir montones de tarjetas, cartas y cheques de personas benevolentes de cada rincón del país y de muchas otras naciones.

Nos inundaron con canciones, poemas y artículos que las personas escribieron especialmente para David, Drew, el bebé y para mí. Recibí todo tipo de juguetes para los niños y regalos para la niña: animalitos de peluche, frazadas y ropas. ¡Recibí bastantes libros inspiracionales y discos compactos para comenzar una pequeña biblioteca! Estoy más convencida que nunca de que el pueblo estadounidense es el más generoso del mundo. Algunas familias, incluso, le pusieron «Beamer» a sus nuevos perritos y nos enviaron fotos de los perros.

Dos militares, uno de ellos veterano de Vietnam y el otro veterano de la Segunda Guerra Mundial, enviaron la Orden del Corazón Púrpura que se habían ganado en combate.

Estaba maravillada ante la generosidad de personas que no me conocían, que nunca había visto y con las que nunca tuve contacto aparte de verme en la televisión o leer un artículo. Aunque estaba muy agradecida por sus sentimientos y sus regalos, no me sentía bien aceptando contribuciones solo para mi familia cuando había tantas otras familias damnificadas también.

Desde el principio, era muy consciente del hecho de que había muchísimos héroes anónimos del 11 de septiembre. Cada niño que perdió a uno de sus padres perdió a su héroe personal. De todas las personas que murieron ese día, la mayoría de nosotros solo podíamos nombrar a unos pocos. Después de hablar con algunas amigas de nuestro Círculo del Cuidado, decidí que era más sabio formar una fundación sin fines de lucro mediante la cual se transferiría esas donaciones a muchas de las familias. En especial, estaba muy preocupada en descubrir las necesidades de los niños más pequeños, necesidades que quizá no aparezcan en años, después que se oscurezca el faro del 11 de septiembre y terminen los servicios de apoyo.

Con este propósito, se estableció la Fundación Todd M. Beamer en octubre de 2001. Doug MacMillan puso su carrera en ventas de productos médicos en espera para participar en la junta como el director de la fundación.

Otro buen amigo que asiste a nuestra iglesia, Bill Beatty, es contador y vicepresidente en Goldman Sachs. Bill tomó una excedencia en su trabajo para ayudar a formar la estructura contable y financiera de la organización. Este fue en sí tremendo paso de fe tanto para Doug como para Bill, puesto que ninguno de nosotros tenía la menor idea de cuánto dinero vendría a la fundación, ni con cuánta rapidez se enviaría. Doug hablaba a menudo con Todd acerca de la posibilidad de hacer un cambio de carrera, así que en cuanto tuvo la oportunidad, Doug contestó el llamado.

Los siguientes meses los pasamos haciendo el trabajo duro para establecer debidamente la Fundación, incluyendo la catalogación en el Servicio de Rentas Públicas según el estatuto 501 (c) (3), el cual establece la misma como una corporación sin fines de lucro. Esta mantiene un alto nivel de contabilidad para el manejo de los fondos, incluyendo la exención de mi familia de beneficios, a fin de eliminar la posibilidad de cualquier conflicto de intereses. Todd siempre hizo sus negocios con máxima integridad y yo quería asegurarme de que la Fundación que llevaba su nombre hiciera lo mismo.

Muchas personas se comunicaban con la Fundación diciendo: «Queremos hacer algo para ayudar a las víctimas y promover los tipos de valores que Todd representó, pero no sabemos qué hacer ni cómo hacerlo». Doug ha ayudado en guiar sus esfuerzos para levantar fondos, cerciorándose de que los métodos usados para recaudar el dinero sean apropiados y respetuosos para las víctimas del 11 de septiembre, y que ese dinero vaya al lugar adecuado y se use como es debido.

Aparte de establecer las operaciones, Doug y Bill también han coordinado numerosas reuniones con iglesias, grupos cívicos y de negociantes que desean contribuir. Una reunión con uno de tales donantes potenciales dio lugar a uno de los hechos más insólitos en mi vida desde el 11 de septiembre.

25

LA «TERMINACIÓN» DEL VUELO A SAN FRANCISCO

BILL BEATTY Y DOUG MacMillan permanecían en contacto con Oracle, manteniéndolos al corriente de lo que hacíamos en la Fundación Todd M. Beamer. Así que concertaron una reunión con algunos ejecutivos de Oracle a finales de octubre para presentar la misión y el plan de la Fundación. Cuando me informaron acerca de la reunión que planificaron, les dije: «Quizá deba ir con ustedes. A fin de cuentas, conozco a muchas personas en Oracle, y Todd y yo trabajamos para la compañía. Tal vez reciban mejor la presentación de mi parte que de otra persona». A Doug y a Bill les agradó mucho que estuviera dispuesta a ir con ellos, así que hicieron los arreglos pertinentes.

Nuestra reunión se programó para la una de la tarde del siguiente día, en las oficinas centrales de Oracle en Redwood Shores, cerca de San Francisco. La aerolínea United nos ofreció el viaje sin costo alguno, de modo que nos propusimos tomar el primer vuelo que sale de Newark, en el vuelo 84 de la aerolínea United, que salía a las ocho y quince de la mañana. Al principio, nunca me cruzó por la mente que el vuelo que habíamos planificado fue el que sustituyó al vuelo 93, este número de vuelo se discontinuó, por supuesto, después del accidente.

La reservación de ese vuelo en particular no fue un truco mío, ni de la Fundación, ni de la aerolínea United. Ni veía el vuelo a San Francisco como un acto específicamente valeroso. No temía volar y, con el incremento de la seguridad en el lugar, sentía que quizá volar ahora era más seguro que nunca. Fue una coincidencia el hecho de que la ruta del vuelo fuera tan similar a aquella en que murió Todd. Aun así, este era el único vuelo que se ajustaba a mi horario.

Sin embargo, los medios de comunicación se enteraron de mis planes de viaje y antes que nos diéramos cuenta de la significación del mismo, los noticieros anunciaron con antelación la historia de que «la viuda de Todd Beamer, uno de los héroes del vuelo 93, iba a terminar su vuelo». Casi de inmediato comenzaron a llover las peticiones de los medios.

Por un momento, consideré cancelar mis planes o cambiar el vuelo para evitar todo el melodrama. Entonces recordé las palabras de aliento del presidente Bush en uno de sus discursos: ese era el tiempo en nuestro país para continuar con nuestra vida, de volver a la normalidad tanto como fuera posible y hacer las cosas que por lo general haríamos. La cancelación del viaje sería darles una victoria a los terroristas que atacaron nuestro país. Le enviaría un falso mensaje al público estadounidense: que me resistía al viaje aéreo, lo cual no era así. La única razón hubiera sido por un miedo irracional a volar o, más específicamente, temor a que los terroristas atacaran de nuevo. Y yo no iba a permitir que cayera cautiva por temores de ningún tipo.

A primeras horas del viernes 19 de octubre, Doug, Bill y yo nos encaminamos al aeropuerto. A medida que íbamos esa mañana por la autopista de Nueva Jersey al Aeropuerto Internacional de Newark, no podía evitar preguntarme qué pensaba y veía Todd mientras conducía por esa misma ruta el 11 de septiembre. Me lo imaginaba conduciendo en la oscuridad con la radio de fondo a medida que hablaba por su teléfono celular o escuchaba los mensajes que tenía, sin tener una idea de lo que iba a pasar. Con una ligera sonrisa me preguntaba si había escuchado el anuncio del posible retiro de Michael Jordan. Reviví tantas veces en mi mente esa mañana que creía que me iba a quedar casi insensible. Sin embargo, cuando llegamos al aeropuerto, pasamos rápidamente el inmenso estacionamiento y un recuerdo cargado de emociones me tomó por sorpresa.

La última vez que estuve en el aeropuerto de Newark fue el 10 de septiembre, cuando Todd y yo regresamos de Roma. El día que partimos dejé a Todd y nuestros equipajes en la terminal y después estacioné nuestro auto. De modo que cuando regresamos a Newark, dije: «¿Por qué no te quedas aquí con las maletas y voy a buscar el auto y vuelvo para recogerte?»

Ahora, mientras pasaba por allí, vi exactamente el lugar en que me esperó Todd. Eso era muy difícil, pero evoqué un montón de otras imágenes. Casi podía vernos entrando hasta el borde de la acera de las áreas de control, y de repente me golpeó cuántas veces Todd y yo volamos desde este aeropuerto. Pensaba en todas esas cosas que hicimos como equipo. Casi podía oírlo decir: «Está bien, te dejaré con nuestras maletas y me voy a estacionar el auto». Ahora Todd no estaría más allí para hacer esas cosas que siempre hacía con tanto gusto. Y entonces la verdad me dio de lleno en el rostro: a pesar de la ayuda de las personas maravillosas que me rodeaban, estaba básicamente por mi propia cuenta.

Doug, Bill y yo nos quedamos en la entrada del mostrador de control de United. Todavía estaba oscuro afuera cuando nos inscribimos, pero los miembros de los medios de comunicación me rodearon enseguida. Mientras concedíamos una conferencia de prensa improvisada a la derecha del área de confirmación, me pregunté: *¿Qué estoy haciendo?* Este fue otro momento superrealista para añadir a la larga lista desde septiembre.

«Bien, tenemos que irnos», dijo Doug, sacándome por el brazo del lado de los reporteros y regresando afuera al estacionamiento. Varias cadenas de televisión hicieron los arreglos de modo que cada una de ellas me entrevistara desde el mismo lugar. El personal de las cámaras me dio un audífono a través del cual podía escuchar al entrevistador mientras me hablaba. Permanecí en el mismo lugar y trabajé con el mismo camarógrafo y personal. La única cosa que cambiaba era la persona con la que hablaba.

«Pues bien, ahora hablará con Matt Lauer de la cadena de televisión NBC», escuché por el audífono. Hice la entrevista con Matt y, un minuto más tarde, escuché: «Bien, ahora tenemos a Jane Clayson, de la CBS», y sin más y más hablé con Jane. «Estamos preparados para Diane Sawyer, de la ABC».

«De acuerdo», dije, y procedí a hablar con Diane. La siguiente fue Paula Zahn de CNN. La mayoría de las preguntas de los entrevistadores eran similares: «¿Por qué este vuelo?». «¿Por qué ahora?» «¿Teme volar?» «¿Está reviviendo recuerdos de Todd?»

En realidad, los medios de comunicación masiva fueron una bendición doble. Brindaron información acerca de la Fundación a muchas personas que no tendrían otra forma de enterarse. Y, sin duda, impidieron que me sentara y meditara en los últimos momentos que Todd quizá experimentó en el aeropuerto de Newark.

Cuando terminé con las entrevistas, un supervisor de la aerolínea nos recogió los boletos y con rapidez nos llevó hasta el frente de la línea de control de seguridad. El empleado de seguridad, pasó mi bolso de mano por el escáner y lo revisó; no llevaba muchas cosas puesto que solo iba a pasar una noche fuera. Una vez pasado este trámite, me paré a un lado para esperar por Doug y Bill que venían detrás de mí. Al dar un vistazo a la larga fila, pensé que quizá era bastante similar en la mañana del 11 de septiembre, así como Todd abrió su computadora para la revisión de seguridad y puso sus teléfonos en uno de los envases plásticos para que pasara por el escáner. También supo muy poco que por esas filas pasaron cuatro hombres que urdieron un método de burlar las máquinas de control, esos que llevaron en el equipaje de mano estuches con objetos cortantes o cuchillos. No había manera de decir, al recorrer con la mirada a los demás pasajeros, que alguien en la fila fuera un terrorista.

Doug llevaba una pequeña lima de uñas en su cortaúñas que causó que las alarmas se dispararan. El guardia de seguridad hizo que Doug rompiera la cuchilla de su cortaúñas antes de dejarlo pasar.

Caminamos por el largo pasillo que conducía a las puertas; estaba cubierto de cristales a ambos lados. Echando un vistazo afuera, vi el Boeing 757 de la aerolínea United que nos conduciría a California. Me imaginaba a Todd pasando por el restaurante T.G.I. Friday en la terminal A, puerta 17, en la mañana del 11 de septiembre, y me preguntaba: *¿Qué iban a hacer esos otros cuatro hombres? ¿No tenían intención de ir a California?*

Después del accidente, la aerolínea United cerró la puerta 17 por un mes y los empleados colocaron una solitaria bandera de Estados Unidos al final de la entrada al pasaje del jet en un silencioso homenaje a los hombres y mujeres a bordo del vuelo 93.

Abordamos el vuelo 84 desde una puerta diferente. Fui directamente a mi asiento en el avión y traté de pasar inadvertida a medida que me abrochaba el cinturón de seguridad. No me molestó el gran ruido de los motores cuando aceleraron ni cuando iban a gran velocidad por la pista de despegue. Quizá si la muerte de Todd hubiera sido por fallos mecánicos o error del piloto, me hubiera agarrado más fuerte al apoyabrazos. Por eso, al ir rápidamente por los cielos, no sentía temor. Cuando miré por la ventanilla, sin embargo, no podía apartar mis ojos de la fabulosa línea del horizonte de Manhattan... al que le faltaban las torres del Centro Mundial de Comercio. Una profunda tristeza me sobrecogió momentáneamente debido a los miles de familiares que comenzaban sus actividades este día, faltándoles un ser querido.

Durante el desayuno, noté que las aerolíneas habían sustituido todos los cuchillos de metal con los de plástico. Se me ocurrió que si alguien en verdad quería hacerle daño a otra persona, no sería con un cuchillo. Recordé el comentario que le hizo Jeremy Click a Lyz de que todavía tenía su cuchillo de la mantequilla y bromeaba que podría ser capaz de usarlo como un arma contra los terroristas a bordo del vuelo 93.

Cuando comentamos acerca de los cuchillos plásticos, quedamente le dije con humor a Doug y Bill: «Me imagino que es bueno que hayan eliminado los cuchillos y tu lima de uñas. Sin embargo, podrían herir de verdad a alguien con un tenedor, o un vidrio, ¡si están rotos y usan esos fragmentos!»

Es irónico, pero cinco minutos más tarde, a uno de los auxiliares de vuelo en primera clase se le cayó un vaso, dejando grandes y puntiagudos pedazos en el piso.

«¡Mira eso!», le susurré a Doug fingiendo terror.

La verdad es que, por mucho que las aerolíneas y el gobierno mejoren la seguridad a bordo de los aviones, los sistemas del tren subterráneo, los barcos de cruceros u otra transportación pública, no hay seguridad en ninguna parte de nuestro mundo. Los edificios altos son vulnerables y los túneles, las plantas nucleares, los estadios públicos y otros grandes lugares públicos siempre tendrán un nivel de peligro. Lo único verdaderamente seguro en esta vida está en nuestra confianza en el Dios que nos ama y tiene todo el control de los hechos de nuestra vida y de nuestro mundo. En el servicio de recordación que se le dio a Todd en la universidad de Wheaton, el presidente Duane Liftin lo resumió cuando dijo que Todd aprendió la lección del misionero martirizado Jim Elliot, quien vivió por este adagio: «Cuando venga el momento de morir, asegúrate de que todo lo que tienes que hacer es morir».

En sí, el vuelo a San Francisco fue bastante tranquilo excepto por el poco tiempo cuando pasamos sobre Cleveland. Volando aproximadamente a once mil metros de altura, se me revolvió el estómago cuando pensé: *Fue exactamente aquí que los terroristas capturaron el vuelo y pusieron rumbo a Washington.* Parpadeé con fuerza, respiré profundo y me recosté en mi asiento por el resto del vuelo.

Cuando nos bajamos del avión, nos encontramos con otro grupo de reporteros. Más significativo aun, nos encontramos con un gran número de empleados de la aerolínea United de pie en el área de la puerta, aplaudiendo. Al principio, pensé que era en reconocimiento de la parte de Todd en impedir que el vuelo 93 se estrellara en Washington, pero después me di cuenta de todo el panorama. Nunca había considerado las consecuencias de mi viaje en los empleados, pero al parecer ellos vieron mi viaje como el visto bueno en un tiempo que muchas personas se negaban a volar. La idea era: «Si Lisa Beamer no teme volar en nuestra aerolínea, usted también puede confiar en nosotros».

Aparte de eso, la respuesta del país era abrumadoramente positiva. Aunque no consideraba mis acciones de valentía, otros lo hicieron. Me imagino que esto alentó a que las personas recordaran, una vez más, que a pesar de que los terroristas se apropiaron mucho de nosotros, todavía teníamos fuerza y decisión para conquistar nuestros temores y restablecer nuestras vidas. Esa gran cantidad del melodrama era definitivamente cierta: No cabía duda que estaba decidida a que con la fe en Dios, mis hijos y yo enfrentaríamos cualquier cosa que nos deparara la vida y que lo haríamos de manera que sirviera de testimonio de la fe de Todd y la nuestra.

Desde el 11 de septiembre volé solo una vez antes de esta, aunque no en una aerolínea comercial. Oprah Winfrey me invitó a comparecer en un programa que destacaba algunas historias de los milagros del 11 de septiembre. No creía que estaba preparada para volar comercialmente todavía. Entonces, el programa de Oprah se ofreció a enviar su jet privado a Nueva Jersey para que me recogiera y me llevara de regreso a casa. Doug y Chivon me acompañaron e hicimos el viaje.

La cercanía con el este de Chicago me produjo una profunda emoción. Al elevarnos por encima de la ciudad, miré por la ventanilla del jet y vi la torre de Sears. Recordé que subí la torre con Todd cuando éramos novios y más tarde cuando celebramos nuestro quinto aniversario de bodas en el centro de la ciudad de Chicago.

Otro momento emotivo fue cuando me encontré con Lisa Jefferson en los camerinos del programa de Oprah. Aunque habíamos hablado por teléfono, este fue nuestro primer encuentro cara a cara. Teníamos fotos de las dos en televisión, así que cada una sabía cuáles eran los rasgos de la otra. No necesitamos que nos presentaran; nos reconocimos al instante. Sonreímos, nos abrazamos y derramamos algunas lágrimas a medida que nos saludábamos con afecto y Lisa me presentaba a su esposo, Warren.

En el programa, Lisa y yo revivimos los detalles de sus quince minutos de conversación con Todd. Daba la impresión que habíamos contado la historia diez mil veces en las pocas semanas pasadas. Nos quedamos pensando que quizá la próxima vez la historia tendría un final feliz. Sin embargo, no fue así. Si hubiera un final feliz, sería el de las personas que inspirarían sus pequeños actos de fe y valor cada día como resultado de escuchar lo que Todd y Lisa Jefferson dijeron e hicieron ese día. Ella siempre será una heroína para mí.

Dos jóvenes fueron al programa de Oprah por lo que hicieron en el Centro Mundial de Comercio el 11 de septiembre. Mientras bajaban rápidamente por las escaleras después que el primer avión se estrelló contra el edificio, se encontraron con una mujer *en su silla de ruedas*. Antes de dejarla morir, la recogieron en su silla de ruedas y la cargaron alrededor de sesenta pisos hasta abajo. En la confusión, se separaron y después que las torres cayeron, no estaban seguros de lo que le había pasado a la mujer. Más tarde, descubrieron que, sin lugar a dudas, le salvaron la vida y ella fue capaz de expresar su agradecimiento. Ellos eran jóvenes fuertes que podían salir con mucha más rapidez por sus medios, pero a riesgo de sus vidas, cargaron a la mujer en su silla de ruedas hacia un lugar seguro y con otra oportunidad de vivir.

En cierto modo, eso fue lo que Todd y los demás héroes a bordo del vuelo 93 hicieron por algunas personas en Washington. Y, hasta cierto punto, eso fue lo que Lisa Jefferson hizo por mí también. Nunca sería capaz de agradecerle lo suficiente. En un gesto de todo corazón lo apoyé: los de Chicago votaron para que fuera la «Ciudadana del Año 2001 de Chicago».

26

LA RAZÓN DE MI ESPERANZA

A TRAVÉS DEL OTOÑO de 2001, hubo muchas dificultades organizativas con las que tuve que lidiar, como todas las que hay cuando muere un ser querido: archivar modelos, buscar documentos, cancelar tarjetas de crédito y la clasificación de una serie de artículos personales. Uno de los más dolorosos para mí fue enfrentarme con el auto de Todd. Desde el 11 de septiembre estaba estacionado y embargado en el aeropuerto, junto con los autos de los demás pasajeros y la tripulación del vuelo 93. Las autoridades buscaban información o *cualquier cosa* que pudiera guiarlos a la identificación de los terroristas, cuyos autos también estaban estacionados en el aeropuerto.

Cuando el auto estaba listo para desembargarlo, no quería traerlo enseguida para la casa. Me preocupaba que los niños vieran venir por la carretera al conocido sedán color blanco y pensaran que su papá estaba en casa. Brian y Elaine Mumau se ofrecieron a tener por un tiempo el auto que desembargó la policía. Cuando el auto llegó, les pregunté si podían revisarlo y poner los objetos personales de Todd en una caja para clasificarlos más tarde.

Estuvieron de acuerdo y se dispusieron a realizar la triste tarea. Estoy segura de que botaron envolturas de chicles, tazas de café y recibos del gas mientras guardaban sus lentes de sol, sus discos compactos, su abrigo, cuaderno de notas y la Biblia. Uno de los artículos que encontraron, sin embargo, era desconcertante. En la bandeja del apoyabrazos entre los cinturones de seguridad del frente, Todd tenía algunas tarjetas para memorizar pasajes de las Escrituras que usaba mientras conducía. La primera tarjeta del montón, la que quizá leyó el 11 de septiembre, era Romanos 11:33-36:

¡Qué profundas son las riquezas de
la sabiduría y del conocimiento de Dios!

¡Qué indescifrables sus juicios
e impenetrables sus caminos!
«¿Quién ha conocido la mente del Señor,
o quién ha sido su consejero?»
«¿Quién le ha dado primero a Dios,
para que luego Dios le pague?»
Porque todas las cosas proceden de él,
y existen por él y para él.
¡A él sea la gloria por siempre! Amén.

Ese fue el mismo pasaje de las Escrituras que me ayudó a través de mis preguntas después de la muerte de mi papá; el mismo pasaje que recordé en la universidad de Wheaton; y los mismos versículos que vinieron a mi mente para el estudio bíblico que preparaba en Roma, la semana antes de la muerte de Todd. Al ver esa tarjeta recordé que Dios siempre nos está hablando y que solo nos da las palabras que necesitamos para los hechos que nos esperan en el futuro.

■ ■ ■ ■

Aun en medio de las responsabilidades por esta separación tan dolorosa, traté de hacer muchas de las cosas que tenía planificadas si no hubiera ocurrido el 11 de septiembre. Una de esas era asistir a una conferencia, programada para principios de noviembre, con las mujeres de nuestra iglesia. Desde mayo estaba inscrita para asistir a «Mujeres de Fe», pensando que iba a ser divertido salir con las amigas por un fin de semana y dejar a Todd y los niños en casa para que se las arreglaran solos.

Era un corto viaje hasta el Core States Arena en Filadelfia y alrededor de ciento treinta mujeres de nuestra iglesia planearon unirse a más o menos otras veinticinco mil mujeres durante dos días de conferencias y música que alentarían nuestra fe. Cuando hicimos nuestros planes en mayo, ninguna de nosotras se imaginó jamás que yo estaría en la plataforma.

Cuando las patrocinadoras de la conferencia supieron de mi asistencia, me preguntaron si era posible que dijera algunas palabras a la audiencia. Quería pasar inadvertida en todo lo que fuera posible, pero la réplica de Mardoqueo a Esther resonaba en mi mente: «¡Quién sabe si no has llegado al trono precisamente para un momento como este!» Estuve de acuerdo en decir algunas palabras.

La directora del programa me presentó, diciendo: «Desde los hechos del 11 de septiembre, muchos se han cuestionado el amor de Dios. Sin embargo, quienes lo conocen bien no lo han hecho. Una persona en particular no cuestionó su amor. Su nombre es Lisa Beamer...»

La multitud de mujeres prorrumpió en aplausos a medida que subía a la plataforma. Aplaudían y aplaudían, al punto que fue embarazoso. Con solo recorrer con la mirada los rostros de la audiencia, supe que algunas de esas mujeres enfrentaban circunstancias peores que las mías... ¿Quién fue el que les habló?

Les confesé que originalmente me inscribí para pasar un fin de semana sin mi esposo y mis hijos.

«En la época de mayo», dije, «el 11 de septiembre era solo otra fecha en el calendario de todos nosotros. Ahora, cuando escucho la fecha, me trae a la mente todo tipo de cosas, como a miles que están igual que yo, desde el temor a la ira, desde la tristeza a pensar en todas las pérdidas experimentadas personalmente. Nos quedan las opciones acerca de las cosas que quisiéramos hacer con esos sentimientos. Las opciones para personas como yo... y como muchas de nosotras en este salón, son mirar todas las cosas que hemos perdido o mirar todas las cosas que tenemos; para convertirnos en amargadas o para convertirnos en mejores personas; para vivir en temor o para vivir en esperanza.

»Mi decisión es vivir en esperanza...»

La asamblea me interrumpió con un fuerte aplauso, lo cual aprecié, pero no quería que nadie interpretara mal la fuente de mi fortaleza. «No es porque sea una persona fuerte que he sido capaz de hacer esto. No quiero que alguien salga de aquí pensando: *Increíble, ella es muy fuerte; ¡mírenla!* Decidí vivir en esperanza porque Dios me dio su perspectiva eterna y celestial. Esto me dice que el temor viene de los sentimientos fuera de control y si el 11 de septiembre nos enseñó algo, es que en realidad nunca tenemos el control. Todd y yo éramos dos personas que planeábamos para el futuro; personas tipo «A» que teníamos todas las cosas en su justo lugar. Y, con todo, no tuvimos el control del 11 de septiembre.

»Sin embargo, la esperanza viene de conocer quién es el que tiene el control. La esperanza viene de que tenemos un Dios soberano y amoroso que controla cada acontecimiento de nuestra vida... En el libro de Jeremías (29:11) dice que Dios tiene un plan para mí, un plan de bienestar y no de calamidad; un plan para darme un futuro y una esperanza. Y eso es lo que a la vez me sostiene cada día cuando me levanto de la cama en la mañana: saber que es verdad y esto ha probado ser cierto en mi vida hasta hoy. Esto se cumplió el 11 de septiembre, y lo será por todos los años que Dios me permita vivir y por cualquier cosa que nos tenga reservado a mí... y a mis hijos.

»Este es un tiempo incierto y muchas personas buscan algo a qué aferrarse. Espero que ustedes se aferren al único que tiene todo el poder, el amor y el cuidado porque en realidad es el único que en realidad tiene el control».

Las «Mujeres de Fe» me dieron otra conmovedora ovación puestas de pie y pusieron mi hogar en las nubes, con mi fe renovada. Algo bueno, también, pues a partir de los meses siguientes mi fe iba a estar severamente probada en los pequeños detalles de la vida diaria. Estábamos a punto de entrar en la etapa de las «festividades»: los cumpleaños y los días feriados... los primeros sin Todd.

27

LA VIDA SIGUE...
¿Y NO ES ASÍ?

DICEN QUE LA VIDA debe seguir... y supongo que sigue si lo queremos o no. Sin embargo, cuando uno pierde a alguien muy querido, uno sabe que la vida nunca será en verdad la misma.

Los niños y yo fuimos a visitar a mamá por el Día de Acción de Gracias. Recordaba los maravillosos tiempos en familia, así como el cumpleaños de mi esposo y el día que nos comprometimos... el día que me pidió que me casara con él, en la cima de la montaña Turkey, ¡todo en el mismo fin de semana! Ahora la vista de ese lugar se transformó; las torres del Centro Mundial de Comercio que antiguamente se veía a lo

413

lejos desapareció... y Todd también.

De manera similar, nos resultaba difícil mantener algunas de nuestras tradiciones familiares. Por ejemplo, este año mamá no puso los granos de maíz secos en los platos de la cena de Acción de Gracias. Le expresamos nuestro agradecimiento a Dios, pero ella misma no pudo poner los granos de maíz. Quizá el año que viene...

No quería ser el centro de atención de nadie ni llenar todo el día de tristeza. Sin embargo, cuando se acercaba la hora de la cena, supe que no sería capaz de mantener mis emociones en control. Por lo tanto, salí hacia mi habitación para llorar por un rato. Sabía que mis sentimientos de dolor y pérdida habían salido y, cuando esto sucedió, me sentí un poco mejor. Aun así, la cena fue difícil, y yo pasé casi todo el tiempo tragándome las lágrimas a medida que disfrutaba el pavo y los adornos que hizo mamá. Aunque Acción de Gracias era un día especial en el calendario, este año fue como la mayoría de otros: lleno con la horrible tristeza por la falta de Todd, pero también con el reconocimiento de que todavía hay mucho más para estar agradecidos. La imagen del sol brillando detrás de una nube negra por la lluvia parecía la mejor ilustración para mis sentimientos. Esa noche caí contenta en la cama, sabiendo que el primero de los muchos días feriados sin Todd había quedado atrás.

Sabía que no soportaría otra de nuestras tradiciones favoritas de Acción de Gracias: salir juntos en familia a cortar el árbol de Navidad. Cada año siempre teníamos un acontecimiento de todo un día, con Paul, Jet, Holly, Jonathan, mamá, Todd, los niños y yo seleccionando y cortando nuestros árboles y llevándolos a la casa atados en la parte de arriba de nuestros autos. Este año mamá y la familia esperaron hasta que los niños y yo nos marchamos y entonces salieron a buscar los árboles.

El dolor emocional de pasar el cumpleaños de Todd el 24 de noviembre y el recuerdo de nuestro compromiso fue casi más difícil de enfrentar que el del Día de Acción de Gracias.

No estaba segura cómo lo haría. *¿Qué debíamos hacer?*, me preguntaba. Quería honrar el cumpleaños de Todd por el bien de los niños, así como también por él, pero no tenía idea de cómo hacerlo especial sin que nos atormentara.

Entonces se me ocurrió algo. Ese año por mi cumpleaños, una de las cosas que Todd me dio fue un certificado de regalo de entradas para cualquier función. Nuestro verano fue tan ajetreado que nunca lo usamos para los espectáculos de Broadway, como era el propósito de Todd. La *Toy Story on Ice* [Historia de los juguetes en el hielo] se estaba presentando en Meadowlands Arena en el cumpleaños de Todd, así que pensé: *¿Por qué no? Esta es una buena manera de usar ese certificado. A Todd le habría encantado.* Los niños y yo fuimos al espectáculo y fue maravilloso. En verdad, lo disfruté.

Sin embargo, en el auto camino a casa, la realidad de lo que hubiera sido este día me golpeó de nuevo. Las lágrimas corrieron por mi rostro. David lo notó y preguntó:

—¿Por qué estás tan triste, mami?

—Mami está triste porque papi no está con nosotros en su cumpleaños —traté de explicarles mientras me secaba las lágrimas de los ojos.

—Pero, mami, todavía podemos tener torta, ¿verdad? —preguntó David mirándome con su inocencia inimitable.

Por un momento, no estaba segura si iba a romper a reír... o a llorar a gritos. Finalmente, tragué en seco y contuve las lágrimas. Después, le dije con una sonrisa:

—Sí, David. Supongo que podemos tenerla.

¡Cuán agradecida estaba de nuevo por la perspectiva de un niño pequeño!

—Creo que papi estará feliz porque pasamos su cumpleaños con Buzz Lightyear —les dije a los chicos.

Todos estuvimos de acuerdo

■ ■ ■ ■

Sabía que pasar la época de Navidad iba a ser difícil. El primer reto era buscar el árbol de Navidad con los niños. El primer sábado de diciembre, salí a almorzar con mi amiga Sharon Vogel mientras que su esposo, Brian, llevó a los niños al campo de golf. Más tarde, Brian dijo: «¡Vamos a ir hoy a buscar nuestro árbol de Navidad. ¿Les gustaría a ti y a los niños venir con nosotros?»

De cualquier modo, tenía planeado buscar un árbol ese día, pero no estaba segura cómo iba a cumplir la tarea por mi propia cuenta. La invitación de Brian resolvió el problema.

«¡Seguro!», dije. Era un poco común día cálido de diciembre, con la temperatura por encima de los veintiún grados centígrados cuando fuimos a buscar el árbol de Navidad en un campo cercano de nuestra casa. Escogimos nuestros árboles y Brian los cortó y los tiró en la parte de atrás de su camioneta. La granja ofrecía un «paseo en trineo» con un Santa Claus en un carrito de heno. «¡Vengan, niños, vamos a dar una vuelta con Santa Claus!», llamó Sharon. Nos amontonamos en el carricoche de heno y dimos un gran paseo por los campos cantando «Campanas de Navidad» en nuestros bermudas con el cálido y radiante sol. Toda la experiencia fue muy diferente a cualquier otra que tuvimos con Todd. Eso facilitó las cosas.

Brian nos llevó el árbol y lo puso en su base. A la mañana siguiente, David, Drew y yo sacamos los adornos de Navidad y comenzamos a ponerlos en el árbol. Cuando David me preguntó por qué estaba llorando, le mostré todos los adornos de su papá, muchos de los cuales se los había dado yo a él o él a mí, en ocasiones especiales como en nuestro viaje a Disney Word, o en algún evento deportivo especial. Teníamos la costumbre de comprar adornos en cada lugar al que viajábamos juntos. Todos los adornos guardaban un inmenso significado para mí y representaban una parte de la vida en unión. Cada uno traía a mi mente recuerdos especiales, los cuales les conté a los niños... ¡mientras pudieron escucharlos! Esperaba poder contarles esas historias todos los años, de modo que algún día se las contaran ellos a sus propios hijos. David se aseguró de que los adornos se vieran como en otras Navidades al recordarme que los colocara en lugares estratégicos sobre el árbol. Cuando fue el momento de colgar el adorno de cristal de los Toros de Chicago de Todd, David me dijo: «Mamá, tienes que poner este bien alto, así Drew no lo rompe».

En las ocupadas semanas de diciembre, tuve otra entrevista con Larry King que saldría al aire en vísperas de Navidad. Le dije a Larry, quien ahora me parecía muy conocido: «Definitivamente, es muy difícil salir a buscar el árbol de Navidad y las decoraciones, y encontrar adornos que eran de Todd. Y uno mira las fotos del año pasado y piensa cómo tendría que ser o cómo serían las cosas».

Sin embargo, estaba comprometida a hacer que la Navidad fuera lo más especial y normal posible para los niños. Unos días antes de Navidad, cargué el auto y conduje hasta la casa de mi mamá en Shrub Oak, Nueva York, para Navidad. Luego regresamos a casa en Nueva Jersey, reabastecimos el auto y fuimos a visitar a Peggy y David Beamer en Washington, D. C., el día después de Navidad. ¡Ah! ¡Estaba exhausta!

Recorrer la casa donde Todd, los niños y yo disfrutamos tantos maravillosos momentos con la familia, fue otra experiencia que me rompió el corazón. No había vuelto a la casa de los Beamer desde la visita a la Casa

Blanca después de los hechos del 11 de septiembre. Ese día, cuando me detuve en su casa para recogerlos de camino, rompí a llorar.

Ahora era Navidad y sabía con certeza que era una extraña experiencia para todos nosotros. Incluso, con solo pararme ante la puerta de los Beamer con sus nietos y estar embarazada con el tercer bebé de Todd y mío, sería un amargo recuerdo tanto para ellos como para mí. A pesar de eso, sabía que David y Peggy me amaban tanto como a su propia hija y todos estábamos comprometidos a mantener la misma relación que tuvimos siempre.

Los niños y yo llegamos la noche después de Navidad y toqué en la puerta del frente. *De acuerdo, puedo hacer esto. No hace falta que rompa a llorar,* pensé. El esposo de Melissa, Greg, se encontró conmigo en la puerta. Entré en la cocina y vi a los padres de Todd mientras que los muchachos bajaron corriendo las escaleras para jugar con sus primos. Por mucho que traté de contener las lágrimas, no pude. Comencé de nuevo a llorar a gritos.

Juntos disfrutamos de una magnífica visita, abriendo regalos, paseando por el bosque con los niños y todas las celebraciones comunes de las Navidades. La familia estoicamente intentó contener las lágrimas. Casi todo el tiempo tuvimos éxito. Luego, cuando nos íbamos, Peggy y Greg me ayudaron a sentar a los niños en sus asientos de seguridad. Encendí el auto cuando David dijo de repente: «Mamá, para. Olvidé decirle algo a tío Greg».

«Está bien, David, pero apúrate, por favor». Dimos marcha atrás en el camino de entrada y allí estaban Peggy y Greg llorando juntos en silencio. David felizmente terminó su conversación con el tío Greg, pero recordé una vez más la inmensa tristeza que nos embargaba a todos.

■ ■ ■ ■

Celebramos el cuarto cumpleaños de David en The Little Gym [El Pequeño Gimnasio], un centro de gimnasia, el 5 de enero, solo cuatro días antes que naciera el bebé. Tuvimos veinte invitados, pizza y una torta de Buzz Lightyear (¡por supuesto!). La celebración del cumpleaños de David no fue tan difícil como pensé que sería sin Todd. Solo me puse a tono con el gozo de los niños. No es menos cierto que extrañé a Todd y, sin duda, si me lo hubiera permitido, fácilmente hubiera estado hablando del pasado o entristeciéndome en el presente. Sin embargo,

David y Drew estaban pasando un tiempo maravilloso; ¿por qué iba a entristecer sus espíritus?

Tenía razón para sentirme bien. Atravesé los días de fiesta, el cumpleaños de Todd y el cumpleaños de David. Además de eso, iba a tener otro «cumpleaños» que vendría en solo unos días. Esto me preocupaba más que los días de fiesta, los cumpleaños o cualquier otro tiempo de estrés que sufrí desde el 11 de septiembre. Para mí, este sería el reto fundamental.

28

EL RECIBIMIENTO
DE MORGAN

COMO PLANIFICADORES meticulosos, Todd y yo previmos nuestros dos primeros hijos; el tercer embarazo nos tomó por sorpresa. No obstante, nos emocionamos cuando descubrimos que estaba embarazada de nuestro tercer hijo. Además, después de la conmoción en nuestra vida a partir del 11 de septiembre, mi embarazo se convirtió en una de las incógnitas más molestas. Para mí, fue uno de los aspectos más difíciles de comprender de «la vida después del 11 de septiembre». Todd y yo creíamos que los hijos eran una bendición de Dios. Sin embargo, preguntas profundas irritaban mi mente...

Dios, puesto que sabes el final desde el principio de la historia, ¿por qué este bebé? ¿Por qué permitiste que quedara embarazada cuando sabías que Todd no iba a estar aquí para ver a este bebé crecer?

¿Por qué viene este bebé a un mundo donde no conocerá nunca de verdad a su padre, nunca verá sonreír a su padre, escuchar su voz ni lo levantará en el aire y escuchará decir a su papá: «¡Heeee!»? ¿Por qué un bebé sin un padre?

Incluso, desde un punto de vista lógico, me preguntaba cómo lo lograría. No podía atender sola a dos niños. A menudo, tenía que hacerlo cuando Todd se iba. Dos hijos eran factibles; tenía dos brazos y dos manos, así que todo se acoplaba. Aun así, tres hijos pueden ser un reto incluso con los dos padres. No me imaginaba cómo esto iba a dar resultado conmigo sola.

Sabía que la única respuesta era confiar en Dios para proveer todo lo que necesitaba. Tengo un reciente ejemplo de su fidelidad incluso en los pequeños detalles de la vida. Puesto que es poco común un diciembre cálido, tenía una inesperada oportunidad de hacer algún trabajo en el patio antes de que comenzaran las heladas del invierno. Aunque tenía ocho meses de embarazo, decidí que no me quedaba más remedio que desyerbar y podar. De modo que un sábado saqué a los niños y los dejé jugar mientras me ponía mis guantes de jardinería e intentaba alcanzar las malas hierbas alrededor de mi gran vientre para arrancarlas.

Alrededor de una hora más tarde, comparé lo que había terminado con todo lo que me faltaba, y me di cuenta de que casi no había hecho nada. La simple tarea de desyerbar me abrumaba. Me irritaba mi incapacidad de terminar el trabajo ahora... ¡o nunca!

Miré a los niños y las molestas preocupaciones me atraparon de nuevo. ¿Cómo los voy a criar, y uno más, por mi propia cuenta? Comencé a llorar en silencio a medida que seguía poco a poco halando las hierbas y, ya estaba a punto de dejar el trabajo, cuando escuché un vehículo que se acercaba. Miré hacia arriba y vi un Jeep deslizándose en nuestro camino de entrada. Mi amiga Jan Pittas salió y llamó: «No sabía si estabas hoy en casa, pero tengo algún tiempo y pensé en venir y hacer algún trabajo en tu jardín antes del invierno». Jan no tenía idea de lo que estaba pensando y sintiendo, pero Dios lo sabía. Me enseñó que podía confiar cada momento en él, incluso en las necesidades triviales.

En los días inmediatamente después del 11 de septiembre, muchas personas bienintencionadas trataron de consolarme diciendo: «Ah, este bebé va a ser una bendición. Este hijo quizá tenga un propósito especial; tal vez Dios tenga algún plan único para este bebé».

Por mucho que apreciaba la amabilidad detrás de esas declaraciones, rechazaba tales pensamientos. *Sí, este hijo es especial, pensaba, pero no más que David ni Drew, ni ningún otro bebé nacido. Todos son preciosos a los ojos de Dios y el tiene un plan único para cada hijo.*

Me hicieron ultrasonidos, pero ni Todd ni yo queríamos saber el sexo del bebé que esperábamos, así que no cambié la decisión. Cuando estaba preparada para ir al hospital para el parto, todavía no sabía si iba a tener una niña o un niño. Pensé que tener una niña sería maravilloso, pero criar otro niño sería más fácil. Cuando las cosas se ponían difíciles, decía: «¡De acuerdo, muchachos! ¡Vamos a luchar!»

El bebé debía nacer el 15 de enero, pero mi doctor consideró que si se inducía el parto nos daría más control, en vez de correr el riesgo de ponerme de parto a media noche.

Estuve de acuerdo, y decidimos inducir el parto una semana antes.

Nunca fui muy buena para tener personas conmigo en el salón de parto. Todd fue el único que me acompañó en el nacimiento de nuestros hijos. «Puedes venir siempre y cuando te estés quieto», bromeaba con él. De todas formas, él era muy serio en el salón de parto y sabía que su trabajo era solo ser el hombre fuerte y silencioso por unos pocos minutos, mientras yo me concentraba en hacer el verdadero trabajo.

Para el nacimiento de este bebé, sabía que necesitaba a alguien que me recordara a Todd y lo que hubiera sido su presencia. Decidí pedirle a Melissa, la hermana de Todd, que estuviera conmigo. A Melissa le encantaban los bebés y tenía tres hijos, así que sabía cómo enfrentar la experiencia del parto. Ella es serena y fuerte, y su personalidad tranquila me recuerda muchísimo a la de su hermano. Contar con su presencia en el salón de parto sería el mejor sustituto de Todd en esta tierra.

■ ■ ■ ■

Melissa voló desde Trenton, Michigan, el día antes que programé el parto. Mi hermana Holly, estuvo conmigo durante los últimos días de mi embarazo, ayudándome a cuidar a los niños, así que nuestro plan era que Melissa fuera conmigo al hospital y Holly estuviera con mamá y los niños después que naciera el bebé.

Me levanté temprano el miércoles 9 de enero, me bañé y vestí con un cómodo vestido de maternidad. Me puse el reloj y mi anillo de bodas, y luego me puse la pulsera de diamantes que Todd me compró en Florencia, Italia, el 8 de septiembre. ¡Cuán inapreciable tesoro se convirtió esa pequeña pulsera para mí!

Se suponía que estuviera en el hospital a las siete de la mañana, así que planeamos llevarnos el auto de Holly y dejar el microbús a ella a fin de que pudiera llevar más tarde a los niños y a mamá al hospital. Sin embargo, cuando intentamos encender el auto de Holly, el motor solo rugió y no arrancó. La batería estaba muerta.

«Ah, esto no está arrancando bien», le dije riendo a Melissa. Desperté a Holly y le pregunté: «¿Hay algún truco para arrancar tu auto?»

«¡Uh, no! ¿Por qué?»

Antes de que tuviera alguna oportunidad, le devolví las llaves. Mamá llegó más tarde, de modo que supe que tuvo acceso a un auto.

Poco a poco me deslicé dentro del microbús y le señalé a Melissa la dirección del Centro Médico de Princeton. En el hospital me esperaban y todo el mundo fue extremadamente amistoso cuando me vieron llegar. Nos escoltaron hasta el salón de parto, donde la enfermera comenzó a hacerme las preguntas lógicas de información.

Ella anotó mis respuestas en la computadora localizada al lado de la cama.

El ingreso en el hospital trajo todas las emociones del golpe que me vino encima después del 11 de septiembre. La enfermera me acribilló con las preguntas comunes que deben contestar los pacientes cuando llegan a un hospital para procedimientos que no son de emergencia. No hizo nada malo ni agresivo; simplemente cumplió con su trabajo.

Sin embargo, al contestarle las preguntas, una vez más me sobrecogió el horrible sentido de soledad.

Con nuestros hijos, Todd me acompañó para el proceso de admisión y él contestaba todas las preguntas. Ahora, el simple procedimiento de llenar un cuestionario médico provocó que brotaran mis emociones. Las lágrimas comenzaron a correr libremente por mi rostro mientras Melissa permanecía tranquila a mi lado. Nos tomamos de las manos y lloramos juntas por unos pocos minutos. La enfermera esperó con paciencia antes de continuar y pronto estuvimos listas para que comenzara el proceso del parto. Seguía preocupada en secreto: *¿Cómo iba a ser capaz de tener este bebé bajo estas circunstancias?* Me preguntaba si mi cuerpo respondería propiamente y actuaría de la manera que debe hacerlo una mujer de parto.

¡Enseguida nos enteramos!

■ ■ ■ ■

El personal del hospital me rompió la fuente y comenzó a administrarme pitocín para inducir el parto. Me tendí en la cama del hospital y traté de tranquilizarme mientras el medicamento hacía efecto.

Chivon MacMillan me visitó después que estuve bien acomodada en la sala de parto. Puso sus manos en mi estómago, cerró sus ojos y predijo en broma: «La asombrosa predicción dice que el bebé medirá cincuenta y tres centímetros, pesará dos kilos y siete gramos y será una niña».

¡La predicción de Chivon casi da exactamente en el blanco! A la una y cincuenta y nueve minutos de la tarde, después de una inimaginable y fácil labor de parto (¡gracias en gran parte a una anestesia epidural!) nació nuestro bebé: tres kilos, cincuenta y un centímetros y, para deleite de Chivon, ¡fue una bella niña! Estaba muy entusiasmada. No dejaba de decir una y otra vez: «¡No puedo creer que tenga una niña!» Le puse a nuestra hija el nombre de Morgan Kay Beamer. Es una combinación del segundo nombre de Todd y del mío. De nuestros tres hijos, Morgan fue la única que nació con la cabeza cubierta de cabello oscuro... al igual que Todd.

■ ■ ■ ■

Mi mamá y Holly recogieron a David de la escuela y le informaron que ahora tenía una hermanita, Morgan Kay. Durante el trayecto al hospital, David le dijo a mamá y a Holly: «A la verdad que me encanta el nombre de Morgan... espero que no le cambien su nombre».

David y Drew estaban muy entusiasmados para ver a su nueva hermana bebé. Cuando entraron al cuarto del hospital y la vieron por primera vez, solo pusieron los ojos como platos. La besaron con mucha suavidad y delicadeza, y dijeron que estaban preparados para ser buenos hermanos mayores.

Ambos estaban ansiosos por cargar a

Morgan y andar con ella de acá para allá con tanta delicadeza como podían hacerlo unos niños pequeños... con la abuela rondando cerca de ellos todo el tiempo. Con casi dos años de edad, el alcance del lenguaje de Drew era mínimo, pero sabía lo suficiente para decir alegremente: «¡Bebé! ¡Bebé!»

Cuando llegó el momento de que David y Drew regresaran a casa, sostuve a Morgan contra mi pecho. David vino derecho a la cama, inclinándose y hablando directamente a la niña, no a mí. «Morgan, te quiero», le dijo. «Te vamos a cuidar bien».

■ ■ ■ ■

Cuando se supieron las noticias del nacimiento de Morgan, una vez más personas amables alrededor del mundo nos enviaron todo tipo de regalos. Nos inundaron con tarjetas y cartas, ositos de peluche, más frazadas, incluso asientos de seguridad y sillas altas para comer.

El presidente Bush le envió una carta personal a nuestra bebé, dirigida a la misma Morgan Kay, en la que fue el primero en decirle lo que sin duda escucharía toda su vida: «Tu padre fue un héroe el 11 de septiembre de 2001. Sus desinteresados esfuerzos de impedir otras pérdidas de vidas en ese trágico día reflejaron lo mejor del espíritu estadounidense». Laura Bush le envió a Morgan otra carta de bienvenida al mundo.

Más de cuarenta y cinco viudas del ataque del 11 de septiembre dieron a luz por el tiempo que nació Morgan. Muchas otras que estaban embarazadas en el tiempo de los ataques tuvieron sus bebés desde entonces. Conozco su aflicción, pero también tengo su gozo.

Cada uno de esos nuevos bebés es una bendición que nos recuerda que Dios decidió darnos otra oportunidad, otro día de vida, otra ocasión de amar.

29

VISIÓN GLOBAL

EN FEBRERO, celebramos el cumpleaños de Drew en Gymboree y la invitada de honor fue su hermana recién nacida, Morgan. Después del nacimiento, estaba más preocupada que nunca por reconstruir una feliz y saludable vida para nuestra nueva familia. Esto significaba responsabilizarme por las necesidades de mis hijos, por supuesto, pero además garantizando mi propio cuidado también. Sabía que no podría esperar criar bien a mis hijos si no luchaba por sobrevivir. Mi actitud era similar a las instrucciones que dan los auxiliares de vuelo a los padres antes de volar: si hay un problema, póngase usted primero la máscara de oxígeno, luego ayude a ajustárselas a sus hijos.

Desde noviembre, todos los martes me

reunía con nuestro consejero profesional de la iglesia, el Dr. Al Hickok, y solo falté el día que nació Morgan. En nuestra primera reunión, le dije que antes del 11 de septiembre me consideraba una persona relativamente saludable y que deseaba asegurarme de que lo fuera en los meses y años que tenía por delante. Sabía que necesitaba un objetivo profesional que me ayudara a poner en orden todos los pensamientos, sentimientos y las responsabilidades de mis nuevas circunstancias.

No es de sorprender que tenga un alto concepto de los consejeros profesionales. Puesto que mi mamá es una consejera profesional, y he visto cómo ha ayudado a muchas personas, no sentí ningún escrúpulo en buscar un consejero para mí. El doctor Al ayudó a Todd en sus luchas por tener una actitud saludable hacia su trabajo, y yo esperaba que él también me ofreciera la perspectiva de mis propias luchas. Sabía que pasar por este proceso no solo sería bueno para mí, sino también para mis hijos, ahora y en el futuro.

Una cosa que intentaba equilibrar era la tristeza que sentía por la pérdida de Todd con la esperanza que tengo al saber que este mundo es solamente la preparación para una eternidad de gozo incomparable en el cielo.

Sin duda, quería que mis hijos supieran la promesa del cielo de Dios, pero también deseaba que supieran que es bueno estar triste porque Todd no está en estos momentos con nosotros. Les permitía ver mis lágrimas, pero también me aseguraba de que tuviéramos un montón de conversaciones divertidas acerca de Todd. No deseaba que ellos evitaran hablar de Todd por temor a que cada vez que se mencionase su nombre, dijeran: «¡Mami empezó a llorar otra vez!»

El dolor es real, pero también lo es la esperanza. A veces es difícil vivir con ambas realidades. Durante varias semanas después del 11 de septiembre, iba al armario de Todd, miraba sus ropas y comenzaba a llorar. Algunos días, incluso ahora, entraba en el armario y cerraba las puertas. Me sentaba hecha un ovillo en el piso por unos minutos, solo para llorar. Leía las notas que me había escrito, tocaba sus almohadas y secaba mis lágrimas con sus camisetas. Lloraba hasta que no quedaban más lágrimas, luego respiraba profundo, me enderezaba y volvía a enfrentar cualquier cosa que me deparara el día.

Las lágrimas todavía brotan a menudo en mi vida, a veces cuando menos las espero. Sé que incluso a partir de los años venideros, cuando aminore el dolor agudo, habrá accesos de tristeza porque Todd no estará aquí para disfrutar la vida con nosotros. Sin embargo, así es la vida en esta tierra: alegrías mezcladas con tristezas. Aquí nunca habrá verdadero gozo, pero el saber que me aguarda en la eternidad me ayuda a progresar a través de cualquier cosa que me traiga la vida en los tiempos de oscuridad. Dios me susurra sin cesar tres palabras: *Mira hacia arriba... Mira hacia arriba.* Por medio de esa suave voz recuerdo mirar más allá de mi propia y pequeña vida al Creador del universo y a conocer de su perspectiva. Sin lugar a dudas, mirar hacia arriba da paz a mi alma.

Además, Dios me reafirma constantemente que la historia de Todd está marcando una diferencia en la vida de las personas y que su muerte no fue en vano. Casi todas las semanas recibo una carta de algún desconocido que me dice cómo las palabras de Todd y la historia del vuelo 93 influyeron en él. Individuos de todas partes del mundo han cambiado para el bien, por siempre, como resultado de ver la fe de Todd en acción.

Un día, mientras hablaba con Dios, decía: «Señor, sé que la vida y la muerte de Todd han repercutido en la vida de personas de todas partes. Sería de ayuda, sin embargo, saber que él influyó en alguien cercano, en alguna persona de las que veo todos los días. De esa manera, cuando tengo un mal día o los niños preguntan algo difícil, pueda ver a alguien que su vida cambió como resultado de lo que pasó, y comprender que esto es valioso». Es algo insólito de suponer, pero quería saber que el sacrificio de Todd no solo importó en Washington, en otras partes del país y alrededor del mundo, sino también en *toda la cuadra*.

Y Dios satisfizo igualmente esa necesidad.

Antes del 11 de septiembre, unos amigos nuestros batallaban por establecer una relación personal con Dios. Un día, después de la muerte de Todd, el esposo me dijo: «Hace mucho tiempo que estaba en la cerca en mi relación con Dios, en realidad no estaba ni de un lado ni del otro. Sin embargo, vi algo en Todd que quería y ahora sé que nunca más podré estar en la cerca».

Desde entonces, él aceptó a Jesús en su corazón y en su vida. Debido al 11 de septiembre, y a la respuesta de Todd, ambos amigos se vieron impulsados a pensar con más profundidad acerca de confiar en Dios. Y, en verdad, sus vidas cambiaron. La vida de Todd fue un aliento y una motivación para ellos y ahora ellos hacen lo mismo por mí.

Además, durante el culto en memoria de Todd en nuestra iglesia recorrí con la mirada el lugar y noté algunos viejos amigos que hacía mucho que no veía. No tuve oportunidad de hablar con ellos más adelante, pero cuando salía, la esposa de un amigo de Todd y mío, dijo algo: «No sé qué tienen Todd y Lisa, pero yo no lo tengo y quiero tener ese tipo de relación con Dios». La pareja comenzó a asistir a nuestra iglesia, entregaron sus vidas a Dios, y ahora tienen una nueva perspectiva por lo que deben vivir.

Quizá la recompensa personal más importante como resultado de la influencia de la vida y la muerte de Todd es la de algunos de los muchachos que enseñamos en las clases de Escuela Dominical o en el grupo de jóvenes. Todd amaba mucho a los muchachos y creía en ellos, y estos lo amaban y confiaban en él. Después de la muerte de Todd, Andrea Bredin, una muchacha del grupo de jóvenes, escribió un poema muy especial que expresaba los sentimientos de un montón de muchachos:

*En verdad tuve un buen amigo, que al
final en mártir se convirtió.
Era un hombre de Dios, como cualquiera
sencillamente lo vio.
Era atlético y muy alto,
Con su talento, jugaba baloncesto.
Un gran fan de los Toros de Chicago;
Su oficina la llenaba con billares*

automáticos y carteles de Michael.
Por fe vivió de día en día;
Cuando las preocupaciones venían, oraba
*   siempre primero,*
Luego se ponía enseguida en acción,
Incluso si el resultado directo no lo satis-
*   facía.*
Amaba a su esposa y a sus hijos más que
*   nada en la tierra;*
Aun cuando no había llegado, esperaba
*   con ansias su tercer hijo.*
Siempre supo que había un gran plan,
Y de ese, la voluntad de Dios, fue un
*   gran fan.*
Todd solo tenía treinta y dos años de
*   edad,*
Cuando al final voló en ese grande cielo
*   azul.*
El Capitolio de la nación a la fuerza sal-
*   vó,*
Ahora ondean con orgullo la bandera de
*   América y el amor de Dios.*
Él está en el cielo, esto es cierto, lo sabe-
*   mos,*
Pero Todd Beamer, siempre te extrañare-
*   mos.*

Casi al final del servicio en recordación de Todd, Leonard Harris, un ex miembro del grupo de jóvenes que ahora está en la universidad, interpretó la canción «Gracias», de Ray Boltz, un tributo a los que han dejado huellas positivas en nuestra vida: maestros de Escuela Dominical, líderes de los grupos de jóvenes, misioneros y otros. Hoy en día, sin duda, incluimos a los policías y bomberos en la lista de los verdaderos héroes. La esencia de la letra de la canción es simple, pero conmovedora: «Gracias por darnos al Señor; soy una vida cambiada».

Durante su interpretación de la canción, Leonard personalizó la letra y la cantó directamente a Todd en el cielo. En esos momentos solitarios cuando me pregunto por qué Todd iba en ese vuelo, o incluso por qué pasó lo del 11 de septiembre, escucho la reconfortante canción de Leonard. Entonces sonrío y me digo:

Gracias, Todd, por darnos al Señor... y gracias a ti, Señor, por darme a Todd.

■ ■ ■ ■

Últimamente he estado tratando de tener una visión global del asunto, de descubrir lo que se supone que deba aprender de todo esto. Estoy segura de que ya he crecido por esta experiencia, pues he recopilado algunas percepciones. Es probable que la verdad más importante sea que mi seguridad debe estar en *Dios* antes que en cualquier cosa o alguna persona en este mundo.

Pensemos en esto: las torres del Centro Mundial de Comercio representaban el poder económico, el éxito y la seguridad, a pesar de eso las estremecieron y destruyeron en una hora o menos. El Pentágono es el símbolo de nuestro poder militar, aun así, se probó que también era vulnerable. ¿Dónde se puede encontrar la verdadera seguridad en estos días?

Los hombres y las mujeres en las torres del Centro Mundial de Comercio, el Pentágono y los que iban a bordo en los cuatro aviones secuestrados fueron parte de lo mejor que nuestra nación tuvo para ofrecer. Representaban la inteligencia, la energía y el poder. Aun así, ser lo mejor no fue lo suficientemente bueno para guardarnos de los ataques enemigos, la mutilación y la muerte de miles de personas.

Sin embargo, he encontrado seguridad y garantía en un amoroso Padre celestial, quien no se estremece, quien nunca me dejará ni abandonará, y en quien puedo confiar por completo. Para esos que buscan esperanza, les recomiendo que se aferren fuertemente a la mano de su Padre celestial, tanto como les sea posible, como un niño pequeño lo hace con su padre. Dios es un héroe que siempre estará con nosotros cada vez que lo necesitemos.

Es cierto que Todd y los otros héroes a bordo del vuelo 93 dieron sus vidas para que otros se salvaran. A pesar de todo, si de algún modo hubieran sabido lo que les esperaba, y les hubieran dado a escoger temprano esa mañana de septiembre, dudo que ninguno de ellos habría abordado el vuelo. Aun en medio del secuestro, en el preciso momento en que Todd pronunció su ahora famosa frase: «¡Vamos a rodar!», el verdadero deseo de su corazón y el de Jeremy Glick, Tom Burnett, Mark Bingham y los demás a bordo del vuelo 93 era regresar de algún modo a casa con sus seres queridos. No querían morir.

Sin embargo, hubo uno que vino a la tierra, sabiendo con antelación que el propósito más importante en su vida se cumpliría solo a través de su muerte. Supo hasta el final de sus días y en la cima de su carrera que no importaba cuán bien actuara, ni cuántas personas ayudara, estaba destinado a morir: a dar su vida para que muchos otros encontraran la verdadera vida abundante aquí en la tierra y la eterna en el cielo futuro.

Aun así, en verdad él tampoco quería

morir. Es más, cuando oró en el huerto de Getsemaní, a las afueras de los muros de Jerusalén, Jesús imploró a Dios: «Padre mío, si es posible, no me hagas beber este trago amargo».

Al final, dijo: «No sea lo que yo quiero, sino lo que quieres tú». Ese era el plan de Dios.

No creo que Todd escogiera morir, pero decidió que la voluntad de Dios se hiciera en su vida. Sabiendo eso, avanzó por el pasillo del avión, confiando por fe que a pesar de lo que pasara, Dios sería fiel a su Palabra. Antes de dar el primer paso, Todd supo a dónde iba a ir, incluso si moría. Construyó su vida en un cimiento sólido.

Todd no era un atractivo hombre de Hollywood ni un superhéroe de los libros de dibujos animados. Era un hombre común y corriente con una fe también común y corriente en un gran Dios. No hace mucho revisaba algunos archivos en la computadora de Todd y encontré la descripción de su fe. Planeaba hacer algún trabajo misionero a corto plazo en nuestra iglesia y, como parte del programa, escribió su testimonio. Mientras lo leía, me quedé una vez más impresionada de su humildad y de cuán insignificante pensaba que era en el esquema eterno de las cosas. Todd escribió:

Tengo que detenerme y comenzar a construir mi relación con Dios... Soy negligente, lo he defraudado y no siempre paso el tiempo con él como debiera. Esto es porque trato de forzar la relación y guiarla en la dirección que quiero que vaya. Esto no da resultados y solo conduce a la frustración.

Sin embargo, cada vez que voy a Dios a pedirle perdón, está allí para mí. Cada vez que le pido ayuda y dirección, está allí para mí. Cada vez que clamo frustrado y con dolor, está allí para mí.

Aunque mi relación con Dios está lejos de ser perfecta... Dios está allí para mí una vez tras otra, y me expresa su amor y su gracia. Aunque a veces le pongo condiciones... mi experiencia ha sido que Dios es paciente y espera que vayamos a él. Una vez que vamos a él y le damos más de nuestra vida, nos dará más de él mismo a nosotros.

Lo que hizo que Todd fuera diferente a los demás hombres que son simplemente religiosos no fue que estuvo dispuesto a morir por su fe; ¡los terroristas lo hicieron! No, Todd estuvo dispuesto a vivir por su fe. Mejor aun, estuvo dispuesto a vivir por su fe hasta el fin. Todd edificó su vida en un cimiento tan sólido que cuando llegó la tormenta del 11 de septiembre no tuvo que revisar los planos para ver si todas las cosas que construyó en su vida estaban firmes. Lo sabía.

Estuve pensando eso en febrero, cuando recibí una llamada para invitarme a hablar en el Desayuno de Oración Nacional en Washington. Me preguntaba si debía aceptar la invitación. Después de todo, al desayuno asistirían miembros del Congreso, dignatarios internacionales, hombres de negocios y líderes espirituales de toda nuestra nación y, por supuesto, el presidente de Estados Unidos. ¿Qué tenía que decirle a ese grupo?

Sin embargo, una vez más las palabras de Mardoqueo a Ester hicieron eco en mí: «¡Quién sabe si no has llegado al trono precisamente para un momento como este!»

Acepté la invitación y cuando me paré a hablarle al grupo ese día, cité el pasaje de las Escrituras en Isaías 40:30-31:

Aun los jóvenes se cansan, se fatigan,
y los muchachos tropiezan y caen;
pero los que confían en el Señor
renovarán sus fuerzas;
volarán como las águilas:
correrán y no se fatigarán,
caminarán y no se cansarán.

Les hablé acerca del halcón que vi remontar el vuelo por encima del lugar del accidente en Pensilvania y de cómo la paz de Dios me llenó con la promesa de que renovaría las fuerzas de todo el que confíe en él. «La paz que vino a mi vida incluso en ese lugar fue porque mi esperanza está en el Señor», le dije a la augusta audiencia. «La diferencia entre esos que tropiezan y los que corren está solo en la acción de esperar en el Señor».

Luego le conté al grupo del desayuno de oración una historia que Jesús narró acerca de dos hombres que construyeron sus casas nuevas: uno la hizo sobre la roca y el otro sobre la arena. Cuando vino la tormenta, la casa sobre la arena se derrumbó y su ruina fue grande.[1] «Las dos casas se construyeron con materiales similares», dije, «y ambas estuvieron expuestas a tormentas parecidas, pero la diferencia en el resultado se basó en el cimiento, el fundamento».

Si uno vive bastante tiempo, uno está destinado a encontrar algunas severas tormentas. En esta vida, nadie es inmune a la tragedia. La casa es la misma, la tormenta es igual, pero la diferencia está en el fundamento. El fundamento de Todd estaba se-

---

[1]Véase Mateo 7:24-27.

guramente construido en su relación con Jesucristo. Cuando todo en esta vida se estremeció, su fundamento permaneció firme. La pregunta que cada uno de nosotros debe contestar, tarde o temprano, es esta: ¿Cuán seguro es el fundamento en el cual construí mi vida?

30

«ESTOY BIEN, TENGO PAZ, ¡GLORIA A DIOS!»

UNAS POCAS SEMANAS DESPUÉS de la muerte de Todd, revisaba unos artículos en su oficina cuando me encontré con una cita de Teodoro Roosevelt que hacía varios años que Todd guardaba al final de su casillero de entrada. Todd nunca habló acerca de por qué la cita era significativa para él, pero al mirarla ese día en su oficina, cobró un significado completamente nuevo.

El crédito pertenece al hombre que en verdad está en la arena...quien se esfuerza con valentía, quien conoce el tremendo entusiasmo, la profunda devoción, y se consume en causas dignas.

Quien, en el mejor de los casos, conoce el triunfo de los grandes logros y quien, en el peor de los casos, si falla, lo hace atreviéndose grandemente de modo que su lugar nunca esté con esas almas frías y tímidas que no conocen nunca la victoria ni la derrota.

El 11 de septiembre Todd Beamer terminó su tiempo en la tierra. Finalizó su vida «atreviéndose grandemente». No murió «con esas almas frías y tímidas que no conocen nunca la victoria ni la derrota». Incluso, lo llamaron un héroe por contraatacar el mal, por poner su propia vida en la línea de defensa en un intento de salvar a otros.

Cuando sus acciones finales exigían gran valor, hizo algo más esa mañana que precisaba mucho más. Frente a las terribles circunstancias que humanamente se puede imaginar, Todd decidió descansar en las palabras del Padrenuestro: «Hágase tu voluntad». Se puso en las manos de Dios, sabiendo que al fin y al cabo ese era el único lugar seguro para estar. Por supuesto, el 11 de septiembre Todd deseaba regresar al hogar, pero sabía que si no pasaba, Dios seguiría en control y cuidaría de él y de nosotros.

¿*Podía* Dios haber impedido que las atrocidades del 11 de septiembre se llevaran a cabo? ¡Sin lugar a dudas! Él es todopoderoso y odia el mal. *¿Podía* Dios haber decidido sacar a Todd de ese avión? ¡Naturalmente! Abundan las historias milagrosas de personas que no abordaron uno de los vuelos secuestrados o que por alguna razón no estaban esa mañana en el Centro Mundial de Comercio, como tenían planeado, y se salvaron. Sin embargo, me podría volver loca con todos los «si solamente» y las preguntas de «qué si». *Si solamente Todd hubiera tomado otro vuelo. ¿Qué si el avión hubiera permanecido sobre la pista de Newark otros diez minutos?...* En lugar de eso descanso en el conocimiento de que, por alguna razón, Dios permitió que pasaran esas cosas.

No obstante, a pesar de que Dios tenía el control, los seres humanos siguen teniendo la responsabilidad por la muerte de Todd y de tantos otros el 11 de septiembre. ¿Estoy enojada y amargada por ellos? Esta es una pregunta que a menudo se hacen las personas.

En verdad, si me encontrara cara a cara con Osama bin Laden o los hombres que asaltaron los aviones el 11 de septiembre, mi adiestramiento de boxeo tailandés entraría de repente en juego. He tenido que resistirme fuertemente a alguna forma de intervención física. Sin embargo, al mismo tiempo, no he tenido el tiempo ni la energía que desperdiciar para albergar cualquier sentimiento de amargura o resentimiento hacia los perpetradores de los atroces ataques. Me preocupa que, en la posible medida sobre la tierra, este mal se detenga y se protejan a personas inocentes. Este no es mi trabajo, pero confío que nuestra nación y nuestros aliados se asegurarán de que esto pase.

Sé que no puedo cambiar la tragedia del 11 de septiembre ni siquiera a esos que la causaron. Al fin y al cabo, solo tengo que asumir la responsabilidad de mis propias decisiones. La Biblia dice que Dios dispone todas las cosas para el bien, no que todas las cosas sean buenas, sino que obrarán para bien, de esos que aman a Dios.[1] Todd no dijo ser perfecto, ni tampoco yo, pero caemos en la categoría de esos que aman a Dios. Esto significa que como decidimos confiar en Dios y seguir sus deseos para nuestra vida, nos promete que todas las cosas obran para nuestro bien ahora y en el futuro.

Aunque nunca me hubiera imaginado las circunstancias atroces que llegaron a la vida de mi familia por los hechos del 11 de septiembre, sé que la promesa de Dios probó

---

[1]Véase Romanos 8:28.

ser verdadera para Todd en ese día. Dios equipó a Todd de lo que necesitaba: fuertes compañeros de equipo entre los pasajeros, una firme voz de la razón en Lisa Jefferson, una oportunidad a sabiendas de marcar una diferencia en el curso de los hechos y, por supuesto, después que se estrelló el vuelo 93 de United, la realidad del cielo.

Esa promesa dio muestras de ser cierta para mí también, cuando pasé por el 11 de septiembre. Dios lo demostró de muchas maneras: amor ilimitado de familiares, amigos y desconocidos; el aliento de saber acerca de personas con vidas cambiadas debido al ejemplo de Todd; vislumbres de la perspectiva de Dios en mi vida y en nuestro mundo; y una inexplicable paz en mi alma.

La letra de un antiguo himno viene a mi mente muchas veces: *Estoy bien, tengo paz, ¡gloria a Dios!* Conozco la letra de ese himno desde que era pequeña, pero no hace mucho leí la historia acerca del hombre que la escribió. Horatio Spafford era un abogado de mucho éxito en Chicago, un contemporáneo y amigo de D.L. Moody, el famoso predicador. En 1873 el doctor de la familia le recomendó a la esposa de Horatio unas vacaciones, así que la pareja planeó viajar a Europa en barco.

En el preciso momento antes de su partida, surgió un asunto que cambió los planes del señor Spafford. En lugar de arruinar las vacaciones de la familia, Spafford mandó a su esposa y sus cuatro hijas por delante, prometiéndoles que se reuniría con ellas en unos pocos días. La señora Spafford y las chicas navegaron rumbo a Europa sin él.

El 22 de noviembre, en un trágico y monstruoso accidente, el barco en el que viajaban las mujeres chocó contra un buque inglés y se hundió en menos de media hora. Con las frías y estruendosas olas del océano Atlántico que las arrastraban, la señora Spafford y las muchachas fueron lanzadas del barco como si fueran pequeñas muñecas de porcelana. A la señora Spafford la rescataron milagrosamente, pero las cuatro muchachas se ahogaron en el mar.

La señora. Spafford le cablegrafió a su esposo un sombrío mensaje: «Única sobreviviente».

Horatio Spafford compró un pasaje a bordo del primer barco que encontró para navegar a Inglaterra. Fuera en los mares abiertos, el barco pasó cerca del lugar en que el accidente cobró la vida de sus cuatro hijas. Con lágrimas corriéndole por el rostro a medida que miraba con atención el movimiento de las olas donde sus hijas murieron, Horatio Spafford escribió estas palabras:

De paz inundada mi senda esté
O cúbrala un mar de aflicción,
Cualquiera que sea mi suerte, diré:
«Estoy bien, tengo paz, ¡gloria a Dios!»[2]

Ese fue el himno que pedí que se cantara en el culto de recordación de Todd el 16 de septiembre. Fue el mismo que me vino a la mente la primera vez que salí del ómnibus en el lugar del accidente en Shanksville el 17 de septiembre. Miré a la hermana de Todd, Michele, y dije: «No está aquí». Nada importante de Todd Beamer permanecía en el campo, en Pensilvania. Y, en ese mismo instante, él estaba más vivo que nunca, disfrutando una realidad en el cielo más increíble que cualquier cosa que nos podamos imaginar en la tierra. ¡Él está en la presencia del mismo Dios! Este sentido conocimiento cambió la devastación de ese lugar en paz y, lo que quizá sea más difícil para algún creyente, aun en gozo.

Michele asintió conscientemente con la cabeza.

«¡Todd no está aquí!», dije más bien para

---

[2] «Alcancé Salvación», copyright © 1873 de Horatio Spafford; traducción de Pedro Grado Valdés.

mí que para cualquier otro que pudiera escucharme. En ese momento supe, *sin lugar a dudas,* que todo lo que Todd y yo creíamos y vivíamos era verdad.

A partir del 11 de septiembre, en mi vida hay muchos sufrimientos y retos humanos, y cada día decido cómo enfrentarlos. Me puedo hundir en la depresión, la ira o la ansiedad, o puedo confiar que Dios dispone que todas las cosas sean para mi bien. He decidido creer a Dios, creer que me ama y que tiene un plan para ahora y por la eternidad. No digo que lo comprenda, pero decido de día en día, momento a momento, tener fe en lo que se ve, así como en lo que no se ve. El camino por delante es incierto e incluso a veces temible, pero creo que Dios proveerá lo que es mejor para mí, justo cuando lo necesite. Incluso ahora, en medio de la gran pena, hay mucho por lo que estar agradecida: tengo una magnífica familia, amigos maravillosos y una firme comunidad de fe. Todos los días trato de apreciar mis bendiciones.

Por supuesto, los tres regalos más agradables están a menudo en mi regazo. Para ellos, «¡Vamos a rodar!» no es un lema, ni un libro, ni una canción; ¡es un estilo de vida! Un estilo de vida que Todd y yo comenzamos juntos... y uno que mis hijos y yo continuaremos. Cada vez que escucho esas palabras, la voz de Todd nos llama una vez más a los niños y a mí, diciéndonos que es tiempo de partir hacia otra aventura. Nuestros viajes ahora son diferentes, pero a pesar de eso todavía hay uno de esperanza, fe y reconocimiento de nuestro supremo destino.

Un día poco antes de Navidad, solo unos meses después de la muerte de Todd, estaba muy poco entusiasmada en desempaquetar algunas de las decoraciones para los días de fiesta. Era evidente que para David, quien estaba entusiasmado en poner las medias en la chimenea, no me movía con la suficiente agilidad. Así que me miró y, con una juguetona voz que me recordaba a su padre, dijo: «¡Ven, mamá! ¡Vamos a rodar!»

Por un momento, luché por contener las lágrimas y luego, con una sonrisa, le dije: «Tienes razón, David. ¡Vamos a rodar!»

Estoy bien... Tengo paz... ¡Gloria a Dios!

¿Preparados? De acuerdo. ¡Vamos a rodar!

TODOS LOS HÉROES DEL VUELO 93 DE UNITED

Christian Adams
Lorraine G. Bay
Todd Beamer
Alan Beaven
Mark Bingham
Deora Bodley
Sandra W. Bradshaw
Marion Britton
Thomas Burnett, hijo
William Cashman
Georgine Corrigan
Patricia Cushing
Jason Dahl
Joseph DeLuca
Patrick Driscoll
Edward Felt
Jane Folger
Colleen Fraser
Andrew «Sonny» García
Jeremy Glick
Lauren Grandcolas
Wanda A. Green

461

Donald F. Greene
Linda Gronlund
Richard Guadagno
Leroy Homer
Toshiya Kuge
Hilda Marcin
Waleska Martínez
Nicole Miller
Louis J. Nacke
CeeCee Ross-Lyles
Donald A. Peterson
Joan Hoadley Peterson
Mark Rothenberg
Christine Snyder
John Talignani
Honor Elizabeth Wainio
Deborah A. Welsh
Kristin Gould White

ACERCA DE LA FUNDACIÓN TODD M. BEAMER

La Fundación Todd M. Beamer...
Procura dotar a los niños que experimentan el trauma de la familia para que hagan decisiones heroicas todos los días.

Los niños de la actualidad se enfrentan a un mundo incierto. No obstante, sin importar lo que nos aguarda en el futuro, ellos, y nosotros, siempre necesitaremos héroes. Ese es el porqué, en honor a la vida y al legado que nos dejó Todd, yo, su esposa, junto con familiares y amigos, establecimos la Fundación Todd M. Beamer. Inspirados por la pasión de Todd por desarrollar el carácter, la fe y el valor en la vida de los jóvenes, la Fundación se centra especialmente en esos hijos que perdieron uno de sus padres el 11 de septiembre.

Nuestra meta es que la Fundación ayude a los niños de hoy a crecer en una nueva generación de héroes de todos los días: personas dispuestas a sacrificarse por el bien de otros. Mediante la inversión en programas creados para apoyar a los padres y para la crianza de los hijos, esperamos con ansias ver el cumplimiento de nuestra meta... y vidas cambiadas.

Lisa Beamer
Fundadora

Douglas A. MacMillan
Director Ejecutivo

Para saber cómo puede ayudar a fin de que continúe el legado de Todd y el desarrollo de los héroes del mañana, por favor, comuníquese con:

The Todd M. Beamer
Memorial Foundation, Inc.
P.O. Box 32
Cranbury, NJ 08512
(866) BEAMER23
Www.beamerfoundation.org

NOTAS

CAPÍTULO 5: UN MUNDO DE NORMAN ROCKWELL

1. Nota de la traductora: Norman Rockwell (1894–1978). Nació en Nueva York. Se le considera como el más famoso ilustrador popular de Estados Unidos. Ilustró periódicos y revistas importantes. Creó los anuncios e ilustró obras clásicas como Tom Sawyer y Huckleberry Finn de Mark Twain. Fue el pintor de la cara amable que reflejó con maestría cada aspecto de la sociedad estadounidense.

2. Nota de la traductora: *Wiffle ball*: Béisbol de reducidas dimensiones. Solo se requieren cinco jugadores: cuatro de campo y un reserva. La reglamentación es parecida a la del béisbol. Lo único que hace falta es un bate de plástico amarillo (Wifflebat), el único permitido, y una pelota de plástico también de la marca wiffle, la cual tiene la particularidad que al lanzarla, aunque flojo, realiza una trayectoria curva exagerada siendo complicado batearlas.

CAPÍTULO 9: VISIÓN DE FUTURO

1. Nota de la traductora: *Silly string* son «tiritas» que vienen en aerosol y que se suelen usar en carnaval; en realidad, es como un líquido que se solidifica en el aire.

CAPÍTULO 10: AMPLIACIÓN DE NUESTRO EQUIPO

1. Nota de la traductora: *The Sports Authority* [La Autoridad en los Deportes]: Tienda especializada en venta de artículos deportivos.

2. Nota de la traductora: *Home Depot* [Almacén del Hogar]: Red de tiendas estadounidenses especializadas en la venta de materiales de construcción y de artesanía en el sistema de «hágalo usted mismo».

3. Nota de la traductora: *Super Bowl*: En el fútbol profesional de Estados Unidos, el partido por el campeonato de la Liga Nacional de Fútbol, jugado por los ganadores de las ligas de la Conferencia Americana de Fútbol y la Conferencia Nacional de Fútbol, que se celebra cada año en el mes de enero.